“双一流”高校“三全育人”的理论与实践

刘立　邱化民　石垠◎编著

知识产权出版社
全国百佳图书出版单位
—北京—

图书在版编目（CIP）数据

“双一流”高校“三全育人”的理论与实践/刘立，邱化民，石垠编著．—北京：知识产权出版社，2025.1．—ISBN 978－7－5130－9626－3

Ⅰ. G641

中国国家版本馆 CIP 数据核字第 2024YJ6059 号

责任编辑：国晓健　　**责任校对：**潘风越

封面设计：臧　磊　　**责任印制：**孙婷婷

“双一流”高校“三全育人”的理论与实践

刘　立　邱化民　石　垠　编著

出版发行：知识产权出版社有限责任公司	**网　　址：**http：//www.ipph.cn
社　　址：北京市海淀区气象路 50 号院	**邮　　编：**100081
责编电话：010－82000860 转 8385	**责编邮箱：**931711073@qq.com
发行电话：010－82000860 转 8101/8102	**发行传真：**010－82000893/82005070/82000270
印　　刷：北京九州迅驰传媒文化有限公司	**经　　销：**新华书店、各大网上书店及相关专业书店
开　　本：720mm×1000mm　1/16	**印　　张：**14.75
版　　次：2025 年 1 月第 1 版	**印　　次：**2025 年 1 月第 1 次印刷
字　　数：282 千字	**定　　价：**78.00 元

ISBN 978－7－5130－9626－3

序　一

习近平总书记指出："'两个一百年'奋斗目标的实现，中华民族伟大复兴中国梦的实现，归根到底靠人才、靠教育。"教育兴则国家兴，教育强则国家强。建设教育强国，是全面建成社会主义现代化强国的战略先导，是实现高水平科技自立自强的重要支撑，是促进全体人民共同富裕的有效途径，是以中国式现代化全面推进中华民族伟大复兴的基础工程。培养什么人、怎样培养人、为谁培养人是教育的根本问题，也是建设教育强国的核心课题。

高校作为人才培养的重要阵地，肩负着人才培养、科学研究、社会服务、文化传承创新、国际交流合作的重要使命。伴随中国特色社会主义进入新时代，高校学生的事务管理和人才培养面临新的更高的要求。如何建立同党和国家事业发展要求相适应、同人民群众期待相契合、同我国综合国力和国际地位相匹配的世界一流高等教育，如何培养一大批为中国特色社会主义奋斗终身的有用人才、实用人才，是新时代我国高等教育发展面临的重大问题。

2022 年是北京师范大学建校 120 周年。在过去的历史进程中，从教育救国、教育兴国到教育强国，北京师范大学坚守教师教育核心使命。2014 年教师节前夕，习近平总书记专程考察我校并发表"四有"好老师重要讲话；2015 年 9 月，习近平总书记给"国培计划（2014）"北京师范大学贵州研修班参训教师回信；2017 年 6 月，习近平总书记指示我校"成为巡视整改的标杆"；2019 年 7 月，习近平总书记对杰出校友黄文秀同志先进事迹作出重要指示；2022 年 9 月 7 日，在北京师范大学 120 周年校庆前夕，习近平总书记给我校"优师计划"师范生回信，高度评价北京师范大学的办学成就，亲自为学校发展定向领航。

北京师范大学作为师范院校标杆，肩负着联结基础教育基点和高等教育龙头的天然使命。

自建校以来，北京师范大学始终坚持以立德树人为根本，重视高校思想政治建设。作为综合性、研究型的"双一流"建设大学，北京师范大学致力于破解中国教育优质均衡化发展的难题。在建设教育强国的大思政背景下，关注“三全育人”理论指导下“双一流”高校如何提升管理和服务效能，对实现2035年建成教育强国宏伟目标、推进中国式现代化征程具有重要的理论研究和实践探索意义。

一是落实立德树人根本任务，用习近平新时代中国特色社会主义思想铸魂育人。新时代对卓越教育人才的需求促使人才培养模式不断变革创新，但与此同时，更应该重视实践基础上的理论创新，从而进一步指导更大范围、更深入的创新实践。围绕“三全育人”综合改革试点工作目标任务，聚焦立德树人根本任务，系统梳理“三全育人”及“十大”育人体系的内涵、特征与发展，深化对其规律性的认识，凝练“双一流”高校综合改革中呈现出来的具有实际育人成效、具有示范意义、具有现实可推广性的典型案例，结合习近平新时代中国特色社会主义思想，深化新时代学生思想政治工作改革创新，突出理想信念教育，为提高“双一流”高校育人工作实效性提供有益启发和理论遵循。

二是系统构建“三全育人”指导下的育人模式，为“双一流”高校建设发展赋能。“全员育人、全程育人、全方位育人”是党和国家在致力于保障和提升高校管理质量上的重要抓手，为调整和改善高校学生事务管理进一步提供了思路和方向。聚焦我国新时代高等教育发展的机遇和挑战，依托新时代“三全育人”建设的发展方向，着眼于近年来“双一流”高校在完善“三全育人”“五育并举”工作体系中的理论创新与实践反思，全面总结发展经验，系统构建“三全育人”指导下的育人模式，提升学生工作队伍能力，多措并举提升思想政治工作实效性，为“双一流”高校建设及教育学科的发展赋能。

三是培育“四有”标识鲜明的一流学生，为国家富强育英才提供北京师范大学方案。落实“四有”培养目标，健全人才自主培养体系，构建清晰的概念体系，提炼、构建综合性的实践模式是深入研究并推广卓越教育人才培养经验的关键前提。面向国家需求、面向未来变化、面向学生成长，通过凝聚北京师范大学师生智慧，充分调动广大师生的积极性、能动性和创造性，用自上而下的宏观政策视角与学科视角梳理相关概念体系与模式维度，又兼顾自下而上视角，依托典型实践案例，挖掘提炼“双一流”高校“三全育人”下卓越教育人才培养模式，构建系统化的卓越教育人才培养模式理论模型，为后续开展人才培养的创新实践提供北京师范大学方案，同时也为国内外高校“三全育人”工作的开展提供借鉴与思考。

教育是国之大计、党之大计。在高质量发展中努力开拓中国特色世界一流大学建设新局面，需要以学校的高质量发展全面服务教育强国建设，以教育的高质量发展全面支撑中国式现代化。高举习近平新时代中国特色社会主义思想伟大旗帜，全面贯彻落实党的二十大精神、习近平总书记“四有”好老师重要讲话精神和给我校“优师计划”师范生重要回信精神，通过“三全育人”顶层设计，以更开放的视野，更全面、深层次和根本性的改革创新，在总体层面上为“双一流”高校提供方案，为学校发展注入源源不竭的动力；在高质量发展中，努力开创中国特色世界一流大学建设新局面，奋力谱写中国式现代化的教育新篇章！

北京师范大学教育学部党委书记

施克灿

2024 年 12 月

序　二

当前中国正处于近代以来最好的发展时期，世界正处于百年未有之大变局。高校作为人才培养的“主阵地”，要坚持党的领导，遵循培养规律，坚定育人重心，全面提高人才培养能力，做好新时代育人工作。在“双一流”高校一流学科建设过程中，北京师范大学教育学部紧扣教育学科特点，坚持全员、全程、全方位育人，主动担负起为党育人、为国育才的职责使命，为全面建成社会主义现代化强国、实现中华民族伟大复兴提供源源不断的高质量人才。

目前，在“双一流”高校的“三全育人”人才培养方面存在诸多难点问题：一是针对“三全育人”的理论系统性研究不足，内涵、意义和机制挖掘探索不够深入；二是“三全育人”的协同育人机制与资源配置有待深入整合，育人过程中存在不平衡、不充分问题；三是育人成果有待多方检验，尤其是“三全育人”从高校向社会的成果辐射与文化氛围形成联动不足，有待进一步加强和验证。

针对上述难点问题，本书期望通过系统梳理“三全育人”理论基础和实践现状，统筹规划培养制度和实践形式，建立更加完整的高校育人体系。一是梳理“三全育人”发展脉络，定位培养目标，树立理想担当。通过对“三全育人”理论的梳理，从新时代高校思想政治工作要求坚持构建的课程、科研、实践、文化、网络、心理、管理、服务、资助、组织育人的“十大”育人体系和“三全育人”的理念与实践创新出发，总结梳理“三全育人”以及“十大”育人体系的理论基石、研究概况、国家政策文件演变，对核心概念的内涵与外延进行界定、构建；筛选梳理“双一流”高校在“三全育人”以及“十大”育人体系中的优秀典型案例、实践探索与经验借鉴；反思“双一流”高校在“三全育人”与“十大”育人体系工作中的难点困境，并从理念创新和实践发展的视角思考面临的挑战和对未来的展望。二是凝练“三全育人”教育科研成果，为卓越教育人才培养提供指南。将卓越教育人才培养体系和落实立德树人根本任务融入教育教学、学生成长成才、教师成长发展的全过程，将大学生从入学、毕业到就业的全程育人环节落实到课堂教学、教育实践、价值引领、文化浸润等各个环节，为建立长时段、可持续、贯穿式的育人链条提供理论依据。三是聚焦“三全育人”教育方案，展现“双一流”示范力量。通过对“三全育人”实践举措的研究总结，探究其理论支撑以及实践反思，促进“三全育人”综合改革工作分享互鉴，共议高校育人新思路和新方向，互鉴优质高等教育管理经验。

本书凝练了北京师范大学教育学部自2018年以来对“三全育人”的探索实践。一是发挥自身教育学科优势，动员组织教育学部教育科学研究力量，专门开展“三全育人”的系统性理论研究，就“三全育人”的时代背景、理论基础、科学内涵、政策体系、实践路径、制度保障等问题进行了研究。深入探索了人才培养方案、课程设置、课堂教学、教育实践、院系文化等各个环节中存在的问题与解决思路，研讨了集聚校外资源有效参与到卓越教育人才培养体系中的路径策略。二是构建中国特色“三全育人”理论体系。扎实开展卓越教育人才培养体系基础研究，积极阐释“三全育人”的新时代科学内涵，为构建中国特色的“三全育人”理论体系提供理论支撑。推进思想政治工作与学生工作充分结合，汇聚协同育人的智慧和力量。

在应用层面，通过以“研”促“行”等方式，全员、全过程、全方位推进学生主体性发展，构建党委统一领导，党政齐抓共管，学术机构、综合交叉平台各负其责，全体师生共同参与的育人体系，建立健全“三全育人”的长效评估追踪机制。一是助推“三全育人”工作机制更健全。通过文化氛围营造、教育教学大讨论、师生课内外互动、出台制度文件、设置奖项、树立典型、举办大型集体活动等多种方式动员和激励教师全员参与。二是建设“三全育人”协同体系更科学。建立线上、线下正向互动的工作格局，促进线上、线下两个教育场的衔接整合；大力推进学校、社会、家庭一体化育人，丰富家庭教育资源，充分利用社会教育资源，达到多方位合力育人科学成效。三是促进“三全育人”功能价值更深广。开展教学、科研、管理“协同配合”的一体化育人工作和“十大”育人体系的理论与实践研究。通过深挖教学科研活动各个环节内在的育人元素和育人功能，打造浸润式成长环境，力求思想引领更有力度、立德树人更有效度。

北京师范大学教育学部部长

2024年12月

前 言

思想政治工作是一切工作的生命线。2017 年 2 月，“三全育人”被写入中共中央、国务院《关于加强和改进新形势下高校思想政治工作的意见》中；2017 年 12 月，教育部党组制定《高校思想政治工作质量提升工程实施纲要》，明确“充分发挥课程、科研、实践、文化、网络、心理、管理、服务、资助、组织等方面工作的育人功能，……切实构建‘十大’育人体系”。2019 年 3 月，习近平总书记在主持学校思想政治理论课教师座谈会时强调，要“挖掘其他课程和教学方式中蕴含的思想政治教育资源，实现全员全程全方位育人”。

党的十八大以来，习近平总书记提出“要坚持教育优先发展”，“办好人民满意的教育”。党的二十大报告强调“落实立德树人根本任务”，“培养高素质教师队伍”，教育是国之大计、党之大计。培养什么人、怎样培养人、为谁培养人是教育的根本问题。在大思政格局下，“三全育人”是新时期高校思想政治工作发展的必然趋势，也为高校开展思想政治工作指明了前进方向，明确了基本任务。我国高校育人实践正从一个理论探讨和经验交流的新时期步入了一个追求质量和创新、实践发展的崭新时期。在新时期，以“三全育人”为中心的大学思想政治工作正在逐步向创造性转变，向科学发展迈进。

北京师范大学教育学部作为国家试点学院，于 2018 年 9 月入选教育部首批“三全育人”综合改革试点单位。教育学部成立工作小组，深入研究，总体部署，充分动员，探索创新，力争成为“三全育人”改革标杆。三年间，教育学部全体师生立足新时代，深入学习习近平新时代中国特色社会主义思想，以习近平总书记关于教育的重要论述为根本遵循，以理想信念教育为核心，以社会主义核心价值观为引领，贯彻全国教育大会精神、全国高校思想政治工作会议精神、学校思想政治理论课教师座谈会精神，坚持辩证统一、解放思想、守正创新，秉承“学为人师、行为世范”的校训和“崇教爱生、求真育人”的部训，结合“四有”好老师培养要求和北京师范大学教育学科特色优势，着力打造“三全育人”新高地。

“三全育人”综合改革期间，教育学部一直保持教育部教育学科评估排名第一的领先地位，并跻身世界大学学科排名第二十四位，学术声誉名列全球第九位，进入世界一流教育学科前列。2020 年 9 月，在教育部思想政治工作司主办的“三全育人”综合改革实践与探索示范培训班上，教育学部党委书记施克灿教授作为“三全育人”综合改革试点院系唯一代表受邀参会发言。2021 年 7 月，在北京市教工委和北京高校思想政治工作研究中心组织的评选中，北京师范大学教育学部撰写的《着力打造“三全育人”高地 构建 APLIC 卓越教育人才培养体系》荣获北京高校“三全育人”优秀成果奖工作案例类一等奖，撰写的《“双一流”大学建设背景下院系“三全育人”的实现路径和保障机制研究——以北京师范大学教育学部为例》荣获北京高校“三全育人”优秀成果奖论文报告类三等奖，撰写的《构建教育学科“三全育人”培养体系》荣获北京师范大学教学成果奖一等奖。

2021 年 11 月，在“三全育人”建设期间，北京师范大学教育学部组织开展学生工作研究课题，面向全体学生调研学生工作成效、学生思想动态等，通过研究专项思想政治工作的创新路径机制，为实际工作提供现实依据。教育学部统筹学术资源，经过第十届与第十一届学生工作研究项目的孵化，教育学部师生分别从课程、科研、实践、文化、网络、心理、管理、服务、资助、组织育人的“十大”育人体系和“三全育人”的理念与实践创新出发，共同研究和撰写《“三全育人”的理论与实践》系列成果集（共十一册）。在此基础上，每册成果集的主要负责人在主要编著者（刘立、邱化民和石垠）的指导和带领下将研究成果进一步凝练和修改，历时两年，著成了《“双一流”高校“三全育人”的理论与实践》一书。广大师生对过往成果集以及当前著作做出了贡献和智力支持，本书各章节具体分工详见表 0－1。

表 0－1　各章节具体分工

主题	参与撰写人员	指导教师
“三全育人”	赵泽阳、张婉莹、李师源、侍晓坤、吕梦玥、唐琦超、苏厚泽、黄小倩、程娅惠、孙蕴轩、范爽琛、宋洁羽、杜宇千	周楠、马佳妮、邱化民
课程育人	夏天保、刘辰、颜怡、朱娜、李祎、陈昕璐、王小寒、温家荟、龚思桦、范爽琛、宋洁羽、杜宇千、孙博	卢立涛、霍力岩
科研育人	白若雪、唐逸文、孟怡菲、郭子涵、杨佳、杨亚烽、邸玥、乔丹桔、司晓晗、李梓怡、范爽琛、宋洁羽、杜宇千	朱旭东、王晨、刘姗姗
实践育人	于上然、翁雨轩、卢意、郭桐、王樱璇、王骆斌、周菁、刘璐、王嘉瑶、杨若嫣、范爽琛、宋洁羽、杜宇千、刘泽韩	卢立涛、易进、王博言
文化育人	张曹梦骆、杨子婷、黄悦、梁语薇、戴舒婷、施航伊、徐广慧、王艺博、刘晴雯、张瑞丹、范爽琛、宋洁羽、杜宇千	施克灿、谷贤林、赵爽

续表

主题	参与撰写人员	指导教师
网络育人	赵贝、王飞飞、张连会、朱丹琪、邵延君、相梦彤、杨奥、米洁、田济榕、杨茂鑫、范奭琛、宋洁羽、杜宇千	刘立、周颖、刘子煜
心理育人	罗羽薇、林晨雨、苏雨涵、李彦洁、宋义深、李文硕、慕怀举、陈天洋、范奭琛、宋洁羽、杜宇千、任荣、苏缇、石垠	王乃弋、罗晓路、刘子煜
管理育人	王瑞珊、任佳妮、雷圆圆、尹柯欣、蒲素素、刘璐、吴可斐、郑千千、杨旖萱、吴唯赫、范奭琛、宋洁羽、杜宇千、刘巧巧	张东娇、丁瑞常、郑鑫
服务育人	邱秀秀、马昕瑶、刁彦飞、尹姣、杨子文、赵刚、周游、钟杏敏、孟丹、吴姿翰、范奭琛、宋洁羽、杜宇千	卢立涛、曾晓东、王晶
资助育人	郑逸敏、姜依彤、宋国语、王家琪、郝佳颖、王婧怡、范奭琛、宋洁羽、杜宇千、任佳妮	郑磊、张亚星、张斐
组织育人	张皓南、郭成、郭天真、张奕辰、官桂婷、岳唤唤、孙桐、范奭琛、宋洁羽、杜宇千、陈洵乐	李湘萍、马佳妮、赵冉
实践探索	邱化民、赵爽、石垠	邱化民、赵爽、石垠

以“新时代高校学生工作高质量发展与管理创新”为主题，教育学部成功举办高校学生事务管理国际学术研讨会暨“三全育人”理论研究与实践探索研讨会，同时开设了“三全育人”和“高校学生事务管理”两个分论坛。采用中英文语言与来自国内外近五十所高校的百余位专家学者和师生互鉴优质高等教育管理经验，促进“三全育人”综合改革工作经验分享互鉴，共议高校育人新思路和新方向。

2021 年 12 月，教育学部顺利通过教育部“三全育人”综合改革试点结项验收。评审专家一致认为，教育学部坚持以习近平新时代中国特色社会主义思想为指导，注重发挥自身教育学科优势，创新“三全育人”组织领导体系和体制机制建设，努力构建全员协同参与的育人工作体系，优化学部内外资源配置，全力打通全方位育人“最后一公里”，将立德树人的根本任务落实到育人全过程，育人成效显著，圆满完成预期目标。教育学部综合改革工作特色鲜明，形成可推广、可复制的优秀经验。在专家评审组意见基础上，学校党委对教育学部“三全育人”综合改革试点项目审核评价为“优秀”。

“三全育人”是新时代党和国家对“培养什么人、怎样培养人、为谁培养人”这一根本性问题的深刻回答，是立德树人这一根本任务的重要实践方略。期待通过凝练北京师范大学教育学部“三全育人”科研成果，能够为卓越教育人才培养提供指南，聚焦教育学科“三全育人”方案，展现“双一流”示范力量。全面贯彻党的教育方针，落实立德树人根本任务，加快一流大学和一流学科建设，以教育之力厚植人民幸福之本，实现高等教育内涵式发展的号召，提高高校学生事务管理质量，是新时代高等教育发展的前进方向，更为高等教育工作的创新发展、深入推进赋予了新内涵。

2024 年 2 月

目 录

第一章 “三全育人”的理论与实践

“三全育人”是新时代党和国家对“培养什么人、怎样培养人、为谁培养人”这一根本性问题的全面、系统、深入的回答，是立德树人这一根本任务的重要实践方略。在大思政格局下，“三全育人”是新时期高校思想政治工作发展的必然趋势，也为高校开展思想政治工作指明了前进方向与基本任务。随着高校教育综合改革的深入推进，特别是高校作为人才培养和知识创新的重要基地和实现中华民族伟大复兴的智力高地、人才高地，亟须构建立德树人和“三全育人”的思想政治工作大格局，这对培育当代优秀大学生，增强国家的核心竞争力，具有十分重要的意义。“三全育人”不仅体现了立德树人的内在要求，而且顺应了人才培养的发展趋势，契合了思政工作的发展规律。

第一节 “三全育人”的内涵

“三全育人”是指以育人为核心，以学生成长成才为中心，以全员育人理念为先导，分别从育人主体、时间、空间三个维度出发，最终形成党委统一领导下独具高校特色的育人体系和“全员育人、全程育人、全方位育人”的工作格局（中共中央、国务院《关于加强和改进新形势下高校思想政治工作的意见》）。这一体系持续推动学生工作高规格高质量发展，以期促进学生的健康成长和全面发展。

一、全员育人

全员育人主要是从育人的主体维度出发，具体指高校党政领导、教师（导师）、辅导员（班主任）、行政管理人员、学生主体（高年级学长队伍）在从事本职工作的过程中，能以学生成长成才为中心，围绕学生、关照学生、服务学生，有目的、有计划、有针对性地对学生施加教育影响，即各主体的教书育人、管理育人、服务育人。

二、全程育人

全程育人主要是从育人的时间维度出发，具体指高校通过教育教学、科学研究、社会实践、国际化交流、文化传承等活动所构成的一系列工作，有目的、有计划、有针对性地对学生从入学到毕业这一时间段内制定教育内容，以期提高学生的思想水平、政治觉悟、道德品质、文化素养、能力水平，促进人格发展的全面、完整。

三、全方位育人

全方位育人主要是从育人的空间维度出发，强调高校要善于利用多元化的育人渠道和载体，促成高校第一课堂、第二课堂和网络空间的育人功效相结合，旨在促进高校学生积极主动地配合思想政治工作，实现学生的健康成长和全面发展。

四、各要素之间的联系

分析“三全育人”的内涵，不仅要理解全员育人、全程育人、全方位育人三要素的具体含义，还要掌握这些要素的相互关系及其在相互关系中的地位和作用。“三全育人”的核心任务是育人，其中主体要素、时间要素和空间要素均为育人工作服务。在要素关系体系中，高校全体教职工是育人工作的承担者，是育人活动的主体要素，起主导作用。育人主体支配时空要素，具有决定性作用，影响高校思想政治工作进程。在要素关系体系中，全过程育人是时间要素，全方位育人是空间要素，两者发挥纽带作用，是教育主客体双向互动的桥梁。从学生入学到毕业、从期初到期末、从学生的学习到生活再到就业、从低年级到高年级、从节假日到寒暑假，是教育主体向教育对象传播育人信息的时间要素。在空间要素中，课内外学习、实践活动让学生在亲身体验中修身立德，科研工作让学生在学术研究中发展创新，优秀文化教育让学生在显隐并举中坚定信念，网络媒体素养让学生在舆情包围中辨别真伪。

第二节 “三全育人”的理论基础

一、马克思主义人本观

“三全育人”体现了对人之本质的尊重、认同与对人之全面发展的价值追求，内在地蕴含着马克思主义人本观这一理论根基。马克思、恩格斯不仅看到了人的自然属性，并且历史性地指出，“人的本质并不是单个人所固有的抽象物，在其现实性上，它是一切社会关系的总和”。这一论断揭示了人的本质的实践性，将人的本质理论根植于实践的基础之上。马克思主义将人的本质跟社会历史条件具体地联系起来，强调人的本质的历史性、阶段性。这就要求育人工作不能脱离现实和活生生的人，要以处于现实生活中的人为关注对象，从人的切身利益和发展需要出发，去关心人、教育人和引导人。

人的全面发展理论是马克思主义的重要内容与根本价值追求。人的全面发展内涵丰富、意蕴深刻，既包括人的体能的全面发展，也包括人的智能的全面发展，是人身心素质的全面提高与独立个性的充分实现，同时还包括个人在与社会的互动中的和谐发展，体现出人对社会交往的占有与控制。必须深刻把握马克思主义关于人的全面发展理论的科学内涵，保障育人方向和目标的正确性，促进育人目标的有效达成。

二、唯物辩证法过程论

“世界不是一成不变的事物的集合体，而是过程的集合体。”（《马克思恩格斯选集》2012 年版）任何事物都不能独立存在于世界之中，也不能独立存在于世界之外，必须要与其他事物构成相互作用的关系体。运动是一切事物发展过程的状态，不同事物的运动状态不同，但事物发展的方向是前进的、上升的，道路是曲折的、迂回的，是前进性和曲折性的统一。从宏观角度看，一切事物不可能长期稳定发展，总会有这样或那样的问题或阻碍，以致改变事物发展的先前状态。因此，直线式运动是事物运动过程的起始阶段，曲折式发展是事物运动过程的主体状态。世界是由运动着的全部事物组成的统一体，过程揭示世界发展的整体状态。

唯物辩证法的过程论揭示高校思想政治教育“三全育人”的发展状态。高校思想政治教育“三全育人”是一个发展过程，萌芽于新中国成立初期的“三育人”教育思想，停滞于十年动乱时期，恢复于改革开放时期，继承“三个面向”“素质教育”等教育思想，确立于新时代。思想政治教育“三全育人”不是亘古不变的教育思想，而是随着我国社会发展不断完善，经历了从无到有再到成熟的发展过程。从组成要素看，全程育人是“三全育人”的重要组成部分，强调将思想政治工作渗透在教学全过程，贯穿于当代大学生学习、生活和成长、发展全方面，消除思想政治工作空档，实现教育时间无缝衔接。

三、教育与环境互动理论

在关于教育环境的论述中，马克思认为环境与教育、环境与人之间存在互动关系，此类互动不是一方占据主导就可以完全影响另一方，而是双向互动的，即环境塑造人，人也在改变环境。教育亦是如此，借助环境可以影响人，但人也是以感性的方式接受教育。“人总是在一定的、不以他们的意志为转移的社会关系中从事生产活动，能动地表现自己。”（《1844 年经济学哲学手稿》）环境教育的本质是对人产生客观的影响，进而形成人的主观能动性，并反作用于教育环境，只有二者之间形成有效的互动，才能获得良好的教育结果。

对应到新时代高校“三全育人”实践中，马克思的教育与环境互动理论启示我们，“通过实践创造对象世界，改造无机界，人证明自己是有意识的类存在物”（《1844 年经济学哲学手稿》）。无论采取何种教育内容或者方式，都是为了让人明确认识到客观规律的存在和作用，环境与人之间的相互影响必须与发展相结合，为人的自我发展提供明确的“着力点”。因此，高校的“三全育人”应当关注大学生的发展诉求，激发大学生对社会环境、家庭环境、生活环境等环境要素的全面认知和了解，进而映射到学生自身的学习和发展中，从而使其可以将自我价值和社会价值、环境价值结合起来，形成一个和谐的统一认知，这样才能获得更好的教育效果。同时，马克思的教育与环境互动理论也说明，在育人工作中，高校应当重视大学生与教育环境的“互动”，借助全员、全方位的环境建设来实现对大学生的客观作用，进而改变其主观意识，使其自发地进行自我思想认知和价值观念的修正，形成良好的自身修养，并借助自身的主观能动性，营造良好的学习、生活氛围，实现大学生与环境的良性互动和循环。

第三节 “三全育人”的发展脉络和政策演进

一、“三全育人”的发展脉络

党的十八大以来，习近平总书记先后主持召开全国高校思想政治工作会议、全国教育大会、学校思想政治理论课教师座谈会等重要会议，并发表了一系列讲话，着重强调以“全员育人、全程育人、全方位育人”为理念促进高校思想政治工作，全面开创我国高等教育事业发展新局面。教育部也联合多部门先后发布若干文件，对“三全育人”理念的内涵及落实机制进行不断的补充和完善。自新中国成立以来，“三全育人”的理念内涵历经了下述四个阶段。

（一）“三全育人”的萌芽阶段（1949—1966 年）

这一阶段主要是指新中国成立以来到“文化大革命”开始前的这段时间。1957 年，毛泽东在《关于正确处理人民内部矛盾的问题》中指出：“思想政治工作，各个部门都要负责任。共产党应该管、青年团应该管、政府主管部门应该管，学校的校长教师更应该管。”这是全员育人思想的萌芽。

（二）“三全育人”的探索阶段（1978—1998 年）

20 世纪 70 年代末，由于“文化大革命”的影响，当时的教育事业处于停滞状态。80 年代中期，在党召开了十一届三中全会后，党和国家的教育方针开始发生变化，教育改革在复苏中探索。邓小平提出“三个面向”教育思想和“四有”新人人才思想，为我国的高等教育确立了目标。1994 年，《中共中央关于进一步加强和改进学校德育工作的若干意见》中首次同时提及“教书育人、管理育人、服务育人”的“三育人”概念，逐步成为教育工作者的共识。党的十四届六中全会后，为大力推进教师队伍建设和精神文明建设，中国教育工会在全国范围内开展以加强师德建设为中心的“树师表形象，创文明校风，为实现跨世纪宏伟目标做贡献”活动，将“三育人”理念向更深、更广的程度发展。

（三）“三全育人”的发展阶段（1999—2003 年）

1999 年，《中共中央、国务院关于深化教育改革，全面推进素质教育的决定》颁布。江泽民同志指出，“要以培养学生的创新精神和实践能力为重点，努力造就德育、智育、体育、美育等全面发展的社会主义事业建设者和接班人。”这要求全面推进素质教育，必须在紧抓科学文化素质教育的同时，注重思想政治素质教育。在这样的形势下，学者开始理性认识“三育人”理念，进行分析、总结与归纳，并对该理念进行完善和补充。王文学指出，“素质教育还应加强师德教育，提高教师的能力和水平是‘三育人’工作新的工作内容”。李国栋、朱灿平等学者针对其具体实施途径，提出“建立全员育人的网络系统”，“建立机制确保制度的执行”，实施“两课”，发挥党团支部和“两校一会”的作用，开展社会实践活动，做好新生入学、毕业以及教学主干阶段的思政工作等。

（四）“三全育人”的成熟完善阶段（2004 年至今）

中共中央、国务院在 2004 年颁布了《关于进一步加强和改进大学生思想政治教育的意见》，进一步明确了加强和改进大学生思想政治教育的指导思想、基本原则、主要任务和有效途径。在该文件的指引下，全国上下掀起了对全员育人、全程育人、全方位育人的研究热潮。2005 年，胡锦涛同志在全国加强和改进大学生思想政治教育工作会议上明确指出，“各高校要努力形成党委统一领导，党政群团齐抓共管，全体教职员工全员育人、全方位育人、全过程育人的工作机制”。这是中央第一次明确提出全员育人、全方位育人、全程育人的理念。同年，中共中央、国务院印发了《关于进一步加强和改进新形势下高校宣传思想工作的意见》，在原来“三育人”内涵的基础上，增加了“实践育人”和“科研育人”。2016 年 12 月，习近平总书记在全国高校思想政治工作会议上强调，“把思想政治工作贯穿教育教学全过程，实现全程育人、全方位育人”。2016 年 12 月，中共中央、国务院印发的《关于加强和改进新形势下高校思想政治工作的意见》中把坚持全员、全程、全方位育人作为加强和改进高校思想政治工作的基本原则，坚持把思想价值引领贯穿教育教学全过程和各环节，同时增加了“文化育人”和“组织育人”，形成教书育人、科研育人、实践育人、管理育人、服务育人、文化育人、组织育人“七育人”的长效机制。2017 年 12 月，中央教育部党组发布《关于印发〈高校思想政治工作质量提升工程实施纲要〉的通知》（教党〔2017〕62 号）规划“十大”育人体系实施路径和方法，并建设一批“三全育人”示范区和示范校。

二、“三全育人”的政策文件

随着“三全育人”内涵的不断发展和完善，习近平总书记先后主持召开全国高校思想政治工作会议等数次重要会议，并发表了一系列讲话，着重强调

“全员育人、全程育人、全方位育人”。

教育部联合各部门先后出台了《关于加强和改进新形势下高校思想政治工作的意见》《关于加强和改进新形势下高校共青团思想政治工作的意见》《高校思想政治工作质量提升工程实施纲要》《教育部等八部门关于加快构建高校思想政治工作体系的意见》《高等学校课程思政建设指导纲要》等相关文件，明确提出了要深化“三全育人”综合改革，不断促进“三全育人”重要理念的贯彻落实，以推动高校“十大”育人体系促进“大思政”格局的构建，全面提升高校思想政治工作质量。

这些会议及政策文件对“三全育人”从不同方面进行了强调和指导，为高校落实“三全育人”，加强思想政治工作指明了方向。

（一）全国高校思想政治工作会议（2016年）：明确“三全育人”的协同作用

2016年12月7日至8日，全国高校思想政治工作会议在北京召开。中共中央总书记、国家主席、中央军委主席习近平出席会议并发表重要讲话。他强调，高校思想政治工作关系到高校培养什么样的人、如何培养人以及为谁培养人这个根本问题。要坚持把立德树人作为中心环节，把思想政治工作贯穿教育教学全过程，实现全程育人、全方位育人，努力开创我国高等教育事业发展新局面。

会议强调了党建在高校育人工作中的引领作用。我们的高校是党领导下的高校，是中国特色社会主义高校。办好我们的高校，必须坚持以马克思主义为指导，全面贯彻党的教育方针。办好我国高等教育，必须坚持党的领导，确保党对高校工作的领导权，使高校成为坚持党的领导的坚强阵地。

会议指出了全员育人、全程育人、全方位育人的协同作用。思想政治工作从根本上说是做人的工作，必须围绕学生、关照学生、服务学生，不断提高学生思想水平、政治觉悟、道德品质、文化素养，让学生成为德才兼备、全面发展的人才。做好高校思想政治工作，要因事而化、因时而进、因势而新。要遵循思想政治工作规律，用好课堂教学这个主渠道，加快构建中国特色哲学社会科学学科体系和教材体系，更加注重以文育人，运用新媒体新技术使工作活起来。

会议强调了要加强教师队伍建设、强化教师主体作用。加强师德师风建设，坚持教书和育人相统一，坚持言传和身教相统一，坚持潜心问道和关注社会相统一，坚持学术自由和学术规范相统一，引导广大教师以德立身、以德立学、以德施教。

（二）《关于加强和改进新形势下高校思想政治工作的意见》（2017年）：坚持“三全育人”

2016年底，全国高校思想政治工作会议在北京举行，习近平总书记出席会议并作重要讲话。两个月后，中共中央、国务院印发《关于加强和改进新形势下高校思想政治工作的意见》（以下简称《意见》），要求大力加强和改进高校思想政治工作。《意见》明确指出，加强和改进高校思想政治工作，事关办什么样的大学、怎样办大学的根本问题，事关党对高校的领导，事关中国特色社会主义事业后继有人，是一项重大的政治任务和战略工程。

《意见》强调，我们党历来高度重视高校思想政治工作，形成了一系列基本方针原则和工作遵循。加强和改进高校思想政治工作，既要高举中国特色社会主义伟大旗帜，全面贯彻党的指导思想和教育方针；也要坚持党对高校的领导，坚持社会主义办学方向，坚持全员全过程全方位育人，坚持遵循教育规律、思想政治工作规律、学生成长规律，坚持改革创新五项基本原则。同时，要强化思想理论教育和价值引领，发挥哲学社会科学育人功能，加强对课堂教学和各类思想文化阵地的建设管理，加强教师队伍和专门力量建设，推进高校思想政治工作改革创新，加强和改善党对高校的领导。

（三）《关于加强和改进新形势下高校共青团思想政治工作的意见》（2017年）：强化组织育人、实践育人、文化育人、网络育人、服务育人

2017 年 6 月，为深入贯彻落实习近平总书记系列重要讲话精神和治国理政新理念新思想新战略，全面贯彻中共中央、国务院《关于加强和改进新形势下高校思想政治工作的意见》和全国高校思想政治工作会议精神，贯彻落实《中长期青年发展规划（2016—2025 年）》，加强和改进新形势下高校共青团思想政治工作，共青团中央、教育部制定了《关于加强和改进新形势下高校共青团思想政治工作的意见》（以下简称《意见》）。

《意见》紧紧围绕“三全育人”理念和整体思路，提出强化组织育人、实践育人、文化育人、网络育人、服务育人等八个方面的要求，即构建和完善党领导下的“一心双环”团学组织格局以强化组织育人；实施高校共青团“第二课堂成绩单”制度、广泛开展社会实践活动、大力开展大学生志愿服务活动等方式以强化实践育人；弘扬中华优秀传统文化和革命文化、社会主义先进文化，建设健康向上的校园文化，正确发挥学生社团的应有作用等渠道以强化文化育人；加强工作阵地平台建设、网络内容产品建设、网络舆论引导等工作以强化网络育人；促进大学生创新创业创优、关心帮扶特定学生群体、代表和维护大学生权益以强化服务育人。

（四）《高校思想政治工作质量提升工程实施纲要》（2017 年）：规划“十大”育人体系

2017 年 12 月 4 日，教育部发布了《高校思想政治工作质量提升工程实施纲要》（以下简称《实施纲要》）。《实施纲要》详细规划了“十大”育人体系实施路径和方法并提出建设一批“三全育人”示范区和示范校。

《实施纲要》强调要坚持育人导向，突出价值引领；坚持遵循规律，勇于改革创新；坚持问题导向，注重精准施策；坚持协同联动，强化责任落实的四大基本原则。《实施纲要》中详细规划了高校思想政治工作质量提升工程的实施内容、载体、路径和方法，规划了“十大”育人体系，包含统筹推进课程育人、着力加强科研育人、扎实推动实践育人、深入推进文化育人、创新推动网络育人、大力促进心理育人、切实强化管理育人、不断深化服务育人、全面推进资助育人、积极优化组织育人。同时，为保障高校思想政治工作质量提升工程的有效实施，教育部表示将强化改革驱动、搭建工作平台、建强工作队伍、强化组织保障、加强督查落实，力求抓好《实施纲要》的贯彻落实。《实施纲要》不仅是提升各高校思想政治工作质量的顶层设计，也是高校思想政治工作“由全面施工到内部精装修”的施工蓝图，在“三全育人”的整体思路下细化了“十大”育人体系实施内容，为各高校思政工作的努力方向和工作重点指明了道路。

（五）教育部等八部门《关于加快构建高校思想政治工作体系的意见》（2020 年）：呼应“三全育人”及“十大”育人体系

2020 年 4 月，教育部等八部门联合印发了《关于加快构建高校思想政治工作体系的意见》（以下简称《意见》），《意见》从指导思想和目标任务、理论体系、学科教学体系、日常教育体系、管理服务体系、安全稳定体系、队伍建设体系、评估督导体系到组织领导和实施保障，共九个部分全面系统地论述构建高校思想政治教育工作重要指示精神的全面贯彻落实。

作为新中国成立以来国家出台的第一个专门面向高校思想政治工作体系建设里程碑式的政策文件，《意见》文件中与“三全育人”及“十大”育人体系相呼应，在指导思想中强调“以建立完善全员、全程、全方位育人体制机制为关键”，同时要求“强化哲学社会科学育人作用”“充分发挥科研育人功能”“加强网络育人”“促进心理健康”“提高管理服务水平”“完善精准资助育人”等具体工作，有助于将高校思想政治工作贯穿教育教学全过程，全面提升高校育人实效，推进协同育人，凝聚育人合力。在《意见》中加强了对育人主体的整合，整合力量凝聚立德树人合力，充分体现了“三全育人”中全员育人理念。在落实立德树人的根本任务时，《意见》力求将其贯穿于教育教学全过程，并且注重了其贯穿性与渐进性，从而不断提高育人的实效性。

（六）《高等学校课程思政建设指导纲要》（2020 年）：细化部署课程育人

2020 年 5 月，教育部印发了《高等学校课程思政建设指导纲要》（以下简称《纲要》)，指导如何将思想政治教育贯穿人才培养体系，全面推进高校课程思政建设，发挥好每门课程的育人作用，提高高校人才培养质量。

《纲要》中将作为“十大”育人体系之首的课程育人进行了细化部署，将课程思政建设作为“三全育人”整体格局下的一项系统工程。《纲要》指出，“落实立德树人根本任务，必须将价值塑造、知识传授和能力培养三者融为一体、不可割裂”。这一要求明确地指出了高校育人工作中价值、知识与能力三者间的关系，在立德树人的工作中，价值比能力和知识更加重要，要将价值塑造作为育人工作的第一要务，充分发掘各类课程蕴含的思政要素，从而达到育人成效。在“三全育人”总体工作格局下，教师是育人的“主力军”，课程建设是育人的“主战场”，课堂教学是育人的“主渠道”。同时，课程思政作为一项系统工程，涉及思政课程与其他课程、第一课堂与第二课堂、教学工作与学生工作等多个方面，体现了全员参与育人的理念；课程思政将思想元素有机融入各学科教学之中的课程育人模式，有助于真正实现润物无声的效果，助力高校学子树立理想信念和使命担当，增加课程的吸引力，有效发挥课程育人作用。

第四节 “双一流”高校“三全育人”的实践与反思

一、高校“三全育人”工作的现实困境

“三全育人”理念自 2016 年 12 月 7 日的全国思想政治工作会议上提出至今已 5 年有余，全国各高校都在这一理念指导下如火如荼地进行各项育人工作。尽管各大高校在育人工作方面进行了各自不同的探索，取得了较好的成效，但在实践过程中仍然遇到不少现实问题，让高校管理者、教师、学生干部感到力不从心，常常陷入现实困境当中。具体表现如下。

在学校规划方面，外部资源沟通共享机制仍旧缺乏。高校的共享意识淡薄、共享设计缺失、共享渠道不畅、共享参与主体不足，不少学校往往在意识上受到局限，忽略了与重要社会力量的联合，尤其是与其他高校的联合。除了外部资源的共享性较弱，高校内部整体管理机制也尚不完善，表现在内部人员理论认识不足、育人思想需要进一步深化，工作协调难以统一、资源分配缺乏整合，各部门职权不明确、服务工作不到位等方面。

在学校人员方面，各个主体在育人工作的过程中难免会出现矛盾和问题，人员之间、部门之间的工作缺乏联动，没有形成合力。辅导员易出现角色认知

的模糊化、角色情感的浅层化、角色实践的形式化和角色反思的被动化等问题；课程教师易出现育人工作的内生动力不足、育人工作缺乏量化考核标准、思政课程质量和效率较低等问题；教职员工易出现宿舍、食堂人员的选聘、招募制度不够健全，以秩序管理为主的管理模式亟待改变，以及管理制度执行不到位等问题。

除了学校上层组织需要统筹规划学校的整体发展，高校需要协同整合师资力量，形成完整的思政育人工作体系，这是另外一个关键要素。可以说，构建高校思政育人工作体系是实现全员育人、全程育人、全方位育人的重要基础和保障。但在具体实施构建的过程中，仍存在不少问题需要引起重视。整体表现的问题是育人工作推进力度不够、育人机制尚未健全完善。具体表现在课程体系上，专业课程与思政课程之间的内在逻辑不畅通，思政教学机制不健全，实践活动形式缺乏创新。

尽管“三全育人”在现实工作中存在一定的问题与困境，但我们仍可以从理论和实践路径两个创新维度尝试探索“三全育人”的未来发展方向。

二、“三全育人”的理论创新

第一，丰富和联动“全员”。对于高校而言，全员育人的主阵地是学校育人，学校育人的工作体系主要由教学、管理、服务构成，是高校培养高素质优秀人才的有力保障，在教学育人中起主导作用的则是高校教师。传统意义上学校育人的“全员”包括思想政治课教师和专业课教师、班主任或者辅导员、党政学工工作人员以及为学生生活学习提供辅助的后勤和行政人员。这样对“全员”进行概念界定，没有体现学生的主体性，“三全育人”应当发挥学生的主观能动性，利用学生内部动力推动其发展。“全员育人”中的“人”也应当是全体学生，学生也可以是育人的“全员”中的一分子。因此，“全员育人”的内涵应当包括“学生自育”“同伴共育”。

第二，拓宽“全程”。在“全程”这一维度，以往强调在时间维度上将育人工作贯穿在大学生成长成才的各个阶段，要求育人主体把握大学生成长的发展规律，在不同阶段选择不同的教育内容，做到“因材施教、因时而异”。除了从入学到毕业这种以学生接受教育的时间为划分标准的“全程育人”，在全程中加入“社会发展全过程”的维度，对于拓宽“全程”、丰富“三全育人”理论内涵也具有积极意义。在高校思政教育工作中，考虑作为培育主体的学生固然重要，但加入社会、时代发展过程要素成为另一角度的考虑因素也十分必要，包括融入切合时代发展的“新政策”和融入“社会突发事件”专题。如何通过事件与时代发展进行理想信念教育与责任教育，这都是教育工作者和学生管理者需要考量的新维度。

第三，整合“全方位”。与“全程育人”在时间维度上的关注相对应，传统意义上的“全方位育人”更多地关注空间维度。“全方位”强调的应当是多领域的共同育人，育人的主要场所是课堂。以课堂为例，可以分为“第一课堂”和“第二课堂”，以及近年来快速稳定发展、为疫情期间教学带来重要保障的“网络课堂”。在“全方位育人”的维度中，应该考虑除课堂这一组织形式之外，还能够以何种形式开展育人任务，这些形式又如何与课堂育人进行整合。从育人标准来看，“全方位育人”就需要高校培养德智体美全面发展的复合型人才。从育人形式载体来看，“全方位育人”就要形式多样、育人载体多元化，既要用好课堂育人的主渠道，又要努力开辟第二课堂育人新模式。近些年随着互联网技术兴起，高校育人工作可借助“互联网 + 育人”的新模式，努力形成全方位育人的新工作局面。

第四，结合核心素养创新“全方位 + ”。“全方位”不仅仅指育人形式的“全方位”，更应进一步突出对于学生素养的“全方位”培养，即促进个体的全面发展。“全方位”在一定程度上探讨了教育内容、教育形式等方面的整合，但其背后仍缺乏具体可参考的发展维度，我们提倡与新的理论相结合，为“全方位”维度找到其他理论落脚点，如与“核心素养”相结合。所谓“核心素养”，主要指学生应具备的，能够适应终身发展和社会发展需要的必备品格和关键能力。研究学生发展核心素养是落实立德树人根本任务的一项重要举措，也是适应世界教育改革发展趋势、提升我国教育国际竞争力的迫切需要。中国学生发展核心素养，以培养“全面发展的人”为核心，分为文化基础、自主发展、社会参与三个方面，综合表现为人文底蕴、科学精神、学会学习、健康生活、责任担当与实践创新 6 大素养，具体细化为国家认同等 18 个基本要点。各素养之间相互联系、互相补充、相互促进，在不同情境中发挥整体性作用。将“三全育人”结合“核心素养”以形成“全方位 + ”的理论融合新模式是本研究在理论层面的创新之处。当然，随着经济社会与教育的不断发展，未来“三全育人”有可能和更多新的理论相结合，形成更加丰富、完整的“全方位 + ”新模式。

三、“三全育人”的实践创新

要真正实现“三全育人”，还需循序渐进。要真正做到立德树人，需要明确全员育人的职责，站好关键岗；坚守全程育人阵地，种好责任田；完善全方位育人机制，守好一段渠，真正实现“三全育人”路径，发挥育人功效，达到育人效果。

首先，明确全员育人职责，站好关键岗。要充分发掘高校育人潜力，发挥各个部门人员的育人作用，最大化壮大育人队伍。明确“全员育人”职责，站好关键岗。加强党的领导，注重辅导员队伍的建设，发挥专职队伍以及行政管理人员和后勤服务人员的育人作用，也要带动大学生发挥自我教育作用。

其次，坚守全程育人阵地，种好责任田。全过程育人的实质是将思想政治工作融入教育教学全过程与学生成长过程。是从时间角度育人对学生提出的要求，也是对教育管理者提出的要求。要坚持育人理念明确化、育人工作体系化、大学生思想政治教育多样化，促进文化育人质量体系的提升，加强学风、校风的建设，把育人工作做到日常生活中去，提高育人质量。

最后，完善全方位育人机制，守好一段渠。完善育人机制对于“三全育人”工作具有至关重要的作用。北京师范大学的育人机制尚有不足之处，需要着力加以改进和完善。“没有规矩，不成方圆。”一个完善的制度和机制对于育人不仅是一种约束，更是一种保障和激励。一个成熟的德育模式的构建与实施不仅要求有一个有远见、有卓识的领导班子，还需要有一支作风过硬的教育工作者队伍，就像我们的军队一样，指挥有方、作战勇敢、能打胜仗。其实，德育工作队伍同样也需要这样一支队伍，需要一整套严密有效的制度来进行约束和保障。

总而言之，要通过理论与实践创新，把“三全育人”真正落实到每个学校、落实到家庭、落实到社会中去，也要落实到教育战线的每一位教育工作者身上，可谓任重而道远。

第二章　课程育人的理论与实践

育人先育德，课堂教学是育人的主渠道。高校要贯彻好、落实好立德树人的根本任务，就必须抓好课程建设，把思想政治工作贯穿教育教学全过程。2016 年，全国思想政治工作会议强调，“各门课都要守好一段渠、种好责任田，使各类课程与思想政治理论课同向同行，形成协同效应”，从而把思想政治工作贯穿教育教学全过程，实现全程育人、全方位育人，努力开创我国高等教育事业发展新局面。

第一节　课程育人的内涵

课程育人是“十大”育人体系的核心环节。课程思政建设与“三全育人”作为推进高校思想政治工作的重要手段和途径，二者能够相互影响、相互推动、相互促进。自全国高校思想政治工作会议以来，理论界对高校课程思政的关注度不断提升，并进行了广泛深入的探索，拓展了高校课程育人理论与实践的研究。

课程思政的本质就是以立德树人为根本理念的教育，高校的根本任务是为社会主义事业培养合格的建设者和接班人。这要求高校要进一步创新与发展当下传统固化的课程管理体系，改变传统课程设置之间因差异产生的“隔阂与壁垒”，使学校内部各类课程之间产生相应的联系，且这类联系是以立德树人的根本理念为核心，共同构建出有协同效应的课程体系，从而形成高校课程育人最大化的教育合力。课程思政是当前高校课程发展的必然趋势，同时也是当前高校思想政治工作的全新教育样态。

有关课程育人的概念源于“课程思政”。2014 年，上海市教委在基础教育阶段实践“学科德育”的基础上，提出要将马克思主义理论贯穿教学和研究全过程，构建思想政治理论课、综合素养课程和专业教育课程三位一体的思想政治教育课程体系。近年来，高校“课程思政”已经从注重“思政课程”建设转变为凸显“课程育人”体系的协同创新，主要从认识论角度分析“课程思政”

的内涵本质，从价值论角度阐明“课程思政”的价值意蕴，从实践论的角度探讨“课程思政”的特色实践，从系统论的角度梳理“课程思政”的多维理路，以期为推进高校“课程思政”改革提供理论依据和经验借鉴。

推进课程思政建设与完善“三全育人”机制要有机结合，全面融入。第一，不能动摇“思政课程”作为立德树人关键课程的主体地位。第二，建立培训机制，让教师深刻理解、坚定信仰、有效运用马克思主义理论。第三，构建科学完善的评价体系，实现科研、育人、教学的有效结合。第四，提高教师的福利待遇，为育人工作的开展提供物质保障。第五，建立健全的奖惩机制，增强教师开展育人工作的主观意愿。

第二节　课程育人的理论基础

课程是教育的核心和基础，是实现教育目标的重要手段。落实高校立德树人根本任务和培养担当民族复兴大任的时代新人，需要提升思想政治理论课的实效性，增强协同育人合力。高校探索实施课程思政，是高校深入发掘各类课程的思政内涵、提升高校思想政治教育实效的关键抓手。如何通过课程开展思想政治教育和德育教育，在我国和西方国家的历史发展进程中，均有一些有代表性的思想和理论，在本节中选取部分作介绍。

一、我国历史上的课程育人

（一）中国古代德育的教育形式

在原始社会，为维护氏族、部落的团结，促进社会成员有效联结，往往通过贯彻劳动与生产的全民性教育进行思想道德教育。

先秦时期，先人开始在学校中以开设课程的方式进行道德教育。通过“六艺”——礼、乐、射、御、书、数的礼乐教育，贯穿道德品质与习俗教育。《周礼·史实》中记载，国学要教诸子“三德”“三行”。其中的“三行”为：“一曰孝行，以亲父母；二曰友行，以尊贤良；三曰顺行，以事师长。”（《周礼·地官司徒·师氏》）在乡学中，有七项人伦之教：父子、兄弟、夫妻、君臣、长幼、宾客。在进入封建社会后，书院及其前身成为道德教育和人格教育的一支重要力量。作为儒家文化的重要象征和载体，中国传统书院自然关注学生理想人格的塑造，将人格教育的发展作为书院教育的重要环节。传统书院作为一种教育机构，其教育功能和属性决定了它对学生人格教育的重视。一方面，任何教育活动都必须以“人”为基础。在传统书院中，由于师生不分昼夜地相处，“教师的情知意常为生徒的表率，教师的精神生活与生徒的精神生活融为一体”。可以说，“书院师生关系也可以视为中国人格教育的缩影”。另一方面，在书院发展的外部环境方面，自汉代以来，官学受儒家思想的影响，始终追求理想人格。书院总是以辅官的身份出现，分担着教育、教学和人才培养的任务。可以说，书院重视人格教育，在某种程度上，是为了满足官方学校的教育目标和获得官方支持，从而以一个合理的身份生存了数千年，并成为在古代中国“课程教育”的主要力量。

（二）中国古代德育的课程内容

1. 不言之教与濡化之教：培育道德品质和意志品质

品德培养是书院人格教育的重要组成部分。儒家注重刻画君子人格，在一定程度上就是指具有高尚道德品质的人。传统书院的祭祀活动具有培养学生道德素质的作用，被认为是“不言之教”。一方面，每一书院的祭祀对象都必须是经过严格筛选的贤者和师者，这些贤者和师者因其德行、学识，并且与书院关系密切而被选拔出来。另一方面，书院的祭祀仪式神圣肃穆，具有一定的表演性和仪式感，务必让每位生徒身临其境、见贤思齐。可以说，书院祭祀体现了古代圣人具有君子人格的抽象道德品质，徒弟们可以通过那些用视觉、听觉、味觉、触觉所感知到的祭品、祭祀器皿、仪式和言语，来激励自己接受先贤的启迪，接近圣人的美德，形成深刻的道德认知。

意志品质培育是以君子为名的古代道德教育的组成部分，坚强的意志品质可以帮助书院生徒克服治学遇到的困难，承受举业失败的挫折，在未来离开书院后的复杂环境中坚持自我、保持自我。意志品质的培育包括自信心、自制力的生成，传统书院的日记教学法有培育生徒意志品质之功效，被认为是“濡化之教”。一般来说，日记有两种形式：一种是读书日记，由生徒记载自己的读书心得或疑惑；另一种是行事日记，由生徒记录每日的言谈举止和治学进度。前者可以帮助生徒提升举业、治学水平，锻炼生徒独立学习的能力和独立思考的自信；后者可以帮助生徒每日自省吾身，规范言谈举止，锻造生徒自律意识和自制能力。

此外，一些书院会采用学生总结和教师评价相结合的方法，督促学生纠正自己的不当行为。例如，明道书院要求教师每半个月读一次日记，“如（生徒）敬功日进，则心、身、口过必日少一日，是敬胜也”，就用朱笔在“敬”下面写一个“胜”字；“若怠日加过日多”，就用黑笔在“怠”下注一“胜”字。

可以说，传统书院的日记教学方法在培养学生的自信心和自制力方面确实有一定的效果。

2. 制度文化渗透：规范生徒言谈举止

在中国历史上，书院总数已达 7000 多所，其中包括享誉世界的白鹿洞书院、岳麓书院和名不见经传的乡村书院。各书院在其长期或短期的发展过程中都注重形成独特的文化氛围和精神环境，并将学生人格教育的目标渗透和体现到自身文化建设的各个环节，与日常教育实践形成学院德育的积极力量，共同完成培养学生的任务。书院学术规则的建立是德育文化渗透的一种方式。“谨言慎行”是中国古代理想人格模式的外在表现之一。书院学术规则中“慎行”的内容主要包括禁止性规则和劝谕性规则。一些书院将明确哪些日常言行是被禁止的，如果学生违反了这些规定，他们将受到何种惩罚。情节严重的，可以开除学籍。例如，湖北磨池书院道光年间的学术规定中列出了三种被禁止的行为：“招聚外人、饮酒赌博”、“三五成群，闲游闹市”和“放浪妓院”，并明确规定违规者“不准住斋，并饬学注劣”。劝谕类条约相对温和，具有人情味。通过一些圣人的故事或奖励手段，鼓励、晓喻学生自觉地消除不良行为，养成优雅的举止。除此之外，书院学规中也有“谨言”方面的内容。如乾隆年间《大梁书院学规》中有“勿聚谈”条，明确区分了“朋友讲习”和“余闲聚谈”的不同，指出“聚谈”会导致生徒“言不及义”“好行小慧”等不良品性的生成，最终走向“人品沦败”的深渊。

以制度化的学规设计引导生徒养成人格与道德素质，看似无情，却道有情。书院的学规不是对学生冷冰冰的“制裁”，而是通过制度文化的渗透，搭建起一座从书院到学生的德育桥梁。中国古代德育源远流长，对今天课程育人的价值启示主要体现在以下几个方面：首先，要以有效途径涵养学生品行；其次，要以多种方式践行培植人格；最后，要以完善环境涵养道德人文情怀。

二、西方国家历史上的课程育人

（一）西方通识课程育人的理论体系

在同等的师资、设备条件下，课程设置的质量决定了教育质量的高低以及教育目的能否实现。在有关课程的政策文献和学术研究中，西方学者对于通识课程育人的理论体系建构形成了包括理想常经主义、进步实用主义和精粹本质主义理论在内的不同派别。不同的高校在实践过程中形成了自身的特色。但融合和统整是整个通识课程设置的发展趋势。

一方面，在高校的政策文件中，通识课程的授课内容、培养目标出现整合化、多元化的趋势。1828 年，耶鲁大学发布耶鲁报告，将教授古典科目和培育学生“心智”作为教学目标。《北美评论》对这份报告做了评论，并在文中第一次提出了“通识教育”一词。哈佛大学发布了《哈佛通识教育红皮书》，这份报告将通识教育课程划为人文、自然科学、社会科学三个板块，要求学生从各板块中选择学习。由此可见，高校通识课程以培养精英人才为目标，重视通识课程对人才多方面知识的教导以及教养气度、内心素养的塑造。

另一方面，在学术领域，西方的课程研究形成了一种课程统整（curriculum integration）的趋向。西方课程统整具有整学科中心、儿童中心和社会中心三种范式，三种范式在课程设置内容和培养目标等方面提出了不同的要求。如乔克布斯（Jacobs，1989）基于学科立场，认为课程统整是一种避免学科知识过度分化而彼此失去关联的课程设计，应用不同的学科方法与语言以验证一项核心主题、议题、问题、单元或经验。比恩基于社会改造视角，认为课程统整乃是在不受制于学科限制的情况下，由教育者和年轻人合作认定重要的问题和议题，进而环绕着这些主题来形成课程组织，以增强人和社会统整的可能性。总的来看，西方课程统整的三种范式所具有的内容和培养目标如表 2－1 所示。

表 2－1　课程统整三种范式的对比

范式	定义	内容	人才培养目标
学科中心	为了知识并以知识逻辑为组织原则的课程统整样态	根据特定的逻辑基础把原本分化、杂乱的知识要素联结为有机的整体； 变革原有知识结构以提升知识学习效率	“劳动者”
儿童中心	构建适合全面发展的课程体系	对抗课程统整“工具化”的力量； 反对“学科中心”课程统整范式中的学科化、技术化、控制化倾向，把儿童发展规律作为课程统整的逻辑基点，儿童全面发展作为课程统整的价值归宿	“全面发展的个体”
社会中心	培养现代公民的参与意识、参与能力和社会责任感，并最终实现个人与社会的同一化的课程体系	关注点：个人与社会统一性问题； 强调课程统整的社会价值，把个人与社会的疏离视作课程统整的基本命题	“社会公民”

除此之外，国外学者还注意到了其他社会要素与课程育人的结合。学者 Stark J. S. 提出“学术计划”高校课程理论分析框架。他认为课堂内部的八个要素和外部环境的三个层面共同作用，使课堂形成“学术计划”，实现育人

目的。

由此可见，西方通识课程理论以培养精英人才为目的，强调从宏观角度进行课程教学的安排，重视课程中学科边界的溶解，关注学生的价值观念和心理倾向的培养，强调个人与社会的统一。这种培养的范式与习近平总书记强调的“要成为一流的卓越大学，必须重视和加强专业教育、通识教育和思政教育的融合”的目标不谋而合，也与通识教育“培养广泛的、非专业性的、非功利性的基本知识、技能和态度”的总体定位精准匹配。

（二）西方隐性课程中的德育教育

西方的隐性德育尝试于古希腊时期，哲学家苏格拉底就主张通过对话、讨论、辩论和参加活动的方式来培养儿童的道德认知，通过实践养成道德行为习惯。亚里士多德强调，需要在社会实践活动中培养人们的德行，并使之固化于自我心灵，成为自觉自动习惯（郑永廷，2000）。20 世纪初，杜威将教育理论建立在实用主义道德论基础上，提出道德教育是各科教学共同的和首要的目的，学校要通过间接方式开展道德教育。他提出的“同时学习”（collateral learning）的概念和“兼收并蓄”各种经验的体悟被学界认为是隐性课程概念的萌芽。

20 世纪 60 年代，美国教育社会学家杰克逊在其《教室生活》（*Life in Class*）首次提出了“隐性课程”（hidden curriculum）这一概念，隐性德育研究也随之逐渐深入并发展起来。在隐性德育的理论导引下，西方学校教育中较少直接开设具体的道德教育理论课程进行道德意识、道德观念、道德规范的思想灌输，更多的是采取间接的教育方式，将教育内容渗透于学校各学科教学、社会生活及宗教教育之中。事实表明，巧妙地、不知不觉地渗透德育内容，更能够将德育的功效发挥到极致。

综上，隐性德育是反对直接灌输，重视全方位渗透，倾向以个体参与和自主活动的方式间接开展规范化的道德教育，使受教育者潜移默化地接受教育的内容，在特定人际关系环境中接受熏陶感染，润物细无声地实现教育目的的一种德育类型（唐德、先栾宇，2012）。

第三节　“双一流”高校课程育人的实践与反思

“三全育人”是新时代高等教育应对多元思潮、强化主流意识形态的必然选择。课程思政是高校培养社会主义新人的内在要求。而课程育人的结果最终要回到“育人”上，课程育人的根本目的是“立德树人”。因此，检验课程育人的效果不仅要从理论上看课程体系设置得是否合理，课程目标是否科学，课程实施是否到位，课程内容是否适宜和课程评价是否有效，最终还要看到课程育人最终培养出的“人”是什么样子的。从教育学的人才培养来说，我们的课程育人是要培养出符合我们的培养方向，心怀教育理想、德智体美劳全面发展的社会主义事业的建设者和接班人。

我国大多数“双一流”高校都十分重视“课程育人”，从师资队伍、课程设计、课程评价等多方面构建自己的“课程育人”体系。北京师范大学遵循立德树人的根本任务，为课程建设提供了充分强大的师资团队，建立了完善的课程育人制度，为学生开设了许许多多的“金课”。兰州大学念好“准、精、实、严”四字诀，从课程方向、特色、内涵和课程质量上，促进“课程育人”体系建构。

但从各学校出台的指导文件来看，更多的还是从学校的宏观角度出发，由上至下去设计和推行课程，广大师生更多处于一个被动接受的状态，各学科教师协同不足，师生对“课程育人”理念认知度和认可度不够，且对师生的反馈意见收集也不足，这些情况都不利于课程最终实现真正的育人目标。

由此可见，我国高校应该完善思政课教师与专业课教师的协同机制，专业课教师要加快提升政治素养，思政课教师应帮助专业课教师挖掘专业课程资源中的思政要素（韩松，2022），协同探索课程思政更好的呈现方式。同时，加快教师和学生理念的转变，在师生中广泛形成价值塑造与能力提升并行并重的认识。不可忽视的，推进“课程思政”应建立评价机制（王朝晖、方从严，2019），畅通的师生交流和及时的细节反馈不仅能激发教师教改的积极性，也能为教学改革指明方向、提供新思路。

第三章　科研育人的理论与实践

科研育人作为“十大”育人体系中的重要内容，旨在引导师生树立正确的价值取向和学术导向，培养师生至诚报国的理想追求、敢为人先的科学精神、开拓创新的进取意识和严谨求实的科研作风。充分发挥科研育人实效，首先需要对新时代科研育人的概念内涵和价值意蕴形成清晰认知，避免科研育人的内涵泛化、功能弱化。对科研育人内涵的把握，既要看到其政策含义，又要对其时代特征和价值意蕴进行深入探讨。

第一节　科研育人的内涵

一、科研育人的概念

“科研”是“科学研究”的简称。科学研究是揭示客观事物本质特征及其发展规律的系统活动，是对科学进行有目的的探索和运用，包括创造知识和整理知识。根据《韦氏大辞典》（第十版）的定义，科研是指：（1）探查或调查；（2）好学的探究或调查，特别是对事物的发现和解释，对已经接受的理论或规律的修订（在新的事实下），或对这些新的、修巧的理论规律的实际运用；（3）对一个特定主题的信息收集。

从以上关于科研的定义可以看出，科研的涉及面是相当广泛的，从狭义层面上对特定信息的探查或调查，到广义层面上对事物特征和发展规律的研究都包含在内。因此，在调研过程中也要考虑课题、课程等多方面的影响（张愿，2017；李颖辉，2012）。

科研育人指高校通过科学研究活动，寓德育于科研之中，对科研人员开展价值引导、创新能力培养与综合素质提升，从而引领师生树立正确的世界观、人生观和价值观，提升师生的科研理想、科学道德、科学精神，提高师生的政治思想、心理素质等（刘在洲，2021）。2017 年，教育部发布《高校思想政治工作质量提升工程实施纲要》，要求高校充分发挥各方面工作的育人功能，对高校“十大”育人体系进行了总体的规划设计。

科研育人要求高校发挥发挥科研育人功能，优化科研环节和程序，完善科研评价标准，改进学术评价方法，促进成果转化应用，构建集教育、预防、监督、惩治于一体的学术诚信体系，健全优秀成果评选推广机制，实施科研创新团队培育支持计划、科教协同育人计划、产学研合作协同育人计划，培养选树一批科研育人示范项目、示范团队。引导师生树立正确的政治方向、价值取向、学术导向，培养师生至诚报国的理想追求、敢为人先的科学精神、开拓创新的进取意识和严谨求实的科研作风。

二、科研育人的时代内涵

党的十九大报告指出，加快建设创新型国家，要培养造就一大批具有国际水平的战略科技人才、科技领军人才、青年科技人才和高水平创新团队。强调高校形成科研育人的长效机制，促进高校科研育人工作的实施，是为了为认真学习贯彻党的十九大精神，充分发挥中国特色社会主义教育的育人优势，着力培养高素质创新人才，着力培养德智体美全面发展的社会主义建设者和接班人，着力培养担当民族复兴大任的时代新人，不断开创新时代高校思想政治工作新局面。为了进一步促进科研育人工作的相关安排，加快推动科研育人工作见效，首先需要明确和厘清新时代下科研育人的时代内涵，这样才能够把握科研育人工作的特殊性，从而推动科研育人工作的有效开展。

（一）新时代科研育人形式

通过科学研究的实践历练，培养学生扎实的学术基础、丰富的实践经验、博大的教育之爱、开阔的国际化视野和不竭的创新动力等方面的素质，这是有关新时代科研育人形式的问题。从科研育人的途径来看，新时代科研育人形式涉及学生参与课题和竞赛，与导师交流，参与相应课程和会议，以及实验实习、创新创业、社会实践等活动。从科研育人的环节来看，新时代科研育人形式包括科研的选题、立项、文献综述、实际调查、资料整理与分析、科学论证、成果推广等全过程。从科研育人的具体做法来看，新时代科研育人形式涉及教师的言传身教、科研团队的互动和帮助、科研环境的熏陶、学校政策导向和制度的约束等。科研育人的形式和途径丰富，环节较多，形式独特。把科研育人各个层面的育人形式由点到面贯穿人才培养全过程，是新时代高校进行科研育人工作的重要要求。

科研育人的形式丰富，目标全面，因此更加关注学生在科研育人过程中的全面发展。新时代科研育人以科研实践活动为基础。科研育人的过程作为依赖实践开展的过程，能够让学生通过实践进行全面发展（邴浩、朱小亮，2019）。科研活动途径丰富多样，既有以训练科研素养、提升学生学业水平和理论实践知识为主的途径，也有以科研实践为重，增强学生理论联系现实能力和创新意识的途径。教师的言传身教和学术的严谨要求贯穿科研活动途径始终，有利于进一步培养学生的道德品格、人格品质以及科研道德。而科研活动的流程复杂，环节较多，也能够在促进学生提升自身学术能力的同时，养成耐心、细心、严谨、诚实等良好的性格修养。科研育人的具体活动也具有全面性，既有在实践中通过导师指导、制度要求等显性的育人，也有教师的潜移默化、团队的积极互动等对学生隐性的育人影响。显性育人和隐性育人相结合，既能够较为明显地提升育人的效果，也能够促进更加全面地实现科研育人的目标。

（二）新时代科研育人主体

虽然要求高校全面发挥科研育人功能，即高校各级组织和全体教职员工都有参与科研育人的责任，但科研育人的重点主体应当是科研工作者。高校的科研工作者包括学校及所属各级单位科研管理组织、科研教师以及科研辅助人员、科研团队以及各类学术组织三类。

学校及所属各级单位科研管理组织作为科研育人的主体之一，在科研育人中起着主导作用。学校有关科研的理论与目标、科研育人的管理体系、相关的制度和评价体系都会对高校科研育人的发展和效果产生重大影响。科研教师以及科研辅助人员作为科研育人的重点主体，与学生和科研管理组织之间存在着纽带的关系，是科研育人的核心力量。教师的科研育人意识是教师从事科研育人实践的前提。教师在学生的学术基础、实践经验、国际视野、创新动力等方面对学生提出不同的要求，直接影响了学校科研育人工作的效能和效果。而教师在科研工作过程中的言传身教也是科研育人的重要方法。教师的科研作风不仅影响着科研工作的效果，也会对学生的科研素质产生直接或间接的影响。科研团队以及各类学校组织，是参与科研的教师和学生以共同的科研目标为基点，按照科研规范和方法共同合作而形成的科研组织。科研组织是教师与学生相互交流、相互学习以及完成科研工作的主要组织机构。三种科研育人的主体是科研育人活动的主要承担者、发动者和实施者，将育人的形式作为科研育人的手段，对科研参与者（以学生为主）的学术基础、实践经验、教育之爱、国际化视野和创新动力等方面进行引导，促进学生的认同和内化，从而培养新时代国家所需的科研人才。

（三）新时代科研育人目标

首先，高校科研育人工作要体现和满足新时代发展的迫切要求。当今世界正处于百年未有之大变局，受霸权主义和强权政治等因素的影响，科技发达国家常常以国家安全为由对他国设置技术壁垒，限制科研人员交流。因此，涉及重要领域的关键核心技术必须自力更生，必须掌握在自己国家的科技人才手上。中国要想在激烈的国际竞争中立于不败之地，必须大力加强科技创新工作。为此，国家必须培养具有至诚报国的理想追求、敢为人先的科学精神、开拓创新的进取意识和严谨求实的科研作风的科学家。这正是科研育人应当始终把握的方向。为了适应激烈的国际竞争的需要，我国制定了《国家中长期科学和技术发展规划纲要》和《国家中长期教育改革和发展规划纲要》，对高校培养高素质创新型人才提出了明确而具体的要求，这将科研育人摆到更加突出的位置。

其次，高校科研育人工作需要满足新时代高等教育发展的需要。新时代高等教育的发展目标，在根本上与新时代发展的要求是相统一的。培养高素质的社会主义建设者和接班人是我国高等教育的目标和原则，也是高等教育发展的根本指向。新时代高等教育培养的是即将走向社会的具有家国情怀、社会责任感、创新精神和实践能力的高级专业人才，特别是要为国家培养优秀的未来科技工作者。在科技创新成为时代发展重点的背景下，坚持科研育人是我国高等教育工作的重点和努力方向。

为了实现新时代科研育人的目标，科研育人的工作要注重实践，将目标要求贯穿在科研育人实践活动的始终。科学实践是科学地探索宇宙间普遍规律的有目的的能动性实践活动，是实践活动的重要类别。教师和学生在参与科学实践活动的同时，需要将在课堂中学习到的理论知识运用到现实的研究实践之中，将理论知识与研究实践相结合。这样既能够促进学生加深对知识的理解，也能够让学生通过实践获得更多丰富而有效的知识。

面对科研育人工作的实践性，高校应当积极组织科研实践活动，鼓励学生和教师参与科研实践活动。在科研实践活动的过程中，高校应当积极引领和把握科研实践活动的方向，培养学生勇于探索敢于创新的科研态度、解放思想实事求是的科研作风，全面加强学生在科研实践活动中的参与感和获得感，让学生在实践中学习，从实践中来，到实践中去，在科研实践中全面提升学生的科研素质、创新能力和思想道德水平，以实现科研育人满足时代发展需求、满足新时代高等教育需求的目标。

三、科研育人的现实体现

科研育人，顾名思义，是通过一系列科研活动来培养人。从育人的概念界定来看，科研育人中“育人”的目标既包括思想品格和人格方面的培育，也包括知识学习与技能等方面的培养。因此，科研活动会对人产生各种各样的影响，具体可以从以下几个方面来进行探讨。

（一）培养健全人格和思想品德

在思想政治教育学的视野下，科研育人的含义主要是通过科研活动来培养学生的健全人格和思想品德。“科研育人”概念首次在《关于进一步加强和改进新形势下高校宣传思想工作的意见》中提出，其中所讲通过科研来育人的侧重点主要是指思想政治品德方面的培育和培养工作。从科研能力到科学精神，再到科研道德与做人的一般道理，以及正确的世界观、人生观和价值观培养，都是科学研究过程中需要做到的。其最终目的与落脚点都是要通过一系列的脑力劳动、实践训练等来培养学生的完整人格与品德，这是科研对人最重要的影响。

（二）培养至诚理想与爱国情怀

从个体的角度来看，科研活动对每位参与者都产生了独特的影响。由此，我们得以从社会的角度来对科研的影响进行分析，其中最为突出的影响就是对爱国情怀理想追求的培养。爱国报国是中国精神的核心价值，通过不断地开展科学研究，最终实现中华民族伟大复兴的中国梦是科研育人从国家层面来看的目标之一。阮一帆等认为，高校科研育人的时代内涵首先就体现为通过科学探索活动在青年学生中厚植爱国主义情怀（阮一帆、徐欢，2019）。从科研过程中获得民族自豪感与国家荣誉感，建设理想情怀，积极努力、奋发向上，将科学研究根植于理想追求中，为“两个一百年”奋斗目标的实现而努力，是科研对于个人，也是对于社会与国家的重要影响。

（三）培养开拓精神和创新意识

创新是推动社会发展的必然要求，无论是工业革命一般的大数据、人工智能浪潮等技术创新，还是摆脱性别歧视枷锁、推动立法完善等一系列思维革新，都能推动时代的变迁与发展。科研既包含对新事物的发现，也涵盖对旧事物的修订，总而言之，是在别人未曾开拓的领地进行研究。因此，科研过程本身也是在培养人的创新精神。科研的过程要求参与者发掘新的问题，并通过研究得到实证规律来对问题作出合理解释。之后再去触发新的思考，循环往复，最终得到一套完整的解决方案。因此，开拓精神和创新意识不仅是科研者必须具备的，更是在科研过程中通过教师指导与自我学习得以进一步培养与提升的技能。

（四）培养严谨观念与求实思维

严谨求实是科研的本质属性和客观要求，学做科研，做好科研，都需要秉持严谨观念与求实思维并贯穿始终。从发现问题时的仔细核对，到研究过程中的认真求证，到数据分析时的科学分析，到撰写报告后的查重核实，包括指导教师对科研过程中问题的提出，都是帮助实现科研结果更为真实的重要科研活动。科学研究活动能够培养科研者严谨求实的态度，但这并不代表着因循守旧、墨守成规。高校科研活动对育人的影响更在于科研人员对问题的认识和解决上形成独到的见解与举措，不为既定的思维模式所束缚，严谨且辩证地思考问题。

第二节　科研育人的理论基础

任何事物都不是孤立存在的，世界上的一切事物都处于普遍联系之中。新时代高校开展科研育人的实践也不是孤立进行的活动，而是现实背景和科学理论共同作用下的产物。对新时代科研育人的理解，不仅要厘清其概念内涵，还要追溯其产生的理论依据，通过理论的科学性来论证科研育人的合理性。

一、理论渊源：马克思主义视野中的科研育人

马克思主义中关于人的自由全面发展理论，是马克思、恩格斯在探索人的本质的过程中提出的科学论断。《共产党宣言》中明确提出新社会的本质：“每个人自由的全面发展是一切人自由全面发展的条件。”（马克思恩格斯选集（第一卷，1995）马克思、恩格斯分别从哲学、政治经济学和科学社会主义的角度对人的全面发展进行了深入探讨。总体而言，“人的自由全面发展”主要包括以下三个方面：第一，人的全面发展是人的个性的自由发展，即人的文化素质、道德素质都应得到自由而均衡的发展；第二，人的全面发展是全体社会成员的平等发展，充分发挥每个人的潜能；第三，人的全面发展是人的需要的充分发展，即人的物质需要、精神需要都应得到自由而充分的发展。从整体上看，人的自由发展和全面发展是相辅相成的：人的自由发展建立在参与社会实践的基础上，建立在人的全面素养的基础上。而缺乏创造和发展的

劳动仍将使人束缚于客观条件中，具备自由意识的人才能通过创新劳动，不断探索和发现。

马克思关于人的自由全面发展理论的核心就是马克思主义的教育思想，高校科研育人与这一理论有着不可分割的内在联系。首先，科研育人是促进学生全面发展的重要手段。一方面，知识与能力素质是人的全面素养的重要组成部分，而科研育人是学生学习知识与发展能力的重要途径：学生不仅可以从课堂内实现知识的积累，还能从包括科研环节在内的一切实践活动中接受知识、发现知识；学生可以在参与科研活动的过程中锻炼信息获取与整合能力、实验操作能力等各方面全面发展的能力。另一方面，道德素养在人的全面素养中也占据着至关重要的地位。科研育人不仅能促进学生知识与能力的发展，更有利于学生道德素质、思想素质的完善。科研过程能够激励学生将个人发展与国家的前途命运结合起来，把个人的理想追求融入国家和民族的事业中，培养学生正确的世界观、人生观和价值观，提高学生的思想道德素质。其次，科研育人是高校教师和学生共同成长的重要途径。马克思主义关于人的全面发展是实现每一位社会成员的发展，高校开展科研育人有利于实现教师和学生的共同发展。教师的科研能力、科研育人意识是通过科研活动对学生施加育人影响的重要前提。因此，为促进教师科研育人作用的发挥，必须对教师进行相关教育与培训，引导教师自觉践行社会主义核心价值观，严守学术道德、严明科研纪律，求真务实、敬业奉献，将科研育人的目标任务贯彻到学生的日常学习与科研活动中。可见，科研过程既是教师和学生共同成长的场域，又为师生的共同全面发展创造了机会。最后，科研育人是满足学生精神需要的重要平台。自我实现的需要是人的高级需要，学生在教师的指导下，在科研过程中，不断攻克难关、取得丰硕成果，有利于提升学生和教师的成就感，实现个人价值，享受到精神层面的快乐。同时，科研对于锻炼人的意志、培养人的性格、端正人的学习动机等方面也具有重要作用，科研在满足教师和学生对知识与真理的探求的同时，也能极大地促进人们精神层面的发展。

人需要追求更高的精神意识的全面发展，科研育人实践就是引导大学生掌握人的自由全面发展的规律，并引导学生在追求自由而全面发展意志的驱动下，树立科学的认知和正确的科研价值观，从而推动个人成长与社会进步。总之，马克思主义人的全面发展理论是科研育人的重要理论来源，基于这一理论，我国确立了德智体美劳全面发展的教育方针，为阐释“十大”育人体系在新时代思想政治工作中的重要地位形成了有力支撑。

二、理论指导：马克思主义中国化中的科研育人

对科研育人理论的探讨要紧密结合中国的国情，马克思主义中国化的相关理论无疑是重要的理论参考。长期以来，党和国家高度重视高校育人及大学生思想政治教育工作，结合国家发展对人才的需求及高校育人实际，总结育人规律，提出了一系列有关高校育人的理论成果。其中，我国在教育改革和育人实践中提出和完善了“三全育人”长效机制，对高校培养什么人、如何培养人、为谁培养人等教育领域的基本问题进行了科学回答。“十大”育人体系的提出进一步充实了“三全育人”格局的内容，并细化了新时代高校“三全育人”的行动方案；而“三全育人”理论则为科研育人提供了丰富的理论滋养。

“三全育人”的内涵包括了以“全员育人”“全程育人”“全方位育人”为核心的教育理念、教育原则和教育机制。科研育人是高校开展思想政治工作的重要途径，是“三全育人”格局的重要延伸，全员育人、全程育人、全方位育人的思想为科研系统中育人功能的实现提供了方向指导。从“全员”的角度看，传授育人之道自古以来就是教师的职责。习近平总书记在全国教育大会中同样以“人类灵魂的工程师”“人类文明的传承者”来比喻教师，彰显教师在育人工作中的地位。科研人员是高校教师群体的重要组成部分，是高校教师队伍的骨干力量，在对学生进行科研指导的过程中能够促进其知识、能力和道德素质的提升。在科研过程中，学生也会接触到管理人员和其他同学，他们与科研教师共同作为科研育人的主体力量，承担起高校育人的重要使命。从“全过程”的角度看，科研过程不仅是传递教育内容的载体，也可以作为思想政治工作全程育人的介体。教师可以在从科研立项到科研成果推广的全过程中开展教育活动，帮助学生树立远大的理想和报国的目标，培养拼搏奋斗、开拓创新的精神，锻炼团队合作的能力，培养严谨的学风和学术道德。科研内容和科研产出的成果本身也具有教育功能，能够对人的价值观产生正面引导。教师可以挖掘科研中的思想性内容，加以提示和阐述，使学生从知识中吸收思想营养。从“全方位”的角度看，科研育人的环境能够实现处处育人。硬件设施和文化环境是高校育人环境的两种主要类型：硬件设施包括教室、实验室、会议室、讨论室、仪器设备等，这些都可以成为隐性教育的场所；学校的科研环境、科研氛围也能在科研育人上发挥潜移默化的作用。可见，全员育人、全程育人、全方位育人的“三全育人”思想对于科研育人的实践具有积极的正面引导作用，为科研育人实践提供了理论指导和行动指南。

三、理论借鉴：西方教育观中的科研育人

（一）赫尔巴特教育观

“教学的教育性”原则是19世纪赫尔巴特提出的重要理论。1804年，赫尔巴特在《论世界之审美描述是教育的首要工作》一文中指出，道德可以视为教育唯一的任务和全部的任务，“道德普遍地被认为是人类的最高目标，因此也是教育的最高目标”。随后，赫尔巴特在《普通教育学》一书中对“教育性教学”进行了更为明确的阐述，他进一步论述了教育性教学的必要性和可能性，提出不存在“无教育的教学”和“无教学的教育”。在博伊德和金合著的《西方教育史》中提到了赫尔巴特对教育与教学的辩证关系的论述，他认为“教学形成思想内容，而教育则形成性格。没有前者，后者是做不到的”。可见，在赫尔巴特的教育观中，教育的根本目的在于培养德行，使人“高尚而不是变坏”，教育是目的，而教学是实现教育的手段。赫尔巴特“教学的教育性”原则从“科研可以育人”“育人需要科研”两个层面为科研育人提供了理论依据。

第一，科研可以育人，科研具有教育性。赫尔巴特认为不存在“无教育的教学”，强调教育是教学的目标，教学要围绕教育这个目标进行。高校科研工作中同样没有无教育的科研，科研不能偏离教育这个目标。从高校科研的属性来看，其不同于科研院所的科研和企业的科研，科研只是高校的基本职能之一，除此之外还有人才培养和社会服务。高校科研的本质属性是既要出成果又要出人才，而人才培养的根本任务就是“立德树人”，因此，高校科研履行育人的职责自然是应有之义。从科研活动的全方位来看，科研的教育性渗透在科研活动的每一个环节之中：科研目标的设计能够培育学生立志报国的科研理想和开拓创新的科研精神；科研环节的艰难曲折有利于帮助学生养成坚持不懈、艰苦奋斗的顽强作风；科研工作的寂寞枯燥能够培养学生专心科研、心无旁骛的毅力定力；科研程序的严谨规范能够培养学生严谨治学的学术道德和科研品质；科研方法的科学适切有利于帮助学生形成正确的科研方法论；科研产出的科学价值和社会贡献能够提升学生的成就感和幸福感，帮助他们树立正确的世界观、人生观、价值观。

第二，育人需要科研。不存在“无教学的教育”，教学是育人的必要手段。这启示我们高校同样没有无科研的教育，即在高校育人中，科研是一种重要的手段，科研是育人的有效途径。从高校教师的职责来看，科研与教学、社会服务共同作为教师的基本职责，科研是教师不可推卸的责任。从教学的组织形式

上看，科研不仅进行知识的传递，而且更为强调新知的发现。作为一种创造性的教学，科研是没有大纲的教学，是高水平的教学，是建立在传授知识基础上的旨在发现知识的教学，因而可以说，科研是高校教学的一种特殊形式，承担着特殊的教育任务。从教学的环境场所上看，实验室不仅是传授知识的课堂，还是一个发现知识的课堂，其间存在着大量的教学活动，从这一角度出发，可以发现实验室也是实施教学的重要平台，是发挥科研育人效果的重要阵地。

可见，高校科研具有教育性，具备实现育人目标的潜能；同时，高校育人离不开科研这一重要途径。无论高校的科研职能如何发展，传播真理与探索真知、培养德智体美劳全面发展的新时代高质量创新人才始终是高校的第一要务；无论高校科研形式如何创新，其作为育人的重要手段的地位不会改变。赫尔巴特的“教学的教育性”原则，为科研何以育人提供了理论依据，为科研如何育人指明了前进方向。

（二）教学与科研协同育人观中的科研育人

作为新人文主义者在教育领域的杰出代表，德国著名的政治家、语言学家、教育家洪堡的大学理念是西方大学史上最经典的理念之一，成为指导大学发展的重要理论。他的科研观、科研与教学协同观也为科研育人指明了发展方向。

洪堡指出，“科学的探索”和“个性与道德的修养”是大学的双重任务，并由此提出了“由科学而达至修养”（陈洪捷，2015）。这概括了大学双重任务之间的内在关系，即大学的活动是从事科学研究，但其根本目标则是促进学生乃至民族的精神和道德修养，科学天然地适于修养的进行。所谓修养，洪堡认为是人的个性全面发展的结果，是作为人应该具有的素质，它与专门的能力和技艺无关。洪堡所强调的“科学研究”中的“科学”，是一种纯粹的科研，不含任何目的的科研是洪堡对大学科研的定位。这样的大学理念要求研究者投身科研、专心钻研，这正是科研育人的主要内容之一。这一理念对参与科研的师生形成了思想引领和行为规训，为大学科研育人的实践进行了理论层面的铺垫。

从教学的角度来看，洪堡自始至终认为教育是大学的一项重要职责，学校关心科学的前提是要“纯粹地关心教育本身，关心作为知识的知识，关心心灵的培养”（周川，2005）。从“教学与科研相结合”的原则来看，洪堡所强调的“教学与科研相结合”的实质，就是把教学纳入科研的范畴之中（王建华，2015）。从国家的层面来看，洪堡曾在一篇有关人的教育论文中提及：国家需要的是教育、真理及美德（Hohendorf，G，1993）。教育离不开教学，真理需要通过科研进行探索，而美德则需要通过教学与科研协同来培养，教学与科研不可分离。从人才培养的角度来看，洪堡始终认为，如果大学要培养个性和谐发展的人，必须要将教学与研究相结合。因为只有在无目的、重整体性的研究活动之中，才能让学生学会独立思考和判断，进而发展其个性和独立性（周丽华，2008）。

德国存在主义哲学家雅斯贝尔斯和洪堡一样重视大学对国家的作用，他将大学视为一个由学者和学生共同参与，并以探寻真理为使命的共同体（Wyatt，1982）。在雅斯贝尔斯看来，大学教育的目的是实现对“整全人”的培养，即培育有教养的人。为此，教学与科研相结合是大学之中无可替代的基本原则。在教学与研究的关系上，他认为，“只要大学想通过科学的途径去寻求真理，研究就必然成为大学的基本任务。又因为这一基本任务以传承为先决条件，所以研究工作离不开教学”（雅斯贝尔斯，1991）。人才培养是涉及教学、科研等多项活动的职能，大学应将教学和科研协同起来培养人才（刘宝存，2003）。

“由科研而达至修养”是洪堡关于大学科研功能的界定，“教学与科研相结合”是洪堡、雅斯贝尔斯等德国教育学者关于大学教学原则的界定，二者共同构成了大学科研育人的核心价值，揭示了科研育人的运行机理，帮助我们加深了对科研育人可行性的认识。

第三节　科研育人的发展脉络

一、西方科研育人理念的起源、发展与偏移

（一）起源

虽然大学科研职能正式确立较晚，但不同学者对科研育人的起源和发展有不同的认识。学者张愿（2017）认为在文艺复兴时期，科研就正式表现出了育人的功能，“人文主义思潮唤醒人们追求个性解放和反对神学枷锁，对理性的崇尚逐渐取代神性，对人的价值和尊严的肯定使经院的教学方法受到质疑，自然科学的学术潮流在此时取得很大进展”。工业革命后，科学被推上时代顶峰，实用课程代替古典课程，科学研究机构专门培养人才，西方各国相继成立科学学会或科学研究院。柏林科学院更是进行了创造性的科研探索，并提出了学术自由的理念，为后来大学科研职能的确立奠定了基础（F. Paulsen，1902）。从中世纪以来直到 18 世纪末，人们逐步意识到科研在大学中所发挥的重要作用，并以此为依据开始进行科研育人的探索，但其效果并不显著。

19世纪后，大学得以复兴，在新的政策与科学环境中，大学进行科学探究的方法和科学组织得到继承发展。在不同国家不同学校中，科研育人的表现形式有一定差异，但这些都直接影响了科研育人在大学中的发展。英国的牛津大学、剑桥大学在“二战”前期依然传授着古典文化知识，其代表人物纽曼因是基督教徒，希望大学能教授他所信奉的教义而捍卫英国传统大学。他认为教学与科研应该分开进行，教学是大学的唯一职能，科研应该在一些比大学更适合的专门研究机构中进行，强化专门知识的科学研究是对知识整体性的破坏。这一时期，牛津大学、剑桥大学的科研暗含在教学中发挥着育人功能。首先体现在学院制的办学方式上，办学目的相比“教书”而言，更倾向于“育人”，即培养学识渊博、品德兼修、体魄强健的“绅士”。其次体现在导师制的培养模式上，导师作为学生在校的直接监护人，对学生的知识增长和身心发展都肩负着重大的责任，导师也在和学生共同探讨答疑中更新知识、共同进步。

（二）发展

高校真正把科研和育人融为一体，则是在科研职能的正式确立时期。柏林大学在洪堡的提议下将科研真正意义上引入教学，科研育人随着科研职能的凸显而走向前台，科研和教学共同承担起育人的功能，高等教育史开启了崭新的篇章。洪堡的科研观、科研育人观为科研育人赋予了丰富的内涵。洪堡的科研育人观体现在他对大学职能的解读、对科研及科学的定位和办学理念上。他认为，大学“对纯科学的追求”和“个性与道德的修养”这两个任务是彼此相连、互为因果的。科学由于自身的独立价值本身就适合于修养的形成，科研的过程便是性格塑造、道德养成的自我提升过程；而个性和道德修养是科学持续发展的重要保障，使科学不因困难而终止，不因质疑而荒废。大学“立身的根本原则是，在最深入、最广泛的意义上培植科学，并使之服务于全民族的精神和道德教育”（威廉·冯·洪堡，1987）。同时，他也提出了“教学与学术研究相统一”的原则，他虽然非常重视科研，但也没有忽视人才培养。在他看来，“大学的真正成绩应该在于使学生有可能，或者说它迫使学生至少在他一生中有一段时间完全献身于不含任何目的的科学，从而也就是献身于他个人道德和思想上的完善”（陈章顺，2010）。威斯康星大学则是将科研育人的理念落实在科研与知识推广中，将科研育人运用于更深远的社会实践，在实际生活中达到育人的目的。范海斯曾任威斯康星大学校长，他认为大学的基本任务是：培养学生的文化素养和实际能力，成为能胜任工作的公民；通过科学研究活动将知识运用到实践；向广大公民传授可以解决政治、经济方面问题的方法。威斯康星大学不仅注重德国大学“追求真理和研究科学”的基础性，也勇于超越和创新，发展了柏林大学忽略的应用性研究。科研成果的积极影响催生了大学社会服务的职能，科研更倾向于解决人们生产中的实际问题，在实际生活中达到育人目的。美国哲学家布鲁贝克在《高等教育哲学》一书中写道："20 世纪早期，威斯康星大学最彻底地实现了与美国州立大学相关的一个重要理想。这就是为民主社会所有需要提供服务的理想。"总之，威斯康星大学的理念使科研活动在与社会的互动拥有了更具社会责任感和使命感的内涵。

（三）偏移

"二战"爆发后，科学技术为赢得战争提供了巨大帮助，科学技术对生产力发展的作用被各个国家所发现。"二战"结束后，科技革命的大众化使得科研成果越来越成为大学地位与荣誉的象征，科研的政治色彩被加强，科研的经济效应为政府、企业和研究者本人带来许多实际的利益（符明娟，1987）。国家对高校科研的干预，更为科研蒙上一种政治色彩，人们更看重科研的经济产出，这导致科研的教育本质逐渐偏离。德国有学者评论道："从严格和传统意义上讲坚持教学与科研统一的原理不存在了……它们的分工关系被削弱了。"在这一阶段，科研育人的理念逐渐走向弱化。在功利主义的影响下，这种弱化愈演愈烈。美国著名高等教育专家伯顿·克拉克将"科研活动从大学的教学单位和中心课程框架中分离"的现象称为"科研漂移"。他认为，"在科学事业不断强化和分化的背景下，一大批高知识专业相继出现，这些专业在其发展进程中，对资金、设备和人员等方面的要求不断提升。与此同时，各领域的专家们为尽快产出预期科研成果，对其所处的科研环境的要求也相继提高。在这一背景下，各类研究活动开始向专门化的科研场所聚集，而与同时进行科学教育、学生科研训练和科学研究的大学疏离开来。这一现象在近代科学发展中逐步显现，众多近代的科学研究逐渐离开大学的教学场所，而移至专门从事学术科研的科研中心、实验室和研究所"（徐延宇，2009）。科研育人因科研与教学的逐渐分化受到巨大的挑战，科研在高校的地位得到不断加强，许多高校的教学工作被忽视，科研的功利化使其育人功能逐渐弱化。在这种狭隘价值观的引导下，这一时期的科研和育人被分割。

在发现科研育人出现"漂移化"的危机后，西方高校相继重新开始重视科研育人。1969 年，麻省理工学院院长玛格丽特·麦克维卡（Margaret MacVicar）将本科生科研融入课堂，并创立了"本科生研究机会计划"（Undergraduate Research Opportunity Program，UROP）支持本科生参加科研工作。1998 年，博耶研究型大学本科生教育委员会在卡内基教学促进基金会的资助下，发表了题为《重建本科生教育：美国研究型大学发展蓝图》的报告（《博耶报告》），《博耶报告》一经发表就在美国引起了巨大反响。以哈佛大学为首的研究型大学掀起了本科生教育教学改革的高潮。美国研究型大学加强本科生教育教学的举措主要包括以下几个方面：设置立足基础知识的核心课程；实行以研究为基础的学习；开设新生研讨课；重视学生的能力培养；教学中广泛应用信息技术。《博耶报告》10条改革建议中的第一条就是"确立以研究为基础的学习"。博耶委员会认为，在研究型大学本科生教育中要重申杜威在一个世纪前就非常强调的一点：学习是基于导师指导下的发现而不是信息的传递。学生参与科研不仅对学生能力的培养和自我发展很重要，对科学发展也很重要（温伟力，2001）。继《博耶报告》后，美国高校相继开展了有助于科研育人的活动计划。例如，斯坦福大学开展"多学科教学与研究"活动，让学生与其他专业背景的教授一起开展跨学科研究。此外，研究型大学建立一系列促进本科生参与研究与创新活动的机制，如加利福尼亚州理工大学夏季大学生研究计划（SURF）、哈佛大学 HCRP 计划、斯坦福大学本科生研究机会（URO）、麻省理工学院扩大大学生研究机会计划（UROP）等（胡燕、李祖超，2008）。

综上所述，西方科研育人理念的演进过程可见图 3－1。

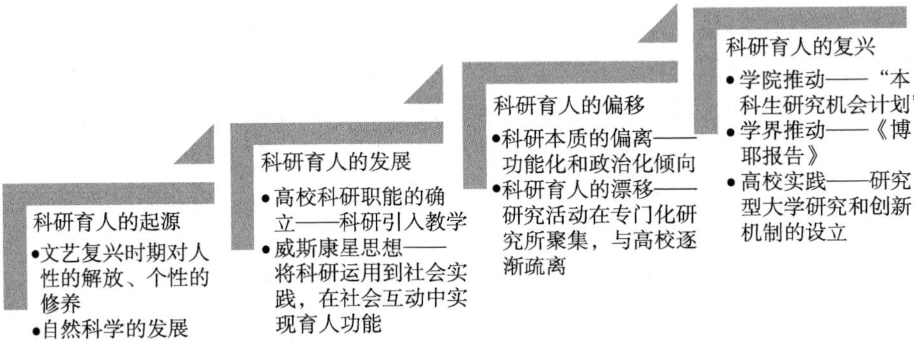

图 3－1 科研育人理念的演进

二、我国科研育人的复兴与发展

纵观科研育人理念在国外的发展历程，科研育人的理念历经了产生、发展、弱化甚至漂移的阶段，但在当今学界的普遍认识中，该理念重新树立了其在高校育人功能中的地位。这是一种必然的选择，因为高校对学生进行科学研究指导和训练的过程本身也是人才培养的方式和路径，是对学生品德的培养、人格的塑造，是"育德"的重要途径。在科研训练的过程中，学生将自己所学知识运用到实践中，并且通过跨领域研究，拓展科研视野、训练科研思维和丰富科研经历。

中国在“二战”后也加入世界大格局中，逐渐注重科学研究，呈现出中国的新时代科研特色。党的十一届三中全会以后，随着改革开放和高等教育事业的发展，高校的科学研究进一步繁荣，重视科研成为各类大学所达成的共识。此后，中共中央、国家教委等都发布了关于高校科研的政策要求，其中最为人熟知的是为了促进重点高校科研中心建设而启动的“211 工程”和“985 工程”。顾建民等（2008）对我国高校科研体制改革进行了总结，认为高校要加强科学研究并使高校高新技术产业为培育经济发展新的增长点作贡献。在一系列的政策推动下，教学科研两中心逐渐演变为以科研为中心，高校对于引进技术人才、创建科研创新团队等一系列有益于科研发展的活动都给予了大力支持。

但随着科学技术带给社会更多经济效应的同时，“二战”后世界格局下科研弱化消亡的历史在中国重现，科研育人的功能逐渐被遗忘。首先，科学研究不再以检验真理、发现未知为目的，而是更多地与产业和经济交相呼应。科学研究的价值更多地从精神转向物质，为企业创造财富和为社会生产知识的多寡成为人们衡量科研意义和评价科研活动的标准。其次，现在的许多大学科研脱离教学本性的现象愈演愈烈。教师的科研本应围绕教学内容而进行，与学生共同参与研究，共同成为科研成果的受益者。然而，现实中教师课堂上所教授的内容与其科研内容相去甚远，教学只为应付任务，不仅使大学基本的教学职能无法保障，也使得科学研究失去了育人功能，成为获得个人利益的专门研究。最后，高校普遍存在教师和科研人员“为科研而科研”的现象，“高校必科研、员工必科研”，科研成果的质量难以保证，更浪费了本应用于教学的时间、经费等资源，“育人”游离于科研活动之外，人才培养的质量遭受严重冲击。

大学是以培养人才为根本任务的地方，理应育德为先。大学的科学研究本身也是人才培养的方式和路径，是对学生品德的培养、人格的塑造，重在“育德”。高校科研育人通过科研活动促进学生思想政治层面的提高和人格素质的完善，符合高校思想政治工作的精神。基于大学的本质属性和社会主义现代化建设的要求，各方都积极对现有科研育人中所产生的问题进行反思，高校科研育人的责任使命再次被树立。2015 年 1 月，中共中央办公厅、国务院办公厅印发《关于进一步加强和改进新形势下高校宣传思想工作的意见》，《意见》在原有“教书育人”“管理育人”和“服务育人”这三类育人的基础上，新增“科研育人”和“实践育人”，形成“五育人”的格局。“科研育人”首次正式出现在中央关于高等教育的重要指导文件中，且人才培养始终贯穿其中。2016 年 12 月，习近平总书记在全国高校思想政治工作会议上强调：“要坚持把立德树人作为中心环节，把思想政治工作贯穿教育教学全过程，实现全程育人、全方位育人，努力开创我国高等教育事业发展新局面。”2017 年，中共中央、国务院出台《关于加强和改进新形势下高校思想政治工作的意见》，指出“坚持全员全过程全方位育人。把思想价值引领贯穿教育教学全过程和各环节，形成教书育人、科研育人、实践育人、管理育人、服务育人、文化育人、组织育人长效机制。”“科研育人”作为“十大”育人体系的重要组成部分，直接影响着高等教育的生存发展、国家的竞争力和综合国力。

当下，科研育人的道路仍处于发展完善阶段，科研工作必须围绕育人展开，不断发现问题并解决问题是科研育人理论与实践的应有之义。在当今人才强国战略的指导下，进行科研实践被赋予了更多建设国家的使命感和责任感。大学肩负着为社会主义现代化建设培养建设者和接班人的重任，科研育人更是我们应始终坚守的任务。

第四节 “双一流”高校科研育人的实践与反思

当今社会正处于知识经济时代，世界各国之间的竞争不仅是综合实力、军事实力的竞争，更是科技实力的竞争，归根结底是人才的竞争。我国社会发展对人才培养的要求也进一步提升，不仅要求人才具备专业知识和专业技能，也要求其具备全方位的综合素质。当下，科研育人已经成为高校全方位育人不可或缺的重要环节，科研作为育人的重要手段，对于培养我国德才兼备的全面发展人才起到至关重要的作用，能为实现中华民族伟大复兴的中国梦提供强大的人才保障。

纵观科研育人的发展史，科研育人功能的发挥与科研所受关注度存在着一定关系，引导科研朝着育人功能发展对人才培养有着举足轻重的作用。为把握科研育人工作的特殊性，切实发挥科研育人的效果，从新时代科研育人的形式、主体、目标等维度明确并厘清新时代下科研育人的时代内涵至关重要。马克思关于人的自由全面发展理论、赫尔巴特“教学的教育性”原则、洪堡的“科研与教学相结合”的原则、我国的“三全育人”理念共同为科研育人提供了深厚的理论支撑、正确的方向指引和鲜明的实践指南。

科研育人强调科研活动与育人的统一，凸显科研的育人属性，从而实现科学研究与人才培养相结合。育人，不能简单理解为让学生获得知识、增长学问，更重要的是引导学生树立正确的世界观、人生观、价值观，促进学科知识的发展和创新，报效祖国、服务社会，不断实现更高的人生理想和价值追求。我国高等教育在招生规模上已处于世界领先地位，但人才培养质量、科研成果转化和服务社会发展仍需要进一步提升。从实践的角度看，当前我国高校科研的价值观念存在一定偏差，过度追求效益和产出，使得科研应有的育人功能存在被淡化甚至遗忘的风险，高校科研的教育性未能得到充分发挥。

高校学术发展能否走向正途很大程度上取决于科研的价值导向。人才培养是高等教育的根本任务，其导向应体现在高校科研的全过程。为促进科研育人效果的有效发挥，应建立健全科研育人机制、体制，保障科研育人顺利进行；开展学术道德和学术规范教育，创造良好的学术环境；完善科研育人评价体系，避免重数量轻质量等功利化倾向。在科研育人的过程中，注重因材施教，给提供学生自我发展与展示的空间，将科研育人贯穿教学活动始终，引导广大师生培养科研报国的理想追求、敢为人先的科学精神、开拓创新的进取意识和严谨求实的科研作风。

第四章　实践育人的理论与实践

实践育人是一种新型育人方式，它以马克思主义实践观为根本依据，遵循学生成长成才和教育活动规律，把课堂理论知识和间接经验作为基础，通过开展与学生成长成才相关的各种应用性、综合性、导向性的实践活动，来激发学生自我教育和相互教育的兴趣，培养学生的全方面素质与能力，促进学生成为具有高尚品格、祖国观念、人民观念、创新精神、实践能力的担当民族复兴大任的时代新人。

第一节　实践育人的内涵

一、实践育人的概念

新时代赋予了实践育人全新的意义和地位。在高校的实践探索中，实践育人的概念不断改进、完善，形成了较为系统、全面、科学的认知，其内涵大致包括四个方面：实践育人是一种教育理念，实践育人是一种教育实践活动，实践育人是教育理念的内在要求与实现方式，实践育人是教育理念与教育实践的统一。以下将对这四个方面进行简要阐释。

（一）实践育人是一种教育理念

教育理念论认为，实践育人是一种科学的教育理念，代表着新的思维方式、教育观与育人模式。实践育人是基于马克思主义实践观、教育规律和人才培养规律形成的科学教育理念；实践教育在人才培养中具有独立的地位和作用，它不是课堂教学的补充和延伸（宋珺，2012）。该观点指明，实践育人是一种科学教育理念，其理念的科学性在于以马克思主义实践观为指导，尊重教育发展规律与人才培养规律，而这也是实践育人的显著特征之一。

（二）实践育人是一种教育实践活动

实践育人作为一种教育实践活动，以学生在课堂上获得的理论知识和间接经验为基础，以激发学生自我教育和相互教育的兴趣热情，开展与学生成长、成才相关的各种应用性、综合性、导向性的实践活动为实施途径，以期加强学生思想政治教育，促进学生形成高尚品格、祖国观念、人民观念、创新精神、实践能力（张文显，2005）。有研究者指出，高校实践育人要以马克思主义实践观为根本依据，并且遵循大学生成长成才和教育活动规律（黄蓉生、孙楚杭，2012）。相较于教育理念论，教育活动论更为具体、全面，它包含了教育理念论的基本观点，并从基础、途径和目标多角度揭示了实践育人的内涵，对于广大教育工作者更具借鉴意义。

（三）实践育人是教育理念的内在要求与实现方式

部分研究者认为，实践育人是理论教育的拓展、深化，是现代教育与育人理念的内在要求和重要实现方式。理论教育的目的在于培养高质量创新人才，而创新人才的本质特征是具备品德、知识、能力等全方面素质。实践充当沟通理论教育与素质培养的桥梁，它“通过将知识运用于实际的过程，进行知识的再创造，并最终转化为人的能力、智慧和创新的精神与气质”（胡和平，2010）。可见，此观点的落脚点在于实践育人的目标，即培养学生全方面的素质和能力，可称为素质论。实践育人与理论教育既相互独立，又相互联系。实践育人与理论教学相辅相成，理论教学构成实践育人的基础，实践育人则是理论教学的拓展与深化。实践需要以理论知识为前提，而理论联系实际的方式有助于学生掌握科学知识和学习方法，培养学生的创新意识、创新精神和创新能力。总结来看，素质论强调了实践育人的目标是培养学生的全方面素质与能力，并且阐释了实践育人与理论教学的辩证关系。

（四）实践育人是教育理念与教育实践的统一

亦有研究者认为实践育人不是单纯的教育理念或教育实践活动，而是教育理念与教育实践的统一。吴亚玲则在提出兼顾理论教育和实践教育时，特别强调实践教育的标准。在传统观念中，实践教育常常指将学生带出校门融入自然和社会。但事实上，实践育人具有自主性特征，凡是学生围绕教学目的自主开展的活动都可称为实践教学活动（吴亚玲，2010）。换言之，实践教学的标准应从传统的形式化转变为现代的自主性，这为高校实践育人工作者提供了重要启示。

总而言之，实践育人的统一论将实践教学与理论教学结合起来，有利于发挥这两种教学模式的优势。且值得注意的是，实践教学并不限于形式化的“走出校门”活动，更具有“自主性”的标准。

二、实践育人的特征

（一）实践性

实践性是马克思主义哲学最重要的特点和理论品质，是实践育人的本质属性。在实践育人具体实施过程中，实践性主要体现在两个方面：一是强调一切从实际出发、实事求是，在实践中检验和发展真理；二是关注大学生的实践能力，帮助其将理论知识付诸社会实践。

每所高校都具有特殊性，各高校要根据具体实际情况制定相关的理论规划，开展有针对性的实践育人活动。检验理论规划真理性的唯一标准就是实践，通过理论联系实际，考察实践育人活动的具体成效，各高校可对先前的理论规划作出调整与完善。

实践育人的重要目标是培养全面发展、又红又专的创新型人才。当代大学生是否真正掌握理论知识，是否符合国家、社会的需要，关键在于实践。大学生在将知识运用于实际的过程中能够进行知识的再创造，提升自我能力、素质和创新精神；大学生在实践中能够了解社会、融入社会，增强服务国家、服务社会、服务人民的社会责任感。实践育人能够为培养中国特色社会主义建设者和接班人提供重要途径。

（二）平等性

实践育人不是理论教学的补充和延伸，而是理论教学的拓展和深化。部分学校将实践育人局限于理论教学计划内的实验、实习或实践环节，目的在于巩固和强化理论教学效果。这就使实践教学处于理论教学的从属地位，忽视了实践教育在高校人才培养过程中的独立平等地位。实践育人的平等性并不意味着实践育人与理论教学是彼此孤立的，而是强调实践育人对于育人的特殊作用。因此，在落实高校实践育人工作时，要正确理解实践育人内涵，辩证看待实践育人与理论教育之间的关系。实践育人中的实践教育具有自主性，凡是学生围绕教学目的自主开展的活动都可称为实践教学活动；实践育人与理论教学相辅相成，理论教学构成实践育人的基础，实践育人则是理论教学的拓展与深化，二者皆不可缺失。

（三）自主性

高校实践育人以促进大学生德、智、体、美、劳全面发展和自我价值实现为出发点和落脚点。实践育人重视大学生的自主参与、自我教育、自我发展，尊重学生的实践主体地位，通过多层次、多样化、导向性的实践活动，激发大学生的积极性与自主性，发挥大学生主体的主观能动性和创造性，使其自觉地将外在的社会规范、要求内化为自身的成长需要、发展需要，从而在内心获得提升境界、自我实现的内在动力（杨贤金，2015）。同时，实践教学的评定标准也具有自主性。实践教育不再以将学生带出课堂、融入自然和社会为唯一标准，所有学生围绕教学目的自主开展的活动都可称为实践教学。

（四）整合性

高校实践育人把课堂理论知识和间接经验作为基础，以校内外各种应用性、综合性、导向性的实践活动为途径，以培养学生的全方面素质与能力、加强思想政治教育为目标，是现代教育理念、教育模式、教育实践的统一。

高校实践育人是一个复杂的、系统的整体，包含依据、基础、途径、目标等多层次、多样化要素。只有各个要素结构合理、功能正常、相互联系、相互促进，才能使实践育人整体相互协调、运行良好，达到整体大于部分之和的功效。因此，为了实现育人目标，达到育人效果，作为实践育人的主要实施主体，高校应积极采取各种措施和方法，使各方面的力量和资源得到合理的整合和优化，使相关要素达到最佳状态，发挥最大的育人效能。

第二节　实践育人的理论基础

一、理论渊源：马克思主义理论

（一）辩证唯物主义认识论

辩证唯物主义认识论是辩证唯物主义的重要组成部分，是关于人类的认识来源、认识能力、认识形式、认识过程和认识真理性问题的科学认识理论。马克思辩证唯物主义认识论中的实践观指的是“人们所实现某种主观的目的的客观活动”。马克思主义的实践观点将实践阐释为人的存在方式，人正是借助实践活动与客观物质世界发生联系，不断改变客观物质世界；同时，人类还通过实践不断地改造自己的内在世界，发展着自己的本质特征。

实践与认识之间有密切关联，实践决定认识，是认识的基础，是认识的来源。人的知识只能从自身经历的直接经验或者他人的间接经验或者书本中获取，而无论直接经验还是间接经验，都是通过实践获得的。实践是认识发展的动力，作为人们发展认识的工具，它的不断完善延伸了人类的认识器官，直接促使人类认识的发展。实践是检验认识的真理性的唯一标准，认识有真理和谬误之分，当理论与实践不一致时，必须让理论服从于实践，形成新的正确的认识，实现主观和客观的统一。如此循环往复，使主体的经验不断丰富，原有的认识结构不断充实和修正。最后，实践是认识的目的和归宿。认识产生于实践，从实践中获得；最终目的是指导实践，又回到实践中去，对真理的追求是一种波浪式地前进或螺旋式上升的过程。因此，人类认识是无限发展的，追求真理是一个永无止境的过程。

辩证唯物主义认识论详细阐明了认识和实践之间的相互作用关系，从以下三个角度指导着实践育人。

1. 从认知发展上看实践育人

教育的目的是促使学生达成认识世界的愿望，为每个学生提供认识世界所必需的知识和能力，帮助他们提升认知、提高价值。马克思主义认识论使我们关注到人对客观世界的认识与实践的密切联系，其实践观强调了实践是认识的基础、认识的来源、认识发展的动力、检验认识真理性的唯一标准、认识的目的和归宿。

一方面，引导大学生积极参加社会实践活动，可以激发大学生探索世界的热情，从而获得认知的进一步发展，在实践中发现问题、解决问题，不断求知进取。另一方面，从辩证唯物主义认识论中可以看出，要确保学生形成正确的认识，就要进行实践探索，通过实践检验认识、巩固知识、加深思想。因此，为提升大学生自主认知的能力，促进大学生构建关于世界理解的认知发展，在大学教育中融入实践十分重要，实践育人是发展学生认知、培养新时代人才的重要举措。

2. 从人的社会性上看实践育人

人的社会关系是通过社会劳动实践形成的，通过实践劳动可以进一步实现社会关系的丰富，在处理复杂的社会关系过程中提升自己的能力。实践育人契合人的社会生活的实践性，在提升认识的同时锻炼了直接改造世界的能力，为教育目标的更好实现提供驱动力。实践育人坚持实践第一的观点，要求大学生以亲自体验、亲自感受的方式开展社会实践工作，促使大学生直接接触实际社会工作，积累实际经验，提升实践能力。同时增进大学生求知的内在动力，激发大学生自主思考的欲望，主动地去获取更多的知识，进而促使大学生更加主动的学习进步。此外，通过实践育人举措，能够让大学生在在校期间就有机会接触到所学专业内容的应用领域，有机会了解实际工作场景，使其对所学内容有更加全面、深刻的了解，对自己的职业生涯乃至人生有更加自主、清晰的规划。

3. 从教育发展的角度看实践育人

实践观是马克思主义引领时代变革的重要理论基石。从教育的角度看，我们不能人为地依据现有认识范围圈定教育内容，教育的范围不应当是闭环的，而应该是辐射的、扩散的。随着社会的发展和真理的扩展，对世界的认识总是螺旋上升的，教育也应当随之不断发展进步。实践育人正是当今时代发展背景下为实现开放性教育进行的努力探索，通过实践育人开展形式多样的活动，为广大学生提供机会。通过探究提出疑问，开拓创新，让学生收获范围更广的知识，最终实现教育内容的拓展。实践育人本身也是对教育形式、教育举措的探索，通过不断地实践，通过开发教育新举措，以适应变革的时代。

（二）人的全面发展理论

马克思主义关于人的全面发展学说是马克思主义理论的重要组成部分，是在马克思主义理论基础上发展的关于人的发展的理论，是科学的世界观和方法论。马克思主义认为，“人以一种全面的方式，也就是说，作为一个完整的人，占有自己的全面的本质”，实现人的全面发展是马克思主义的核心观点之一。马克思、恩格斯认为，教育不仅能促进社会生产的发展进步，同时也是实现人的全面发展的重要方法。

马克思、恩格斯提出的关于人的全面发展理论包括了个人实际能力的全面发展和道德精神方面的全面发展，包含了个体性和社会性普遍充分自由的发展，“个人劳动的能力即个人的体力和智力在生产过程中得到多方面的、充分的和自由的发展”。个性和社会性同步发展强调的是将个体放到社会大环境中去发展，要求个体除内部协调发展之外，还要同整个社会背景相适应。

马克思主义关于人的全面发展理论告诉我们，首先必须高度重视思想政治教育、实践育人，让学生在接受相对完善的智育教育同时，思想道德素养、实践水平、创新精神都能得到相应提高。大学生的社会实践遵从人的全面发展规律，是脑力与体力相结合的活动，有利于培养出符合社会发展需要的新型人才。因此，大学生必须通过实践活动获得真实的经验，从而获得真实的认知，并在不断的实践中逐步实现全面发展。当代大学生正处于全面发展的黄金时期，实践育人将充分发挥实践的重大作用，切实提高大学生的认知水平和思想道德素质。

马克思主义关于人的全面发展理论要求高校在传授学生科学理论知识的同时，还必须考虑到学生的综合能力的培养和发展，运用实践育人的教育方式增进大学生的智力和动手能力。与此同时，大学生正处于人生的关键时期，将逐步迈入社会，投入社会建设的洪流中。应当在给予他们专业知识的同时充分发挥实践的育人功能，切实提高大学生的社会责任感和社会认知水平，加快大学生社会化进程的步伐，促进大学生全面发展。

（三）马克思主义教育学说

马克思、恩格斯将教育阐释为生产力的再生产过程。教育能够促成人的潜能到实际的转化，使潜在的劳动力发展成为现实的劳动力，提升劳动者的水平，使劳动者掌握更多科学合理的知识，并应用于生产实践，有效提高生产效率。通过教育，将科学知识由理论研究者推广到生产劳动者头脑中，从而使其参与生产过程。教育作为一种社会现象，其目的是提高生产力水平以达到更高的生产效率。因此，教育过程要为社会实践服务，实践作为科学知识向实际生产力的转化过程，可以帮助教育实现其最终目的。知识转化为生产力的过程不是一次性的过程，这个过程在教育活动中不断进行，使得受教育者的生产能力呈反复螺旋上升，证实了实践育人的重要性。

除了上述教育与生产力发展的关系，马克思主义教育学说也从经济基础和上层建筑以及人的自然属性和社会属性等多种角度出发，论证了教育是一种复杂的社会现象。教育本身与社会实际相互融合、彼此交集，因此，教育过程不能脱离社会实践而存在。马克思主义教育学说强调教育过程中重视人的价值，培养人自由而全面地发展。实践育人能以多种的实践形式、丰富的实践内容，充分发挥以人为本、全面发展的人文关怀精神。

实践育人立足于马克思主义教育学说基础之上，同时也受中国特色社会主义政治和经济方面的影响。实践育人将教育与社会实际紧密结合，构建知识与生产之间的联系，让教育更符合社会需要，学生更贴近生活实际。实践育人能够提供练习的机会，多样的实践教育形式能够提升学生个人的生产水平，同时为学生思想品德的发展提供沃土，使学生在社会实践中感受社会主流价值观的熏陶，在社会文化体验的基础上承袭美好品德。

二、理论指导：中国传统文化知行观

（一）朱熹“知先行后”学说

南宋著名理学家、思想家、哲学家、教育家、诗人朱熹首先以“知、行常相须，如目无足不行，足无目不见。论先后，知为先；论轻重，行为重”强调了知与行之间是密不可分的关系，其次强调知为先，也就是先学习理论，后进行实践。他认为不了解理论知识直接进行的实践探索是杂乱无章的，不能发挥出实践的重要作用。关于知与行哪个更重要的问题，朱子明确表示“行为重”，直接表达了在教学上对实践的重视，这也体现了朱熹对儒家笃行思想的继承。朱熹还以“以圣贤穷理”“力行”为榜样，“故圣贤教人必以穷理为先，而力行以终之……”，同时支撑自己的论证。知而不行，那么了解到的就只能是浅显的道理而不够深刻；在亲身体验之后，才更加清晰地了解道理，与之前了解的道理有很大的不同。他以亲身经历论述了躬行践履能够检验思想、提高认识。

（二）王阳明“知行合一”学说

到明代中期，明武宗尚武轻政，信任宦官，封建礼制遭到破坏，社会矛盾日益尖锐。在这样混乱的社会现实之下，又兼有文学发展的混乱，儒家学说妖魔化，切实文学难有一席之地，王阳明对此反思，天下之所以没有治理好，是因为天下人都只专注于文辞的修饰华丽，互相攀比以求扬名于世，而不追求真正的知识，也不追求事物的本质，不踏实地做学问、做事。在这样的背景下，王阳明提出，“知是心之本体，心自然会知：见父自然知孝，见兄自然知弟，见孺子入井自然知恻隐，此便是良知，不假外求。”他反对传统知行观中将知与行割裂的做法，认为之所以出现思想和行为不统一的情况正是由将知和行分离来看的观点导致的，提倡“知行合一”，“知之真切笃实处即是行，行之明觉精察处即是知。知行工夫，本不可离”。知和行本为一体，是同一事物的两个方面。

（三）王夫之“先行后知”学说

明末清初思想家王夫之提出了与王阳明相左的新观点，他认为知和行之间具有清晰的差别，绝不可以等同。但二者的区别并不会导致二者的割裂，反而是“相资以为用，并进而有功”，二者互相促进，相得益彰。王夫之引用《尚书》中“知之非艰，行之为艰”论证行更困难，表明行是先于知进行的，行比知更根本，知建立在行的基础之上。

第三节　实践育人的政策演进

一、高校实践平台的政策演进

实践平台最初作为一种单一的科研平台得到发展。1961 年 3 月，教育部开始进行《中华人民共和国教育部直属高等学校暂行工作条例（草案）》（又称《高教六十条》）起草工作。这期间起草小组多次深入学校开展调查，多次讨论修改，数易其稿。尽管草案争议颇多，但中央书记处会议认为，应充分肯定高校科研工作的地位、作用，同意独立成章，并保留了条例稿的提法：“在保证完成教学任务前提下，高等学校应积极地开展科学研究以提高教学质量与学术水平。”此后，科学教育水平的质量也得到了一系列保障，如教育部陆续颁布了《高等学校实验室仪器设备暂行管理办法》《教育部直属高等学校自然科学研究工作暂行条例（草案）》等。

除了科研平台，高等教育还发展了实习基地和教学基地。2007 年，教育部出台的《关于进一步深化本科教学改革全面提高教学质量的若干意见》提出，要“加强教学基础建设，提高人才培养的能力和水平。加强教学实验室和校内实习基地的建设。要进一步加强科学研究和教学实验的结合，推进实验教学内容、方法、手段及人才培养模式的改革与创新。要加强实验和实习教师队伍建设，通过政策引导，吸引高水平教师从事实验和实习教学工作”。2010 年 7 月，《国家中长期教育改革和发展规划纲要（2010—2020）》强调了实习基地的重要性：要加强校内外实习基地的建设。2012 年 1 月的《关于进一步加强高校实践育人工作的若干意见》中提到，要着力加强实践育人队伍建设和基地建设。实践育人基地是开展实践育人工作的重要载体。“要加强实验室、实习实训基地、实践教学共享平台建设，依托现有资源，重点建设一批国家级实验教学示范中心、国家大学生校外实践教育基地和高职实训基地。”

进入 21 世纪后，党团组织也开始成为实践的重要平台和特色平台。特别是进入新时代，实践平台的发展也有了新的重点。科研平台应当把握好创新，实习基地要更加完善和稳定，党团、社团作为特色实践组织的地位应得到提高。

二、高校创新创业实践的政策演进

20 世纪 90 年代，国家提出“科教兴国”战略，在此背景下又兴起了高校创业教育的热潮。1998 年，清华大学举办了创业计划大赛。1999 年，《面向 21 世纪教育振兴行动计划》指出，要“加强对教师和学生的创业教育，采取措施鼓励他们自主创办高新技术企业”。同年，国家举办了首届“挑战杯”全国大学生创业计划大赛。1999 年 6 月的第三次全国教育工作会议上提出，要扶持大学生开办企业，特别是小型科技民营企业。

进入 21 世纪，国家再次重申了创新创业的教育手段及教育精神的重要性，并给予了一系列政策支持。2001 年，教育部出台的《关于加强高等学校本科教育工作，提高教学质量的若干意见》要求，高校要“注重学生创新精神和实践能力的培养”。2002 年 3 月，教育部等部门出台的《关于进一步深化普通高等学校毕业生就业制度改革有关问题意见的通知》明确规定，要“鼓励和支持高校毕业生自主创业，工商和税务部门要简化审批手续，积极给予支持”。

步入新时代，创新创业实践积极融入人才培养全过程。2018 年，教育部出台的《关于推动高校形成就业与招生计划人才培养联动机制的指导意见》强调，要“创新人才培养模式，提升就业创业能力”，推进创新创业教育改革。2019 年教育部发布《国家级大学生创新创业训练计划管理办法》的通知，要求落实国创计划，规范项目管理。各地各高校秉持着“兴趣驱动、自主实践、重在过程”的原则，深化高校创新创业教育教学改革，加强大学生创新创业能力培养，全面提高人才培养质量。

三、高校实践保障机制的政策演进

高等教育的实践教育发展最初首先依赖于教育质量的提高和教育人数的扩大。国家保障工农出身的人群进入教育体系，保障了劳动（工作）与学习相协调。1956 年，第一届全国高等教育会议规定了高等教育事业的教学方向和道路，要向不同阶级的人群敞开学校的大门，为高校后来的实践教育提供了初步的政策导向和政策保障。1952 年，参照苏联高校办学模式，在全国高校搞了一场大规模的院系调整，形成了高等工科学校专业比较齐全的体系。1956 年 3 月，教育部召开了半农半读教育会议，从此，全国半工半读教育被纳入了教育事业发展计划。1985 年，《中华人民共和国国民经济和社会发展第六个五年计划》制定了国民发展的主要指标。经过不断调整，教育事业稳定发展，教育质量提高，教育实践活动也逐渐被完善。2012 年，教育部出台的《关于进一步加强高校实践育人工作的若干意见》指出，教育部门要把实践育人工作作为对高校办学质量和水平评估考核的重要指标，纳入高校教育教学和党的建设及思想政治教育评估体系，在全社会进一步形成支持鼓励大学生深入社会、在实践中成长成才的良好氛围。

总体来看，高校实践保障主要体现在以下几个方面：资金保障方面，政府提供相应的财政支持；校内外合作方面，提供多种行业、多个部门的联合与支持；校内技术支持方面，保障教师实践水平不断提高。通过完善协同育人机制，促进实践保障机制的建设，坚持产学研相结合、国际国内相结合，推动高校与实务部门、科研院所、行业企业的合作办学、合作育人、合作就业、合作发展。

进入新时代，国家继续深化对保障机制的改革与完善，教育部在校内外合作和教师水平提升方面作了更多的努力。2016 年，教育部出台的《关于加强师范生教育实践的意见》对完善多方参与的教育实践考核评价体系进行了重点描述。2017 年，中共中央、国务院发布的《关于加强和改进新形势下高校思想政治工作的意见》指出，要“开设创新创业教育专门课程，增强军事训练实效，建立健全学雷锋志愿服务制度”。2019 年，教育部出台的《关于加强和规范普通本科高校实习管理工作的意见》提出，要强化实习组织保障，健全工作责任体系。各教学单位要会同实习单位落实管理责任，加强实习组织管理，做好安全保障工作及其他突发事件的风险处置。

四、高校社会实践及其形式变化的政策演进

自新中国成立以来，社会实践就成为助力国家人才培养的重要手段。1950 年，教育部出台的《关于高等学校政治课教学方针、组织与方法的几项原则》强调，社会实践活动是大学生思想政治教育的重要形式，要纳入教学计划。1957 年，毛泽东同志在《关于正确处理人民内部矛盾的问题》一文中，着重强调了德育、智育、体育是我国教育发展的几个重要方面。这标志着在社会主义建设初期，国家已经正确认识到社会主义人才培养必须尊重全面发展的客观规律，不仅要从劳动能力，还要从思想、品质等方面教育大学生，社会实践则将几者融合在一起，全面培养学生能力。

改革开放以后，社会实践的精神逐渐得到宣扬和贯彻。1978 年 12 月 13 日，邓小平同志在中央工作会议闭幕会上发表《解放思想，实事求是，团结一致向前看》的讲话。讲话强调，我们需要一批勇于思考、勇于探索、勇于创新的闯将，从而促进群众解放思想、开动脑筋。1987 年，中共中央做出《关于改进和加强高等学校思想政治工作的决定》，把加强思想政治教育与学生参与社会实践结合起来，并对学生参加社会实践活动提出明确要求，将社会实践纳入教学计划。随着社会实践精神的贯彻及社会实践活动的开展，在党和政府的文件政策支持下，社会实践得以深入发展。在这一阶段中，党和政府对大学生社会实践的认识日趋成熟，大学生实践活动也走向制度化、规范化的道路。

进入 21 世纪，党和政府着力于建立大学生社会实践活动的长效机制，以进一步实现大学生社会实践活动的规范化和制度化。2004 年，中共中央、国务院颁布的《关于进一步加强和改进大学生思想政治教育的意见》（中发〔2004〕16 号）提出：“社会实践是大学生思想政治教育的重要环节，对于促进大学生了解社会、了解国情，增长才干、奉献社会，锻炼毅力、培养品格，增强社会责任感具有不可替代的作用。要建立大学生社会实践保障体系，探索实践育人的长效机制。”因此，学校应当把社会实践纳入教育教学总体规划和教学大纲，积极探索和建立社会实践与专业学习、服务社会、勤工助学、择业就业与创新创业相结合的管理体制。

新时代下，社会实践活动的开展不能仅仅局限于学校教育层面，更应当为构筑终身教育体系和学习型社会服务，为国家和区域的教育事业、经济发展和社会建设服务。2015 年，中共中央办公厅、国务院办公厅印发《关于进一步加强和改进新形势下高校宣传思想工作的意见》，提出要“广泛开展各类社会实践和公益活动，加强高校心理健康教育与咨询示范中心建设”。青年要从现在做起、从自己做起，使实践育人的基石铸就整个民族的气节。

第四节　“双一流”高校实践育人的实践与反思

“双一流”建设支持实践育人，鼓励社会和学校的合作，鼓励社会企业参与到一流大学和一流学科的建设当中，对高校实践育人和实践平台的建设具有重要意义。然而，为保证“双一流”高校实践育人工作长期、稳定、有效运行，需要构建和运行结构合理、功能完整、关系和谐、程序严密、运行持久的长效机制（黄蓉生、孙楚杭，2012）。基于高校实践育人长效机制的科学内涵，遵循学生成长发展的科学规律，联系当前高校实践育人的具体实际，高校实践育人的长效机制应当包括动力机制、运行机制、评价机制三部分，形成稳定、有效的系统性工程。

一、拓展高校实践育人活动实施的动力机制

高校实践育人的动力机制能够促进高校实践育人工作持续开展。目前，我国高校实践育人的形式主要有社会实践、实践教学、军事训练等。总的来说，大学生实践育人工作的确取得了不错的成绩，但也存在着诸多不足。推进高校实践育人工作，拓展高校实践育人活动的动力机制，应把握实践育人动力的根本性质，通过社会对创新型实践人才的需要等外部动力激发高校学生的个体化发展等内部动力，使学生的发展从外部的被需要转化为内生的自我需要。

我国高校应切实把实践育人理念融入大学生专业学习的各个环节，渗透到教学、科研和社会服务各个方面。另外，我国高校往往强调专业理论知识的学习而忽视在实践中培养道德和社会责任感，而教育仅仅通过理论来完成是远远不够的，更需要在服务社会中去体验和养成。以大学生志愿服务活动为例，大学生志愿服务活动作为高校实现立德树人目标的重要载体，具有丰富的育人价值。大学生志愿者以志愿服务活动为载体能够实现道德发展由内化到外化的关键性转变，塑造个人品德，塑造社会公德，促进其形成良好的道德言行。同时，

中国青年志愿服务活动弘扬和传递主流价值观念，旨在强化青年学生的公民意识、社会责任感和奉献精神，提升青年志愿者的思想境界和整体素质。在实践活动中，大学生与榜样同行，与感动相伴，身体力行传递奉献精神，在活动中完善自我，更加适应社会化的进程。为了有效发挥志愿服务的育人功能，高校大学生志愿服务活动要以志愿服务为载体，深化大学生的价值理解，加强大学生思想道德建设，激励其自我成长，做新时代合格青年。

因此，我国高校的学科教学也要做出相应的改革，来配合社会实践等实践育人工作的有效开展。要整合学科群，将课堂教学和社会第二课堂相结合，并依据学科群开发出符合大学科要求和社会要求的实践活动。同时，还要创新课堂教学的形式，鼓励学生主动走出课堂、服务社会，在更为广阔的自然和社会环境中发现问题，运用并检验知识，锻炼实践能力，培养社会责任感以及树立正确价值取向。学科教学与社会实践的结合，是学校内部动力和社会外部动力对学生的协同共育。在这一过程中，学生完成了社会化，成长为适应社会的栋梁。高校与社会形成合力，提高学生的综合素质，发展学生的各种能力；同时，高校学生为自我实现主动进行自我教育，共同促进了人才的培养与发展，从而达成实践育人的理想效果。

二、强化高校实践育人活动的运行机制

高校的运行机制是实践育人的主体和保障。高校实践育人运行机制的关键在于顶层设计、组织实施和条件保障三个环节。高校应当明确顶层设计，将理念付诸实践，再由实践指导顶层设计的调整与完善，从学生需求出发，获得学生内心认同，从而不断提高实践育人的质量和水平，使实践育人活动呈现螺旋式上升的良性循环过程。目前，部分实践育人工作仍然存在不科学、不规范的情况，有些实践活动仅仅流于表面，达不到预期成效，如部分社会实践活动缺乏严密的计划、充足的准备、科学的规划以及有效的培训。大多数社会实践活动的主题都是由上而下拟定的，而不是由教师带领学生进行社会调研后基于问题确定的，活动前学生和所承办活动的基地双方都互不了解，活动目的侧重于服务和奉献而非完成学习，或者说与专业学习联系不足。在培训方面，理论大于实操，培训内容简单、形式单一，学生能在服务中进行有效学习的培训较少，反思环节在活动过程中也较少，即使有反思也是多以一纸报告为主，与后续的实践并无直接联系。这使得社会实践活动的实效大打折扣。

为加强“双一流”高校实践育人的运行管理，高校应当在实践育人“理论—实践—理论”的过程中，将条件保障机制贯穿全程，为实践育人工作打下

坚实的基础。首先，在顶层设计方面，高校应整合近年来实践育人资源与经验，通过良好的顶层设计构建高校实践育人的基本方向与模式，把握实践育人的本质，以确立实践育人的基本方向。立足人才培养目标，不断增强大学生的社会责任感，培养大学生的创新精神，提高大学生的实践能力，把培养新时代的创新型实践人才目标落实到高校实践工作的具体环节上。其次，在组织实施方面，高校实践育人工作应完善组织实施机制，整合校内校外各种实践资源，促使工作的顺利开展与规范。可以通过联合政府、企业、事业单位等诸多部门，形成联动机制，以实现育人资源的合理有效配置。最后，在条件保障方面，高校实践育人是一项整体性和系统性工程，需要物力、人力、财力的支持。因而完善实践育人长效机制，高校应结合实际需要，遵循学生发展规律，增强资金、师资、基地的保障，形成育人共同体，推进高校实践育人活动常态化发展。

三、完善实践育人活动的评价机制

科学合理的评价不仅是对学生实践活动的考核评估，也是对学生参与实践的有效反馈，有利于优化实践育人工作，提升实践育人质量。

评价要遵循目的性与规律性原则。高校实践育人评价机制的构建应始终围绕培养实践型创新人才这个根本目标。评价不是目的，而是一种促进手段，旨在检验实践育人的实际成效，不断提升实践育人的科学化水平。同时，评价过程要遵循高等教育发展规律、思想政治教育的基本规律、学生成长成才的基本规律和社会实践活动运行规律，科学合理地构建评价指标体系，客观地评估实践育人成效。在推进实践育人工作时，高校也应当总结工作经验，挖掘工作规律，为后续的工作完善提供依据。

评价要遵循全面性和科学性原则。高校对学生实践活动的评价要注重采用多层次的立体方式，科学有效地评价实践育人工作成效。评价机制的全面性主要体现在评价方式、评价主体、评价对象三个方面。对于大学生参与实践活动的考核评估，要将定性与定量分析结合起来，既保证评价的客观性，又重视活动的特色性；要坚持学校评价与实践基地评价相结合，既参考学校指导教师、评估教师的考评结论，又充分考虑实践基地的意见，以全方位的评价系统综合评估学生的实践成果；要兼顾实践主体的最终成果与过程表现，既要注重学生实践报告、论文等实践成果，又要关注学生在实践活动中的表现。

第五章　文化育人的理论与实践

高校文化育人被赋予明确而丰富的阐释，“文化育人质量提升体系”成为高校“十大”育人体系之一。文化育人也就是以文化人、以文育人，它指的是利用各种文化形式或载体，将教育内容融入学生的生活之中，让学生在文化气氛中潜移默化受到相应的教育。高校文化育人包括推广中华优秀传统文化、挖掘革命文化的育人内涵、开展社会主义先进文化教育。大学在新时期的教育实践中，以人才培养为根本出发点和落脚点实行文化育人，培育出一代又一代能为国家立德、为人民服务的优秀青年。

第一节　文化育人的内涵

高校文化也称大学文化，是以大学为载体，以大学人为主体的一种特殊的文化形态。高校文化是在大学长期办学实践的基础上所积累、传承和创造的物质文化和精神文化的总和，表现为大学师生的一种共同的内在的行为准则（龚克，2010）。

“育人”即培养人、教化人，“文化育人”即以文化人、以文育人，“通过文化环境的熏陶和文化活动的影响，用先进的文化教育人、引导人和塑造人，将先进文化内化到人灵魂深处，促进人的全面发展”（李峰、王元彬，2014）。

20世纪80年代，我国学术界兴起文化热，触发了教育理论界对文化与教育关系的关注，部分学者开始提出文化育人。1990年4月，在中国高等教育学会、共青团中央宣传部联合召开的首次校园文化研讨会上，时任团中央书记处书记的李源潮在发言中提出：“随着中国社会现代化的进步，文化育人的特征越来越明显。”1995年开始，我国高校开始开展文化素质教育，这一举措得到了中央领导、高校师生的广泛认同。2002年，时任教育部副部长袁贵仁指出，大学是通过文化培养人才的；所谓教书育人、管理育人，服务育人、环境育人，说到底都是文化育人。

党的十八大以来，国家高度重视高校的思想政治教育工作，文化育人作用的发挥与思想政治教育的发展紧密联系，逐渐成为中国特色的办学内涵。2017年，中共中央、国务院发布了《关于加强和改进新形势下高校思想政治工作的意见》，为提升高校思想政治工作质量提出目标指向和顶层设计。该“意见”中指出：“注重以文化人以文育人，深入开展中华优秀传统文化、革命文化、社会主义先进文化教育，推动中国特色社会主义文化繁荣兴盛，牢牢掌握高校意识形态工作领导权，践行和弘扬社会主义核心价值观，优化校风学风，繁荣校园文化，培育大学精神，建设优美环境，滋养师生心灵、涵育师生品行、引领社会风尚。”2018 年习近平总书记在全国宣传思想工作会上强调：“兴文化，就是要坚持中国特色社会主义文化发展道路，推动中华优秀传统文化创造性转化、创新性发展，继承革命文化，发展社会主义先进文化，激发全民族文化创新创造活力，建设社会主义文化强国。”

由上，可以总结出文化育人的基本内涵，详见图 5－1。

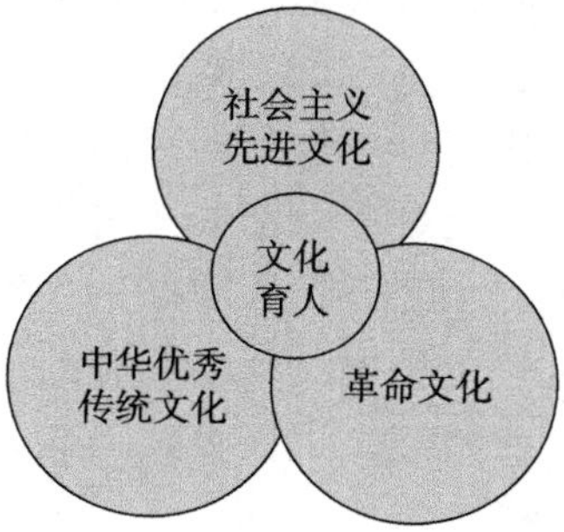

图 5－1　文化育人的基本内涵

第二节　文化育人的理论基础

一、马克思主义文化观

马克思主义的创始者马克思、恩格斯虽然没有对“文化”展开专门系统的论述，但马克思主义理论中蕴含着丰富深刻的文化思想，能够为大学文化育人提供坚实的理论基础与思想指导。马克思、恩格斯分别从广义和狭义两个角度理解文化：广义的文化是指人类社会发展到一定阶段，人们的社会关系以及社会文明成果的总和；狭义的文化是指人类社会实践活动的精神产品，包括科学、艺术和宗教等。概括起来，马克思主义文化观就是人类在社会实践基础上形成的，表现人与自然以及人与人之间社会关系的人类文明成果的总和（王凤双、沈丽巍，2019）。

第一，马克思主义文化观强调实践性和历史性。马克思的整个理论体系源于社会实践，其文化理论也是在研究人类从事物质生产活动的基础上创造出来的精神产品，每一项文化成果的产生都源于实践并能指导社会实践。“一部思想文化发展的历史，就是一部精神生产随着物质生产的改造而改造的历史。”（《马克思恩格斯选集》，1995）马克思主义理论认为，文化处于一个动态的发展过程中，只有进步的、先进的文化才会被历史所选择，从而被继承和发展。马克思主义历史唯物观承认历史是不断发展、进步的，而文化来源于人们的生产和生活实践，是客观世界和历史的一部分。客观世界是不断运动的，这就意味着文化必然处于一个动态的发展过程中。所谓文化的进步是指文化被继承和提升，不断地从低级形态走向高级形态，不断趋于科学、理性并适应社会发展的过程（李曼，2018）。马克思主义文化观是先进文化不断前进的指南，尤其是中国特色社会主义先进文化传承和创新的指南。坚持唯物主义发展方向，强调人实现全面、自由发展，不仅是马克思主义文化也是我国当前文化建设的最终目标（魏晟，2017）。因此，我们要从动态的、实践的角度理解文化建设，任何文化的形成和发展都是一个历史过程，具有社会实践性和历史发展性。文化育人要精心挖掘传统文化的精髓，积极吸收当代先进文化成果，并塑造具有自身特色的高品位大学文化精神。

第二，马克思主义文化观强调多元性和开放性。由于我们所从事的生产活动多种多样，生产环境千差万别，因此，社会实践的精神产品以及人民对文化产品的需求必然也是各具特色。即使是信仰相同的不同主体，由于个体差异性的存在，他们的文化需要也会有所不同。列宁在《关于无产阶级文化》的决议草案上指出，作为革命无产阶级思想体系的马克思主义吸收和改造了资产阶级时代积累的最宝贵成就，这是其赢得世界历史性意义的前提。他认为，无产阶级文化极具开放性的理论品格，是在继承以往人类优秀思想文化基础上的创新，是人类优秀思想文化的凝聚与升华，无论传统文化、现代文化，还是资本主义文化，无论是文学、艺术、法律、科学、技术等文化形态，只要具有先进性，就要加以继承与创新发展（左岫仙，2021）。因此，要积极推动马克思主义文化、社会主义文化、优秀传统文化以及外来文化的交流与互鉴，选择性地吸收和借鉴优秀的、符合社会主义事业建设的文化，将其转化为我国社会发展所需要的社会精神财富，从而不断丰富和发展社会主义先进文化，助推文化强国建设。

第三，马克思主义文化观强调阶级性和意识形态性。马克思、恩格斯指出，“至今一切社会的历史都是阶级斗争的历史”。文化是具有阶级性的，文化不能脱离社会关系而单独存在，它必然地反映和服务于社会的政治和经济，并体现着鲜明的党性、政治性、阶级性。统治阶级会利用文化为本阶级的经济和政治利益服务，被统治阶级也会利用文化来为争取本阶级的地位和利益而斗争。当文化与社会经济、政治制度相适应的时候，文化可以成为统治阶级、进步阶级用来动员社会成员和协调社会组织的工具，达到统一意志、凝聚人心、协调行动的目的，从而有效地维护社会稳定和秩序，保证国家机构正常运转，促进社会经济增长，提高人们的思想文化素质，推动社会不断发展和进步。然而，只有先进的文化才能充分发挥这些积极作用（赵文静，2014）。一个社会的主流文化也往往属于一定的意识形态，意识形态建设更是一个国家文化建设的核心部分，对文化建设起到引领作用，决定着文化建设的未来发展方向。当前，文化自信、文化认同、社会主义核心价值观等思想观点，就是马克思主义普遍真理与新时代中国特色社会主义文化建设事业相结合的产物，扎实推进社会主义先进文化教育，就是在文化育人的实践中坚持马克思主义。

二、中国传统文化观念

（一）“关乎人文，化成天下”的文化渊源

在我国，“文”与“化”的联用，最早见于《周易・贲卦》之“观乎天文，以察时变；观乎人文，以化成天下”。古人讲“化成天下”“人文化成”，这里的化，指教化、感化。“观乎人文，化成天下”，意思是观察人类文明的发展过程，就能够用人文精神教化天下。“人文”即指人类社会出现的各种各样的文化现象，人文是在人类历史文化的发展过程之中不断积累而来的（王云瑞，2021）。中国的人文主义主要见于儒家学说，儒家文化是中华文化的精髓之一，儒家文化的精神主要体现为积极进取的入世态度，以人为本的道德精神，天下为公的大同构想，和而不同的兼容气度，天人合一的哲学理念，躬行践履的实干作风，格致诚正的精微体验，修齐治平的博大情怀，克己安人的自律仪范，重义轻利的仁侠风徽。在我国的历史发展中，积累了许多宝贵的人文精神。“人文化成”强调运用礼仪制度、风俗人情、文化典故去规范、塑造、滋润人民，用历史文化底蕴和人文精神去引导人们形成对中华文化的认同。

早期“文化”的关键思想是通过沉思的、感通的、创造性的“观”，来捕捉和洞察可见或不可见的动态信息指示，进而以此为依据，创造出合乎自然规

律和当下时宜的规则或器物（刘峻杉、王旎娜和代雅新，2022）。此时的“观”不是简单的“看”，而是充分调节和调动了自身最优化感知的状态而投入的创造性思考。因此，人们提及“文化”一词时，往往蕴含着沿袭与传承之上的进取与创新。文化的生命力即在于创新。

大学的成长即文化的成长，人文兴则大学兴。大学就其本质属性来说是一个传承、传播和创新人类文化的专门机构。重塑大学文化的人文精神，必须立足于中国民族传统文化的大背景和中国特色社会主义建设的实践，将继承民族优秀文化传统和加强社会主义核心价值体系建设两者并重。凸显大学文化的人文精神，通过大学的文化创新引领社会文化建设，为社会文化进行价值定向，建设文化强国，是中国大学文化发展的历史使命（吴立保，2013）。

（二）“文以载道，以文化人”的育人理念

我国传统文化中“文以载道”的教育思想最早可追溯到《诗经》中的“德音”，如“我有嘉宾，德音孔昭”，“乐只君子，德音不已”。“德音”的含义是神圣庄严的话语，具有约束、教化臣民的作用。随着进一步的流传，德音更多地与文学联系起来，引申为道德伦理。古代文论《文心雕龙》中多次出现“德音”，并指出“文之为德也大矣”，即文章的本源是道德，是圣人进行教化的工具。其后，韩愈提出了“读文著书，歌颂亮舜之道”。韩愈门人李汉指出“文者，贯通之器也”。柳宗元也提出，“文者以明道”。周敦颐继承了前人“文以明道”“文以贯道”的思想，在《通书文辞》中明确指出“文所以载道也”（丁冬生，2014）。

“道”是古代中国哲学思想的最高境界，集中地体现了中华文化的精神。《汉书·艺文志》说，中国文化体系中“于道为最高”，儒家的“道”体现为以个体的道德修养达致天下大治的理念。“文”的概念处于不断变化之中。《易·系辞》中说“物相杂，故曰文”，“人文”更多地强调使人成为人的修养和教化的礼乐文明。“文”的具体表现形式包括文章、文论、文学等，文以载道的目的是教化臣民，“文”承载着伦理道德观念，故文化能够育人。然而，无论“文”的观念如何变化，始终没有离开作为传统哲学的最高层级的育人、成人的核心概念“道”，文以载道、以文化人是文化传统的基础精神。

三、思政教育的文化观

文化育人是思想政治教育的重要手段之一。从育人的文化载体上看，文化育人是以社会主义先进文化培养人，从育人的方式上看，文化育人是以文化环

境熏陶、濡染的隐性方式感染人（郝桂荣，2017）。

把文化作为思想政治教育的载体，就是要发掘文化内含的思想政治教育资源并赋予其时代意义。中国特色社会主义文化是社会主义本质的体现，与人的全面发展有着内在的联系，对社会与人的进步和发展具有重要的促进作用。文化育人是以中国特色社会主义文化育人，作为育人的重要文化载体，中国特色社会主义文化的先进程度，是影响文化育人实效性的一个重要因素。作为马克思主义中国化的理论成果，社会主义先进文化囊括了社会主义意识形态的价值内核以及对中华民族精神追求与文化传统的时代性转化，进一步增强了党和人民对中国特色社会主义的文化自信，为社会主义文化建设的发展奠定了良好的社会基础（张波、杨爱萍，2022）。因此，社会主义先进文化建设论为文化育人的载体建设提供了重要的理论支撑。

思想政治教育学注重教育环境的导向、强化、感染、约束功能，学校环境对学生思想品德的形成和发展具有重要影响作用，并制约着思想政治教育实践活动的效果。教育者要将思想政治教育寓于环境和情境之中，尤其是情感之中，催化、推动思想认识的形成，引发受教育者的情感共鸣，使受教育者在自由、民主的氛围中被感化、感染，促使受教育者产生积极、健康的情感，形成良好的思想政治品德。高校文化育人实质上是高校利用文化环境、创设文化氛围，在潜移默化中影响、塑造学生的理想信念、世界观、价值观、人生观、道德品质、综合素质等，教育者要善于积极利用环境进行潜移默化地渗透、熏陶和感染，于无形中育有形。此外，校园文化以形式多样的学生课余文化活动和社会实践为载体，从不同侧面表现学校教育的文化特征，发挥教育文化的育人功能，校园文化氛围对学生的思想及综合素质的发展具有重要的影响。

四、西方相关文化理论

（一）组织文化理论

20 世纪七八十年代，西方组织学界掀起组织文化研究的热潮。其中，埃德加・沙因出版的《组织文化与领导》一书被认为是组织文化研究的集大成之作。沙因认为，“文化”是“特定的群体在处理内部整合与外部适应过程中形成的一套行为模式，这套行为模式建立在一系列假设基础之上，被群体成员接受，并被作为处理内外部问题的正确方式而传递给新成员”（林杰，2008）。沙因将组织文化分为三个层次：表层是人造物，即那些外显的文化产品，是一个文化中可见的、可触摸的和可听到的方面；表层之下是价值观，它们是组织的战略、目标和哲学；最深层是基本假设，是看不见的、不被意识到的假设、价值、信仰、规范等（胡文龙，2013）。沙因还重点探讨了组织文化与领导力之间的关系，从领导者的角度指出，领导者是文化的主要设计者；组织文化形成之后，会影响领导模式的选择；如果文化的要素功能失调，领导必须能够采取措施加速文化变革。组织文化作为一种无形的力量，一旦形成就对组织内成员的态度、行为等产生重要影响，并从组织成员的态度、行为等之中展示出来，形成一种正向循环，引导组织成员实现自我价值，进而实现组织的价值（张立学，2019）。

大学作为一种特殊的组织，其组织文化就是一所大学的精神内核，是大学核心软实力和社会形象。从组织文化理论视角出发审视大学文化及其育人：首先，对高校管理者提出了更高要求，学校领导的最终意义表现在组织文化上，其主要目标就在于引导组织文化；其次，高校必须重视自身组织形象的塑造，既包括学校的名称、建筑、环境等人们可以直接感受到的外显的识别形象，也包括体现学校深层次办学观念和成员价值观的理念形象；最后，高校要尽量形成富于自身特色的组织文化，树立自身的办学价值观和办学特色，沉淀独特的大学精神（郑立、严欣平，2008）。

（二）文化分层理论

西方文化研究者普遍认同文化的分层理论，在对文化现象进行研究时，常常倾向于把文化进行分层。最粗糙的分法是把文化分为两层：一层是可以看得见的“典型”层次，例如典型的行为方式或者文化产品等；一层是看不见的共同“核心”层次，主要指价值观等。文化的“冰山模型”是对这种观点的简洁诠释（李曼丽，2006）。

文化分层理论的代表性观点有霍夫斯塔德的“洋葱模型”和埃德加·沙因的“睡莲模型”。“洋葱模型”是把文化比喻成一个层层包裹的洋葱：最外表的一层主要指象征物等符号，如服饰、语言、建筑等能够为人所看得见、摸得着的，是文化的外在表现和直观的文化产品。第二层为英雄人物，每一种文化里人们所崇拜的英雄人物的性格实际上代表了这个文化的民族性格。第三层是礼仪，是每种文化里的对人和自然独特的表达方式。第四层是价值观，在文化层次里处于最里层、最内核的层次，决定一个社会或群体对“好”与“坏”的定义和标准，反映全体成员的共有理想。这些标准和理想就是该社会或群体最稳定最持久的文化。“睡莲模型”则认为文化有三个层次：一是睡莲的花和叶，即文化的外显形式，包括一个组织的组织架构和各种制度、程序、规定，是文化的表层。二是枝和梗，即文化的中间层次，表征一个群体公开倡导的价值观、使命、愿景等。这种文化具有一定的稳定性，也不是可以明显感觉和观察到的。三是根，即文化的最里层，表征各种视为当然的、下意识的信念、观念和知觉。这是一种潜意识的不为人所知的文化，最具有稳定性（戴军、娄小平，2015）。

大学文化也可以分为三个层次：第一层次是显性和表层的文化，主要载体是大学的人造符号；第二层次介于显性和隐性之间，主要载体是大学倡导的核心价值观；第三层次是隐性和深层的文化，主要载体是大学及其成员的基本信念（李奇，2017）。基于文化的分层理论，在大学文化及其育人的过程中，可以把大学文化划分为不同的层次，具体分析每一个层次文化的特点及其影响，实现大学文化育人效果的最大化。

第三节　文化育人的发展脉络

党和国家历来把思想政治教育与文化工作的融合作为青年精神文化建设的重要途径，在革命、建设、改革各个历史时期，都积极开展卓有成效的青年文化教育工作。党的十八大以来的高校文化育人新实践、新探索，为新时代高校文化育人奠定了坚实的实践基础，积累了宝贵的实践经验。

一、文化育人的起步与恢复

新中国成立后，党和国家有步骤地对旧有文化事业开展改革，进行高校院系调整，从文学艺术方面着手加强新中国的文化建设，用马克思列宁主义、毛泽东思想占据新的文化意识形态的主导地位。随着社会主义改造的完成，社会主义制度在中国正式确立，在多种文化背景影响下的旧中国大学文化，也在马克思主义指导下得到整合和统一，此时苏联大学文化建设模式成为学习和借鉴的重点。这一时期的大学文化及其育人模式，既受到苏联教育模式的深刻影响，又在积极探索中国社会主义大学文化的特色：逐步建立起统一的大学管理制度，政治文化、红色文化等融入学校文化建设之中，特别是注重理论教学和实践教学的结合、教育与生产劳动的结合，普遍把培养社会主义建设人才作为大学的目标，逐步形成了具有社会主义性质的大学文化。这一时期我国高校的文化教育主要围绕提升人民群众的科学文化素质展开。然而，“文化大革命”使新中国成立以来的文化教育事业受到严重的挫折与损失，使全国人民艰苦创建的社会主义事业遭到前所未有的浩劫。

改革开放以来，伴随我国高等教育恢复调整，高校文化育人相关工作也逐渐恢复并开始发展。1980 年教育部、共青团中央出台的《关于加强高等学校学生思想政治工作的意见》指出，“要提倡既教书又育人，那种认为教师只管教书的看法，是不全面的”，首次明确强调教师要做到教书与育人的结合。1983 年，《教育部关于学习贯彻〈关于加强爱国主义宣传教育的意见〉的通知》提出要求，要加强爱国主义宣传教育，运用当地生动的教材，如传统文化、人物、文物、名胜古迹等进行教育。这实际上蕴含了利用各种文化资源培育人、熏陶人的育人思想。1986 年，《中共中央关于社会主义精神文明建设指导方针的决议》首次从社会主义现代化建设总体布局的高度，阐述了社会主义精神文明建设的战略地位、根本任务和指导方针，提出“把注意力集中到团结人民、充分发挥人民的社会主义积极性和创造精神上来，集中到满足人民的文化和精神需要上来，集中到加强思想道德建设和教育科学文化建设上来”。在此背景下，高校逐渐开始将文化育人提升到社会主义精神文明建设的高度。

二、文化育人的发展与完善

改革开放以来的高校文化建设及育人主要是围绕“为什么进行文化建设、建设什么样的文化、怎样进行文化建设”等问题展开。高校文化建设和育人实践先后经历了校园文化建设阶段、文化素质教育阶段，并逐渐发展到大学文化育人阶段，对高校文化角色的定位逐渐精准，对文化育人内涵的认识不断深刻（郭望远，2020）。

20 世纪 80 年代中后期，校园文化建设兴起，丰富校园文化生活成为高校的重点工作。当时，高校的办学条件较差，相对匮乏的物质生活条件使青年学生更加关注精神世界，他们对文化生活的需求和向往与日俱增。高校日益关注校园文化建设，丰富青年学生的精神世界（王振，2018）。1986 年，上海交通大学首先开展校园文化建设，随后众多高校加入校园文化建设的潮流中。“上海交通大学发起校园文化建设活动之后，华东师范大学举办了首届校园文化活动建设项目活动，复旦大学、上海医科大学等高校也先后举办了以校园文化建设为主题的文化艺术节”（萧关根，1983），涌现出一大批具有代表性的文化艺术节、校园科技节等精彩纷呈的活动，校园文化活动日益丰富。校园文化理论研讨会、高校校园文化学术研讨会等学术论坛纷纷举办，形成了一批理论和实践成果。然而，这一时期的高校文化建设及其育人理论和实践都有所不足：活动主体方面，主要由学生发起，自下而上开展，较少有专业教师和高校管理部门的参与和指导；活动内容方面，主要以文化宣传和文体娱乐为主，主要目的停留在丰富大学生的业余生活，尚未从更深层次考虑提高大学生的人文素养和艺术修养，完善大学精神与制度等。

20 世纪 90 年代中期，高校开始反思人才培养过程中“重理轻文”“重专业、轻通识”等问题，围绕素质教育展开大讨论，并结合实际创造性地提出文化素质教育理念。1995 年，国家教委高教司印发了《关于开展大学生文化素质教育试点工作的通知》，决定在北京大学、清华大学等 52 所高校进行文化素质教育试点。为了加强文化素质教育，国家教委推动实施了“高校文化素质教育工程”，并在“国家精品课程”“人才培养模式创新试验区”等项目中设立了文化素质教育专项。1999 年，文化素质工作研讨会在武汉进行，教育部副部长出席研讨会并作了题为《认真学习贯穿全教会精神，开创我国高等教育新世纪》的讲话，强调在高校推进素质教育是我国高等教育的一件重大事情，并明确提出文化素质是基础，加强文化素质教育是推进素质教育的一个切入点。从此，文化素质教育作为高校素质教育的一个重要内容或切入点，成为一个时期我国高校文化育人的重要判断。全国高校普遍推行文化素质教育，各校积极开辟和探索第二课堂，开设各类社会实践活动，不断丰富学生的校园活动。这一时期的大学文化注重第一课堂和第二课堂的结合，人文素养与科学素养并重，重视加强人文环境建设，大力开展社会实践活动，有力地推动了大学的教育教学改革，成为我国教育模式上的一次本土化创新。

21 世纪以来，高校全面探索和推进大学文化建设和文化育人工作，在统筹校园文化和文化素质教育的基础上，文化育人的内涵不断得到拓展，在理论和实践上达到了新的高度与深度。2004 年，教育部、共青团中央下发的《关于加强和改进高等学校校园文化建设的意见》强调：“要继续实施‘大学生全面素质教育工程’，把人文素质和科学精神教育融入到高等学校人才培养的全过程，落实到教育教学的各环节。”2012 年，《教育部关于全面提高高等教育质量的若干意见》专门对推进文化传承创新作了制度安排，明确提出要发挥“文化育人”作用，对社会主义核心价值体系融入大学文化建设提出要求。指出要秉承办学传统，凝练办学理念，确定校训、校歌，形成优良校风、教风和学风，培育大学精神。要组织实施高校校园文化创新项目。加强图书馆、校史馆、博物馆等文化场馆建设。明确提出了“文化育人”的概念，而且涵盖了对文化育人的核心要义、主要特点、时代特征和学校特色的把握，更加系统全面地对高校文化育人工作提出要求，充分说明了对高校文化育人内涵的更深层次的理解。《国家中长期教育改革和发展规划纲要（2010—2020 年）》指出：“积极推进文化传播，弘扬优秀传统文化，发展先进文化。”相关文件的出台充分表明党和国家对发展大学文化与培育大学精神的重视，大学精神的培育与大学文化的发展也成为这一时期高校的重点工作内容。

三、文化育人的成熟与深化

党的十八大以来，习近平总书记从全局和战略高度就教育工作和思想政治工作做了系列重要论述，多次强调“以文化人、以文育人”的重要性，高度重视文化建设的问题。党和国家把高校文化育人工作摆在突出位置，积极推进文化育人工作的内涵式发展。新时代文化育人的内容形式更加丰富、方法途径得到拓展、机制体制逐渐完善、时代蕴涵不断凸显，高校文化育人理论与实践走向成熟与深化发展阶段。

党的十八大以来，习近平总书记高度重视文化建设的问题，他明确指出：“我们要大力推动文化事业发展，通过文化交流，沟通心灵，开阔眼界，增进共识，让人们在持续的以文化人中提升素养，让文化为人类进步助力。”2014 年，教育部印发了《〈完善中华优秀传统文化教育指导纲要〉的通知》，就高校加强中华优秀传统文化教育的指导思想、基本原则和主要内容作了规定，特别提出把“强化学生文化主体意识和文化创新意识”“引导学生完善人格修养、关心国家命运”作为高校对学生进行中华优秀传统文化教育的重点。同年，国家主席习近平在联合国教科文组织总部发表演讲时指出：“我们要大力推动文化事业发展，通过文化交流，沟通心灵，开阔眼界，增进共识，让人们在持续的以文化人中提升素养，让文化为人类进步助力。”

党的十九大报告指出：“文化是一个国家、一个民族的灵魂。文化兴国运兴，文化强民族强。”习近平总书记更是强调，“文化自信，是更基础、更广泛、更深厚的自信，是更基本、更深沉、更持久的力量。”在当今时代，文化既是凝聚民族力量的重要纽带，也是影响综合国力的重要因素。在文化强国的战略下，发展中国特色社会主义文化，培养具有社会主义核心价值观的人才，是提高综合国力的必然要求，也是我国高等教育的重要历史使命。

2016 年 12 月，习近平总书记在全国高校思想政治工作会议上提出：“要更加注重以文化人以文育人，广泛开展文明校园创建，开展形式多样、健康向上、格调高雅的校园文化活动。”学校要注重以文化人、以文育人，发挥文化育人的作用，实现文化育人的目标，就要大力增强学校的人文内涵，不断丰富校园物质文化和精神文化，为广大学生提供丰富多彩、各式各样、积极向上的校园文化活动，对学生加强教育，让学生更加了解学校的发展史、学校的基本情况等。大力推进和开展不同种类的社会实践，为学生提供更多选择，增强学生的实践能力。努力营造积极良好、健康向上的校园文化氛围，从而推动文化育人、文化化人。

2017 年 2 月，中共中央、国务院印发《关于加强和改进新形势下高校思想政治工作的意见》，强调要“坚持全员全过程全方位育人。把思想价值引领贯穿教育教学全过程和各环节，形成教书育人、科研育人、实践育人、管理育人、服务育人、文化育人、组织育人长效机制”。可见党和国家已经将文化育人作为新时代高校思想政治教育的一个重要形式，它也成为构建高校全程育人、全方位育人工作机制的一个重要着力点。同年 12 月，中共教育部党组印发《高校思想政治工作质量提升工程实施纲要》，提出要充分发挥课程、科研、实践、文化、网络、心理、管理、服务、资助、组织等方面工作的育人功能，挖掘育人要素，完善育人机制，优化评价激励，强化实施保障，切实构建“十大”育人体系。纲要中关于“文化育人”的部分指出，“注重以文化人以文育人，深入开展中华优秀传统文化、革命文化、社会主义先进文化教育，推动中国特色社会主义文化繁荣兴盛，牢牢掌握高校意识形态工作领导权，践行和弘扬社会主义核心价值观，优化校风学风，繁荣校园文化，培育大学精神，建设优美环境，滋养师生心灵、涵育师生品行、引领社会风尚”。加强了文化育人工作的系统谋划和顶层设计，文化育人作为“十大”育人体系的重要组成部分，在高校思想政治教育中发挥着不可替代的重要作用。此外，新时代高校文化育人，着重强调中华优秀传统文化、革命文化以及社会主义先进文化的传承与发展，强调对鲜活的中国特色社会主义实践活动的体现和运用，具有鲜明的时代特征。

2019 年 3 月，习近平总书记在学校思想政治理论课教师座谈会上强调，中华民族几千年来形成了博大精深的优秀传统文化，我们党带领人民在革命、建设、改革过程中锻造的革命文化和社会主义先进文化，为思政课建设提供了深厚力量。同年 10 月，中共中央、国务院印发了《新时代公民道德建设实施纲要》，指出公民道德建设的重点任务有“筑牢理想信念之基”“培育和践行社会主义核心价值观”“传承中华美德”和“弘扬民族精神和时代精神”，且在道德教育方面强调要“文以载道、文以传情、文以植德”。由此可见，文化育人在高校思政、公民培养方面的地位越来越突出，国家为高校文化育人指明了方向和提供了相应的文化资源，文化育人已经成为高校“三全育人”的重要抓手。

党的二十大报告明确指出，中国式现代化是物质文明和精神文明相协调的现代化，更加突出了文化建设支撑和服务国家战略的重大作用。我们必须坚定历史自信、文化自信，坚持古为今用、推陈出新，把马克思主义思想精髓同中华优秀传统文化精华贯通起来、同人民群众日用而不觉的共同价值观念融通起来，不断赋予科学理论鲜明的中国特色，不断夯实马克思主义中国化时代化的历史基础和群众基础，让马克思主义在中国牢牢扎根。“全面建设社会主义现代化国家，必须坚持中国特色社会主义文化发展道路，增强文化自信，围绕举旗帜、聚民心、育新人、兴文化、展形象建设社会主义文化强国，发展面向现代化、面向世界、面向未来的，民族的、科学的、大众的社会主义文化，激发全民族文化创新创造活力，增强实现中华民族伟大复兴的精神力量”。高校作为育人的主阵地，需要更加重视文化育人理论与实践的探索。

第四节 “双一流”高校文化育人的实践与反思

党和国家高度重视文化对于个人、社会、民族的涵养作用，并强调文化育人在高校思想政治工作中的作用。新时代高校文化育人的内涵不断丰富，形式持续创新，在理论和实践方面都取得了不同程度的发展和进步（冯刚、张芳，2019）。“双一流”高校要加强对文化育人的重视，不断深化文化育人改革，坚持社会主义办学方向，传承优秀中华文化、革命文化，贯彻社会主义核心价值观，努力提高文化育人的实效性。

第一，丰富文化课程。首先是加强思想政治理论课程建设，思想政治理论课是落实立德树人根本任务的关键课程。其次是加强文化课程的思政建设，即从文化的视角充分挖掘各门课程中的思想政治教育资源。最后是加强文化通识课的建设，重视知识背后的探索精神、科学精神、创新精神和人文情怀、社会责任，发挥好通识课程的价值和作用。

第二，营造文化环境。20 世纪 90 年代，涂又光先生提出了著名的“泡菜理论”，即泡菜的味道取决于泡菜汤，校园环境就好比泡菜汤，它很大程度上影响了“浸泡”在其中的学生的精神风貌和行为风格。也就是说，校园环境对于学生存在隐性教育的作用。因此，校园环境应该承载一定的象征意义和精神内涵，包括建筑、装饰等物质方面和办学精神、学校理念等非物质两个方面。在“文化”的选择上要因地制宜，在宣传优秀传统文化、革命文化和社会主义先进文化等普适性文化要素的基础上，结合特色文化要素，突出地域优秀文化、校本文化和院系、专业特色文化，打造特色鲜明的高校文化环境。

第三，开展文化实践。习近平总书记在高校思想政治工作会议上强调：“高校要开展形式多样、健康向上、格调高雅的校园文化活动，广泛开展各类社会实践。”高校组织文化实践具体以校园文化活动和社会实践两种形式来开展。校园文化活动既包括学校、各院系组织的活动，也包括学生组织和社团自发举办的活动。社会实践则强调大学生走出校园、走进社会，如社会调研、志愿服务、支教等，这一过程不仅能为社会文化注入新鲜活力，还可以增强大学生对优秀传统文化、革命文化和社会主义先进文化的自信心和创造力。

第四，健全保障机制。科学完善的保障体系是新时代高校文化育人工作有序进行的前提，首先应当完善文化育人制度，系统设计高校文化育人工作。其次要建设新时代高校文化育人队伍，为高校文化育人工作提供充足的人力和智力保障。最后还需构建文化育人评价体系，科学有效的评价体系不仅能够提升新时代高校文化育人工作的质量和效率，还能提高相关部门及人员开展文化育人工作的主动性和积极性，从而规范文化育人工作并不断加以优化、改进。

第六章　网络育人的理论与实践

网络育人是“三全育人”和“十大”育人体系的重要组成部分，是高校育人顺应时代潮流，“因事而化、因时而进、因势而新”的关键所在。作为高校思政教育的新阵地，“网络育人”的概念自 2017 年被提出以来不断得到拓展和延伸，目前已初步形成一定的研究和实践成果。网络育人是以育人为根本目的和价值取向，以网络为特色手段和驱动因素的教育过程，可以从网络平台环境建设、内容文化建设以及育人层面的队伍建设、机制建设四大方面进行探讨。

第一节　网络育人的内涵

一、网络育人的概念

网络育人的概念可以从“网络”和“育人”两个方面理解：“网络”是网络育人区别于其他育人方式的独特手段和驱动因素；“育人”则是网络育人的根本目的，指引着网络育人的价值取向。其中，“网络”作为手段，既包括物质层面通过搭建网络平台和技术环境创新来拓展现有的育人方式，又涵盖思想层面使用网络思维和内容文化变革传统的育人观念。所以，我们把“网络育人”的概念定义为：育人工作者在网络环境下以网络为平台，在把握受教育者身心发展特点及规律、网络传播特点及规律的基础上，通过网络思维模式和方法推进网络及相关技术与教育深度融合，充分发挥网络的积极作用，围绕立德树人根本任务，实现更高质量的教育，有目的、有计划、有组织地对受教育者进行直接或间接的教育过程。简而言之，就是以网络为特色手段，以育人为根本目的的教育过程。

网络育人的价值在于“育人”，育人是根本目的和价值取向。育人是高等教育的重要目标，在这里指立德树人，培养全面发展的人。教育工作的一切出发点和最终落脚点，都将围绕学生的健康成长、成才；育人始终是高校的基础功能和社会基本预期，网络育人是对育人目标的强化和辅助，因此首先需要厘清“网络”和“育人”的主次之分。变革是应对外部环境的挑战，坚守则是教育核心价值的体现；变的是表层的理念、方法和形式，不变的则是教育内核的精神、责任与操守。教育活动的目标包括知识传播、情感传递、意念传承三个维度。网络环境中的“育人”则着眼于网络社会崛起的特定背景，在全员育人、全程育人、全方位育人科学理念的基础上进一步延伸和发展，考虑网络虚拟环境的特点，将实体环境与虚拟环境相统一，构建新型教育主客体关系和教育途径、教育方式。根据现实环境和虚拟网络环境的特点发挥各自优势，实现工作协同，创建能够真正触动学生高阶思维、引起深层的情感共鸣、具有广泛认同基础的虚实结合良好“大环境”，通过知、情、意、行间的相互转化，引导学生的思想以及行为同教育目标达成一致（蒋广学、徐鹏，2014）。

网络育人的独特之处在于“网络”，网络是特色手段和驱动因素。在这里指充分发挥网络在育人工作中的作用。如何看待网络在育人中的作用是理解网络育人概念内涵的关键，但目前学界对于网络作用的理解纷繁不一，因而对于网络育人的界定也各不相同，主要可以分为“技术说”“教育说”“工具说”和“活动说”四个方面。第一，从技术层面出发，认为网络育人是运用网络技术开展教育的一种方式，例如，将现在的科学技术运用到育人工作中，搭建平台、构建队伍等（胡颖蔓、欧彦麟，2020）；第二，从教育层面出发，认为网络育人是针对于网络的一种教育，将网络作为教育的内容；第三，把网络作为一种工具，认为网络育人是通过网络这一工具开展的教育活动，认为网络育人是通过网络平台来育人，使学生在网络生活中受到教育，即发挥网络在育人育德方面的积极作用（刘建军，2017）；第四，是将教育置于网络环境大背景下，认为网络育人是在网络大环境下的教育活动，也就是传统的育人手段、内容等如何在网络环境下进行发展和创新，整体构建育人体系的问题（吴满意、高盛楠，2022）。总的来说，网络育人不但是网络及其相关技术在育人上的应用，也是树立网络思维和观念对传统高校育人理念的创新性变革。因此，可以把网络育人理解为适应信息时代新形势需要的一种全员育人、全程育人和全方位育人的新方式。

二、网络育人的特点

网络育人可以分为网络层面平台环境建设、内容文化建设和育人层面队伍机制建设、素养提升建设。

通过梳理和分析中华人民共和国教育部官网、有关高校官网、文献资料等对2012—2020年网络育人案例介绍的资料文本，发现发布网络育人案例语篇数目最多的是2018年。

平台环境的建设是网络育人工作开展的一个重要举措，指将网络技术创新性地运用到育人工作中，搭建育人的基础平台环境。具体而言，网络平台作用可以分为以下四个方面：一是以“培训”为中心的思政学习平台，借助媒体技术，运用“考核”“交互式”等方式加强师生的党建思政学习，提升政治素养；二是以“学习”为中心的在线课程平台，开发网络教学资源，收集并分析学生学习数据，形成线上线下混合式学习，提升课程教学质量；三是以“文化”为中心的学生活动平台，成立校园“新媒体”联盟，搭建网络文化平台，做好重大活动和热点问题、突发事件舆论引导和权威解读；四是以“管理”为中心的校园管理平台，不断壮大网络文化工作队伍，加强顶层规划和综合统筹，营造良好的校园网络环境（胡广鹏，2008）。

内容文化建设是实现网络育人观念创新的关键。由收集国内高校经验绘制的词云图看出，内容建设注重精心塑造形式多样丰富的网络文化“品牌”，大量培育优秀网络文化“成果”：一是充分利用网络资源，通过“电子平台”“视频”等新媒体进行网络文化价值的“宣传”和“传播”；二是开展特色网络育人“活动”，鼓励师生进行“作品”的“创作”，营造良好氛围；三是重视“思想”政治教育，注重“榜样”的引导作用，传递网络正能量。

网络内容建设是网络建设的核心和根本，只有不断创新内容，才能满足大学生成长、成才的需要。新形势下，加强高等学校网络育人工作的内容建设，是提升高等学校网络育人工作实效的根本措施（黄燕，2018）。各地各高校深入推动思想政治工作的传统优势同信息技术高度融合，促进网络文化繁荣发展，不断挖掘网络教育资源以及精心塑造形式多样、内容丰富的网络文化品牌，大量培育优秀网络文化成果。

在网络育人队伍建设方面，由收集国内高校经验绘制的词云图可以看出，网络育人队伍建设重在“网络育人人才培养”。培养对象遵循“多梯队，专业化”的原则：教师、辅导员、学生骨干均是推动高校网络育人工作的重要人员，是网络育人队伍建设的重点培养对象；培养手段体现“丰富性、灵活性”的特点：培训、考核、激励、引导、评价等成为培养网络育人人才的重要手段；培养目标上突出“全方位、多角度”的特色：能力、技术、理论、思想齐头并进，全面开花。

加强高校网络育人队伍的建设不仅仅是整合校内各部门、各学院资源，形成育人合力的关键，更关系到网络育人功能的发挥，是实现网络育人目标的重要保障。2017年中央网络安全和信息化领导小组办公室和教育部出台的《一流网络安全学院建设示范项目管理办法》强调了建设一流国家网络安全空间，加强和创新网络安全人才的重要性（李羽佳，2020）。各大高校积极响应国家号召，高度重视网络育人队伍的组建与发展，形成具有特色的网络育人队伍建设的经验。

网络育人的机制建设重在突出思想价值引领，健全完善网络育人管理新体系。一是强化网络育人队伍管理，理顺领导机制，上下联动，校院共建、师生密切协作；二是加强网络育人平台的管理，推进校内各级各类网络与新媒体平台建设。

2016 年 4 月 19 日，习近平总书记在网络安全和信息化工作座谈会上的讲话中指出，要“培育积极健康、向上向善的网络文化，用社会主义核心价值观和人类优秀文明成果来滋养人心、滋养社会，做到正能量充沛、主旋律高昂，为广大网民，特别是青少年营造一个风清气正的网络空间”。而“风清气正网络空间”的打造离不开长效稳定的机制建设。网络育人工作是全局性的工作，因此，各高等学校要紧密结合各自的实际情况，出台网络思想政治教育工作方面关于领导体制、工作机制、运行机制及考核机制等的文件或者规章制度，进一步强化领导责任，明确总体工作目标和工作方向。同时，协调和明确各个职能部门的工作内容和工作要求，通过各职能部门的分工合作，促进网络思想政治教育工作管理体系和运行机制的完善，推进网络思想政治教育工作深入发展（李雪超，2019）。

第二节　网络育人的理论基础

网络育人作为一种新兴的思想政治教育方式，是一种特殊的信息传播活动，是教育者（信源）将教育内容（信息）通过一定的方式、路径、载体（信道）传授给受教育者（信宿），使受众的思想、观念和行为发生改变的过程。网络育人最终能否取得实效，归根结底取决于传播活动的终点——受众对网络育人活动的接受效果（马丽萍，2015）。因此，网络传播的受众理论为我们如何借助网络手段开展育人活动提供了充分的指导。

一、受众理论

在传播学中，“受众”这一概念是社会信息传播接收者群体的总称。“大众”这一概念中所具有的规模巨大性、分散性和异质性、匿名性、流动性、无组织性等特点，高度吻合了“受众”的诸多特征。甚至传播研究认为，“作为传媒的受众具备大众的一切特点”（张小平、蔡惠福，2020）。但传播学者麦奎尔认为，受众具有双重性，一方面，受众源于民众或社会；另一方面，受众又源于不同种类的媒介，社会和媒介同时发挥着作用。随着大众传媒的发展普及，受众的身份发生了革命性改变，他们由信息的接受者、使用者、消费者，变成了既是接受者、使用者、消费者同时也是生产者、传播者。正如托马斯·弗里德曼在《世界是平的》一书中所说，网络时代，“上传正在成为合作中最具有革命性的形式之一，我们比以往更能成为生产者，而不仅仅是消费者”。

社会学家卡茨等学者认为，由于生活环境及自身心理因素影响，每个人都有着不同的需求，不同的需求影响人们对不同媒介或信息源的期待。而不同的期待会导致人们接触不同的媒介或其他社会行为，接触后果表现为人们的需求得到满足或收获其他未预期结果。受众对信息的使用及满足被看作传播者产生传播效果之前的阶段，究其原因，只有受众愿意接受传播者，传播者才能够对其产生影响（王律，2020）。早在1932年，美国政治学家哈罗德·拉斯韦尔提出了传播四要素说，受众便是其中之一。后来，拉斯韦尔更系统地将传播学区分为五大研究领域，即控制分析、内容分析、媒介分析、受众分析和效果分析，也被称为“5W模式”。受众学说的学术名称就由这个“5W模式”中的受众分析产生而来（蔡惠福、顾黎，2014）。

网络育人作为一种思想政治教育沟通，是指在一定的教育沟通情境中，教师与大学生以共同的客体（主要是指思想政治教育信息）为介质，借助文字和语言符号系统，在自愿的情形下进行的一种以发展和提升大学生为目的的关于思想观念、知识、道德和情感的双向交流与互动活动（褚红素，2017）。运用受众理论，相比于被动接受从他人处得到的观点，人们对于自己亲身积极参与而形成的观念接受度更高且更不容易改变（Defleur，1990）。在高校网络育人实践中，大学生作为受众，具有强烈的主体性，因此，在网络育人工作开展中应突出强调学生在信息传播过程中的主体性地位（侯幸、王佳政，2021）。在新时代网络育人实践中，需要尤为关注高校学生的网络舆情导向，并且需要结合青年大学生的心理特征，提升高校网络育人工作的实践性。

二、衍生理论

网络育人是在互联网时代开展高校思想政治教育的新形式，网络育人的践行与发展势必与网络社会密切相连，因而提升网络育人效果必须利用网络相关运行规律和理论。

虚拟社区是社交媒体发展的衍生品和应用的形式，学者霍华德·莱茵戈德在《虚拟社区》一书中阐述了虚拟社区的概念，即“以计算机为主要媒介，怀有同样的价值观，为分享信息在互联网上建立起联系的团体”。在虚拟社区中，不可避免地存在沉默的螺旋效应，德国传播学家诺尔纽曼在对历史传播过程进行研究的基础上，结合多年的民意调查，于20世纪70年代提出关于大众传播舆论形成过程的理论假说“沉默的螺旋”。“沉默螺旋”一词最早出现在诺尔纽曼1974年发表的《重归大众传播的强力观》中，并于1980年出版的《沉默的螺旋：舆论——我们的社会皮肤》一书中对舆论形成过程进行了充分的阐述（杨杰，2015）。该理论由三个命题构成。首先，个人意见的表明是一个社会心理过程，倘若自己属于“多数”或“优势”意见，便大胆表明自己的观点；若自己属于“少数”或“劣势”意见，则转向“沉默”或表示附和。其次，意见的表明和“沉默”的扩散是螺旋式传播模式，即是说，一方的沉默引起另一方的增势，“优势”的意见会更为强大，此番强大又迫使那些持不同意见的人变得沉默。最后，大众传播通过营造“意见环境”影响和制约舆论（王晓慧，2010）。

在“沉默的螺旋”作用下，网络舆论中的意见领袖充当起虚拟社区的领导者，其追随者甚至包括沉默者在对其观点二次传播的过程中进一步扩大其言论的影响力。在高校网络育人工作中，高校可利用沉默螺旋理论推出引领网络舆论及网络舆情导向的主流媒体，通过主流媒体平台发声，澄清或者辟谣某些网络舆论，进而引导大学生在互联网时代牢固地树立社会主义核心价值观。

网络的匿名性特征消解了沉默螺旋理论所描述的舆论形成机制，人们可以在网络论坛上就某个重要事件展开理性的讨论。这种理性的讨论通过网络及网民个人的影响力扩散，最终保持社会舆论的多元化，因此，“沉默”不再扩散（周宏刚，2006）。新媒体时代，网络育人运行机制下的大学生不再是“枪弹论”中只会被动接受信息的“靶子”，而是在信息传播中掌握了主导地位，不是被动的、盲从的非理性动物，而是具有能动性的社会主体，常以反沉默螺旋方式发表意见。“反沉默的螺旋”理论是指在互联网迅速发展的时代，原本只是被动接收信息的大学生参与性大大提高，自由表达悖于主流观的意见。大学生的规模还在不断扩大，甚至影响作用于“沉默的螺旋”模式下的受众。“反沉默螺旋”是一种与“沉默螺旋”背反的模式，在这种模式中，大学生是具有能动性的主体（王国华、戴雨露，2010）。

网络舆情监管与引导是高校网络育人工作的关键所在，在“沉默的螺旋”与“反沉默螺旋”作用下，高校网络舆情具有一定程度上的不确定性，改善高校网络育人工作需从网络育人平台搭建和网络育人队伍建设等方面着手。

第三节　网络育人的发展脉络

一、起步阶段

2011 年至 2013 年为网络育人起步阶段。这一阶段尚未正式提出网络育人的概念，互联网技术在高校育人工作的价值初步凸显，开始展开网络育人的初步探索。

党的十八大以来，以习近平同志为核心的党中央高度重视网络安全和信息化工作，并就互联网发展尤其是网络强国战略发表了一系列具有重大现实意义和深远历史意义的重要讲话，提出了网络强国战略思想，这也是习近平新时代中国特色社会主义思想的重要组成部分。党和国家在各类政策文件中强调，要深刻认识网络教育在意识形态和人类价值观理解中的主导作用，推进网络教育工作凝聚人心，团结力量，共同实现中华民族的伟大复兴。习近平总书记多次围绕网络问题发表重要论述，提出许多具有战略性、原创性、科学性、实践性的新思想、新观点、新论断（张波，2018）。

这样的形势下，习近平总书记关于网络育人的观点孕育而生，为新时代的高校思想政治工作发展提供了根本依据，同时也为中国特色的网络育人的探索之路指明了方向。习近平总书记关于网络育人的观点有三个层面的核心要义：网络意识形态保护、网络舆论引导和网络文化建设。这三个层面分别对应新时期网络育人工作的政治、社会和文化领域，同时，三者在网络育人功能方面相互渗透、相互补充。

网络意识形态是网络育人的根本和灵魂，对一个政党、一个国家、一个民族的生存和发展至关重要。网络舆论和网络文化兴起于非意识形态领域，以网络育人的意识形态辅助的形式为网络育人增添了新的动力源泉，并为习近平总书记关于网络育人的观点的实践和功能的发挥提供了重要支撑。习近平总书记在全国宣传思想工作会议上指出，“建设具有强大凝聚力和引领力的社会主义意识形态，是全党宣传思想战线必须担负的一个战略任务。”意识形态是思想政治教育的核心和根本，只有牢牢掌握意识形态工作领导权，才能更好地巩固和发展主流意识形态，不断增强意识形态领域的主导权和话语权。

网络舆论引导是网络育人的另一个方面。市场经济成就大量成熟的、体制外的利益主体，社会层面的单元也变得丰富多样，国家意志必须通过更加多元化的方式，先传达到社会层面的各个单元，然后才能够通达个体。这要求在实施网络育人过程中，需要找准价值取向，从以行政命令手段为主的思想灌输转变为以经济、法治、行政、文化多方力量引导为主的舆论宣传，根据国家—社会—个体之间关联机制的变化做出相应的调整。随着社会转型和网络发展，互联网成为舆论斗争的主战场，舆论的导向十分重要，只有紧紧把握舆论导向，才能正确发挥网络在社会引领方面的重要作用。

思想政治教育的文化蕴含和文化力量是网络育人的第三个层面。文化对政治经济社会具有巨大的影响，同时推动了社会主义事业发展，文化逐渐相对独立。2014 年 10 月，习近平总书记在文艺工作座谈会上指出，互联网技术和新媒体改变了文艺形态，新型文艺组织大量涌现，中华民族伟大复兴需要以中华文化发展繁荣为条件。网络文化是新时代文化的重要组成部分，要创建一个积极健康、向上向善的网络文化，发挥网络育人的功能，利用网络文化的价值引领作用，用优秀的网络文化产品满足人民群众对网络文化的多元化、高品质的追求，凝聚中国人民的精神和力量（伍廉松，2017）。

二、发展阶段

2014 年至 2017 年为网络育人的发展阶段。这一时期，网络育人的概念正式提出，各高校开始在政策引领下进行网络育人的改革创新，在前期网络平台环境基础设施建设的基础上进一步提升网络育人工作水平，探寻网络育人新路径。

2017 年 12 月 5 日，中共教育部党组出台《高校思想政治工作质量提升工程实施纲要》，提出构建“全员全过程全方位”一体化育人格局，要求把“网络育人”作为“十大”育人体系之一。纲要正式提出了“网络育人”这一概念，并构建了网络育人这一独立体系，对网络平台、网络内容、网络队伍等建设问题提出明确要求，体现出对高校网络育人工作的高度重视。

习近平总书记非常重视网络育人，提出新时代思想政治工作应该“因事而化，因时而进，因势而新”。互联网打破了知识传播的时空局限，成为当代青年思想文化交流与传播的主要场所，渗透并影响着青年大学生的观念和行为（牛晓晰等，2020）。网络的信息传播手段灵活，传播面更广。容易对青年大学生产生巨大影响，也更易于被他们接受。因此，网络育人工作在适应新时代思想政治教育规律的同时，也要顺应青年大学生的思想需求。结合习近平新时代中国特色社会主义思想“新、广、实”的特点，用互联网的思维来讲好思想政治理论，实现价值引导和知识教育的深度融合，增强大学生身份认同。

三、成熟阶段

2018 年开始，网络育人工作开始步入规模化发展阶段。这一时期网络育人已成为高校育人的共识，发挥网络在育人工作中的积极作用，创新育人模式成为主要目标。

2019 年 3 月，习近平总书记在北京主持召开全国学校思想政治理论课教师座谈会时强调，青少年阶段是人生的“拔节孕穗期”，最需要精心引导和栽培。培养一批有政治、有理想信念的教师队伍，为青年大学生的思想政治教育提供保障。此外，习近平总书记在全国高校思想政治工作会议上指出：“要运用新媒体新技术使工作活起来，推动思想政治工作传统优势同信息技术高度融合，增强时代感和吸引力。”这些重要论述为新时期网络育人工作的发展以及探索提供了重要的借鉴和参考。

习近平总书记鼓励将思想政治工作优势和现代信息技术高度融合，针对当今媒体格局、舆论生态和传播特点，积极探索新时代网络思政新方式，构建网络立体化，加强互联网的内容建设，促进网络思政的创新实践和突破。由于网络信息传播手段灵活，传播范围广，因此需要在网络育人模式下，借助网络向学生宣传习近平新时代中国特色社会主义思想，营造他们的心理归属感，增强思想政治教育的时代感、吸引力、感染力和针对性。还要利用网络加强正面宣传，旗帜鲜明地坚持正确政治方向、舆论导向、价值导向。进入新时代，高校思想政治教育要勇于担当新使命，充分发挥网络育人的功能，引导和栽培好大学生，培育能担当民族复兴大任的时代新人。

第四节　“双一流”高校网络育人的实践与反思

一、发挥网络特色优势

首先，要加强网络平台环境建设，构筑网络育人新阵地。一方面，要以传统网站的建设为基础，打造高校官方网站群，形成集学校主页、学院网站和各职能部门网站于一体的网络平台。学院网站是直接面向学生、服务学生的平台，是高校官方开展思想政治教育的平台，一定要利用好网页，设计好栏目，充分发挥其在教育教学管理和人才培养中的功能。另一方面，以新兴媒体平台的开发为重点，增强育人阵地的关注度和知名度。以QQ、微博、微信为典型代表的新兴媒体，以其交流便捷、传播迅速、覆盖面广等优点深受“95后”“00后”大学生喜爱。因此，高校要利用这一特点，把新兴媒体作为大学生思想政治教育新的突破口，运用网络表达方式与其沟通互动，打造一批集思想性、教育性、艺术性、互动性、安全性、服务性于一体的微平台系统。总之，要不断推动传统网站和新兴网络媒体这两大阵地的融合发展、优势互补，形成立体多样、辐射力强的网络育人体系，以最大限度地拓展高校网络育人空间。

同时，要注重网络内容文化建设，配置网络育人新内容。一是要从中华优秀传统文化中汲取营养，展现文化自信。大学生在互联网背景下，经常面对不同文化的交锋、碰撞、冲突，保持文化自信极其重要。博大精深的中华优秀传统文化则为网络育人提供了丰富的思想道德资源。高校应加强对中华优秀传统文化的挖掘和阐发，坚持古为今用、推陈出新的原则，滋养大学生心灵，增强大学生的文化自信。二是从大学生诉求中来汲取情感，丰富产品供给。只有供给有温度、有厚度、有力度的文化产品，才能把大学生统一过来，切实达到思想政治教育效果。高校要改变生搬硬套的理论宣讲，增强网络文化产品的吸引力、感染力和黏着力，实现思想引领。通过组织学生制作微型剧、微电影等形式，开展社会主义核心价值观的立体教育，让学生在感悟和经历中增强信仰力量，坚定“四个自信”。

二、坚守育人核心使命

在育人主体上，要加强育人队伍建设，铸就网络育人新力量。首先，培养一批网络技术强的专职管理人员，牢牢把握网络育人的主导权。践行“大思政”的教育理念，深入研究网络育人规律，常态化地开展技术开发和普及、网络分析和查看、安全管理和监督，积极推进全员、全过程、全方位育人。其次，坚持自主参与、自我管理、自我教育的原则，培养一批思想素质过硬、政治敏锐度高、业务能力强的学生骨干队伍，调动学生会、团委、学生党支部、学生社团等组织加入网络文化建设，成为专职网络育人队伍的重要补充，发挥“朋辈互助”的作用，使网络在育人工作更加接地气、更加有针对性。

在育人客体上，要注重素养提升建设，培育网络育人新对象。首先，要增强大学生的网络道德素养，严守道德底线。新时代下的大学生要“明大德、守公德、严私德”，用高尚道德情操统帅丰富的学识。自觉地培养慎独精神和自律意识，以正确的道德认知、善良的道德情感、顽强的道德意志、自觉的道德实践，规范网络行为，做到网上网下一致，积极传递正能量。其次，要增强大学生的网络法律素质。网络虚拟空间具有隐蔽性，大学生的网络语言和网络行为有了更大的自由，但自由从来不是绝对的，必须在遵守互联网规范的范围内进行。大学生要增强尊法学法守法用法的自觉性，文明上网、健康上网，自觉抵制网络谣言和网络暴力。发挥网络的独特优势，转变传统的育人思维，以网络为驱动因素激发高校育人工作的新潜能，切实提升网络育人质量。

第七章　心理育人的理论与实践

心理育人是高校“三全育人”结构中重要的一环。心理育人是教育者从教育对象的身心实际出发，遵循其心理成长规律和教育规律，通过多种方式实施心理健康教育，有目的、有计划地对教育对象进行积极心理引导，缓解心理困惑，开发心理潜能，提升心理品质，促进人格健全，以实现培育有理想、有能力、有担当的时代新人这一目的的教育活动。

第一节　心理育人的内涵

心理育人的内涵应该从多方面加以认识。陈虹、潘玉腾（2019）从立德树人视域下提出心理育人的三重内涵：第一重内涵是从育人目标上看，即实现学生心理和人格健康发展，培养身心健康、人格健全的、能够担当民族复兴大任的时代新人。第二重内涵是从育人内容上看，即培养某些方面的心理品质，如坚定奋斗自信、树立奋斗志向、历练奋斗本领，这与习近平总书记提出的时代新人应该具备的品质或特征相吻合。第三重内涵则是从育人载体或方法上看，即通过心理的途径、方法或技术来育人，主要指通过心理健康教育、心理疏导等心理途径，应用心理学等相关的技术与方法来达到育人的目的，为高校“如何培养人”提供重要的视角。

一、心理健康的概念

尽管美国的心理卫生运动（mental hygiene）让人们开始广泛关注自身的心理健康（mental health），但对心理健康与心理卫生概念的区分暂未达成明确共识。国内所使用的心理健康概念来源于世界卫生组织（WTO）在 1946 年关于健康的定义，即“所谓心理健康，是指在身体、智能及情感上与他人的心理健康不相矛盾的范围内，将个人心境发展成最佳状态”。

然而，从理解心理健康概念的角度，WTO 的定义较为久远，已经难以与当下的社会经济发展背景相适应。近年来，学者们结合20世纪对“心理健康”的多种定义，认为心理健康是一种“个体内部协调与外部适应相统一的良好状态”（刘艳，1996）。该状态是一种个人具有的生命的活力、积极的内心体验、良好的社会适应，能够有效地发挥个人的身心潜力与积极的社会功能的持续的心理状态（刘华山，2001）。

国内外学者对心理健康的标准做了不同的界定。马斯洛认为，心理健康者是自我实现、充分发挥个人天性的人。美国杰何达（M. Jahoda，1958）的心理健康标准是：①自我的特性，自我认识；②自我成长、发展和自我实现；③人格整合；④自主性；⑤认识现实；⑥掌握环境。中国台湾地区学者黄坚厚（1992）提出心理健康的四项标准是：①乐于工作；②能与他人建立和谐关系；③对自身具有适当的了解；④和现实环境有良好的接触。

二、心理健康教育与心理育人

心理健康教育是20世纪教育改革运动中出现的新观念，学者张玉杰（2018）认为是集成现代心理学、教育学、社会学、生理学等多种学科理论与教育实践的产物，是心理健康教育人员对受教对象运用人类共通的心理学原理和多样化的咨询辅导手段，帮助其解决在某个人生阶段产生的心理障碍，有效减少个人内心冲突，化解不同个体间积累矛盾的风险的教育。

学者沈贵鹏（2002）对心理健康教育的理解主要有两种取向，一是心理学取向。其根据是：心理健康教育的目标是发展心理机能、激发心理潜能、提高心理素质，整个环节都是围绕人的心理层面进行的，因而被理解成围绕心理学的逻辑体系展开的一种教育。其特点是：重视心理学的理论指导，尤为重视从心理学的体系出发设计心育方案；重视心理学成果的转化和心理学方法的运用；重视矫正性心理健康教育，因而心理咨询、心理治疗备受重视。二是教育学取向。心理健康教育是属于教育范畴的一个子集，虽然是从人的心理出发，以提高心理素质为指向，但毕竟属于如何通过教育提高心理素质的教育问题，因此，把心理健康教育定性为教育问题是较为准确的定位。教育学取向并不拘泥于某些内容、某种方法，认为人的心理发展是一个动态系统，心育内容、方法的选择并非固定不变的，应随具体情境的变化而灵活运用，这与心理健康教育的客观要求是吻合的。

学者马建青和杨肖（2018）定义心理育人是教育者从教育对象的身心实际出发，遵循人的心理成长规律和教育规律，通过多种方式实施心理健康教育，有目的、有计划地对教育对象进行积极心理引导，缓解心理困惑，开发心理潜能，提升心理品质，促进人格健全，以实现培育有理想、有能力、有担当的时代新人这一目的的教育活动。

第二节　心理育人的理论基础

一、教育生态系统理论

教育生态系统理论关注如何构建一个生态的教育系统，而因素（包括环境因素和主体因素）和结构是一个教育系统维持有序平衡运转和发展的重要部分。借助教育生态系统理论，我们可以从环境、主体和结构三方面入手，构建高校生态化的心理育人体系。

（一）心理育人环境生态化

在生态化的心理育人环境中，自然环境是基础，社会环境是大背景，规范环境是关键。

第一是自然环境。大学校园是大学生学习和生活的地方，大学校园能否满足大学生的学习和生活需求直接关系到大学生能否良好地适应校园生活。首先，学校应为学生提供设施齐全、设备完善的物质环境，包括教学楼、宿舍楼、食堂、体育馆、操场、图书馆和校医院等基础设施，同时为保证学生心理健康发展，应有心理咨询室、心理辅导设施等物质保障。其次，大学是学生谋求更深层次发展的场所，大学应该为学生提供满足专业发展需要的物质资源，例如各种专业的设施仪器等。再次，高校应重视学校的绿化环境，打造宜学宜居的绿色校园。最后，校园治安管理是高校的重要工作，大学不同于之前阶段的学校，具有较大的开放性，因此更应加强校园治安管理，让大学生的学习和生活具有安全感。

第二是社会环境。大学作为一个教育机构，无法对整个社会环境产生明显的影响。但大学生生活在大学中，大学能对社会环境做出积极的响应，从而影响学生感知到的社会环境。因此，学校应重视校内文化环境，帮助学生树立正确的世界观、人生观和价值观，防止学生迷失在海量的信息之中，避免学生对自我产生怀疑。最重要的是，高校要建立先进的学校文化，以学校文化来涵养每一位学生，从而帮助学生适应学校之外的社会环境。

第三是规范环境。大学生在学校中与同学和老师打交道，彼此之间的交往形成大学中的规范环境。高校难以干涉学生之间的交流，但可以通过班级来间接影响学生之间的交往。高校应重视班风的培养，注重班级和睦与班级凝聚力，从而使班级内学生和谐相处，进而打造学生之间友好交往的规范环境。此外，教师隶属于学校这一组织，学校可以通过教师来营造师生之间的交往规范。

（二）心理育人的多元主体

心理育人有着丰富多元的主体。根据教育部对心理育人工作的要求，高校应建立“四位一体”的心理育人体系。“四位”指的是教育教学、实践活动、咨询服务和预防干预。心理育人项目种类的不同，其中的主体也不同：在心理育人教育教学中，主体是授课的教师和听课的学生；在心理育人实践活动中，主体是活动举办方、指导活动的教师（有些活动没有）和参与活动的学生；在心理育人咨询服务中，主体是提供咨询服务的教师或咨询师，参与咨询服务的教师；在预防干预中，主体是组织预防干预的机构或组织，指导预防干预的教师和参与预防干预的学生。虽然在不同项目中的主体不同，但是我们可以根据其功能将其分为三类：一是作为指导者的教师或咨询师，二是作为参与者的学生，三是作为组织者的机构或团体。

因此，了解学生对心理健康教育的需求，向学生宣传高校已有的心理育人项目，激发学生的主动性和积极性，是高校顺利开展心理育人的基础和前提。教师和咨询师是大部分心理育人项目的指导者，在心理育人活动中占据关键性地位。作为相关机构或团体，相对于高校而言，是离心理育人的参与者和指导者更近的组织者，他们往往承担着了解学生需求、培训教师、组织项目的任务，所以在学校中成立职能明确的心理育人机构和团体有助于高校心理育人体系的自主化、多样化发展。

（三）心理育人结构

心理育人环境和心理育人主体是打造高校生态化心理育人体系的基础和前提，高校的心理育人系统真正实现生态化，还需要调整环境和主体之间的结构，使得各方面完美配合，协调运作。

首先是人员结构。心理育人的对象是人，进行心理育人的也是人，人在心理育人中是关键。一个良好的教育生态系统具有系统性的特点，即层次分明、有秩序。大学生的心理需求多样化，需求程度也不同，因此，我们可以将心理育人划分为三等级：一级为面向全体学生的发展促进指导，营造有利于学生发展的班级环境和校园环境，促使学生正向发展；二级为面向部分学生的发展指导，通过预防活动，促使学生掌握预防发展问题的技能技巧；三级为个体指导，主要针对出现发展问题或困惑的学生，帮助他们处理和解决发展中出现的各种问题困惑，促使他们更好地成长。

其次是部门结构。高校心理育人项目大多是由机构和团体举办的，这些机构和团体应了解学校心理育人体系，对所举办的心理育人项目有明确规划。各机构和团体之间不应各自为政，高校中应成立协调各机构和团体工作的部门，进行信息的传达和整合，负责各机构和团体之间的交流，从而使高校心理育人工作成体系。

二、社会支持理论

社会支持是人与人之间的亲密联系，这种联系在个体面临困难或威胁时，可以为个体提供精神或物质上的帮助，是心理社会压力与心理障碍之间的中介因素之一。社会支持公认的分类角度有两个，一是部分学者（程虹娟等，2004；刘晓等，2010）根据内容的分类，即物质支持、信息支持、情感支持和陪伴支持；二是学者（Haber，2007）根据性质的分类，即实际行动的支持和知觉的支持。学界的分类大同小异，比如用“工具”表示“物质”，用“抚育”表示“陪伴”等。经学者研究发现（黄希庭，2002；Vekiri & Chronaki，2008；Bolger，2000；刘晓，2010；Kim 等，2008），不同个体所获得的社会支持受到人格、性别、依恋风格、情境因素、时间因素、文化因素等不同因素的影响。

目前社会支持作用于心理健康最重要的理论模型有以下三个。

（一）主效应模型（main effect model）

这一模型认为社会支持与压力没有交互作用，但对心理健康具有普遍的增益作用，无论个体目前获得支持的情况如何，支持必然导致个体心理健康状况的提高。社会支持的作用在于维持个体平日内良好的情绪体验和心理健康。学者指出，社会支持的普遍有效性可能是因为稳定的社会网络给人们提供了积极的经验（黄雷晶，2020）。

（二）缓冲器模型（buffering effect model）

这一模型认为社会支持仅在个体面对压力事件时才与心理健康发生联系，且能够缓冲压力事件对心理状况的消极影响，保持、提高个体的心理健康。作为缓冲器的社会支持常常是通过人的内部认知系统发挥作用的。具体而言，研究者认为，社会支持可能在压力事件与心理健康状况的两环节上发挥作用（Cohen、Wills，1985）。如图 7 - 1 所示。第一，社会支持作用于压力事件与主观评价的中间环节上，如果个体受到一定的社会支持，它有助于人们低估压力情境的伤害性，通过提高感知到的自我应对能力，减少对压力事件严重性的评价。

第二，社会支持在压力的主观体验与疾病获得间起缓冲作用，如提供问题解决的策略和方式，从而降低心理压力水平，减轻压力体验的负向作用。

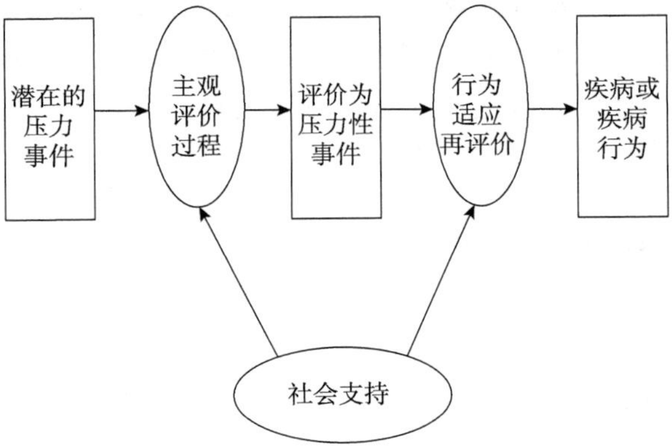

图 7-1　社会支持在压力过程中的缓冲作用模型

（三）动态效应模型（dynamic effect model）

这一模型认为社会支持、心理压力、心理健康等变量，在概念、方法学、实证关系上不是通常理解的正向影响关系，而是一种复合关系，Cornwell（2003）认为这些概念之间存在着相互影响和作用。因此，主效应模型与缓冲器模型都不完全符合实际情况，应将社会支持和压力同时视为自变量，它们直接或间接对身心健康水平起作用；压力与社会支持的关系是相互影响和相互作用的，这种关系还会随着时间的改变而发生变化。

尽管三个模型看似相互矛盾，但都能在不同情况下、不同群体中找到心理健康教育中搭建社会支持体系的理论基础。例如，曾守锤（2011）研究发现，无论压力大小，社会支持都对留守儿童的心理起保护作用，支持主效应模型。Kawachi（2001）研究在社会孤独者与高社会支持者身上也证实了主效应。Alipour（2006）在一项有关女性的亲密社会关系与健康之间关系的研究发现，如果亲密的社会关系是丈夫或男友时，那么这种社会关系能有效地防止消极事件带给她们的严重影响，符合缓冲器模型的假设。Monroe 和 Steiner（1986）认为在低社会经济地位的条件下，研究结果支持主效应模型；Turner，Grindstaff 和 Phillps（1990）认为在高经济地位的条件下，研究结果支持缓冲效应模型。

三、积极心理学理论

Seligman 等（2009）从积极心理学的视角将积极教育定义为教授传统技能

与传递幸福的教育。也有研究者给出了不同的定义：积极教育是将积极心理学原理应用于教育领域的范例，旨在加强学生幸福和学习之间相互增强、相得益彰的关系（King，Caleon，Tan，et al，2016）。概言之，积极教育被视为表示积极心理学对学生的健康幸福具有重要影响力的关键专业术语（White、Waters，2015）。积极教育的内容涵盖希望、感激、心理弹性、心理健康和幸福、成功应对、情感、生活满意度、心理资本、乐观、幸福、宽恕以及作为人的价值等（Martin ，2016）。不难看出，积极教育力图将积极心理学的先进观点应用于教育领域，其内容几乎涵盖了积极心理学的全部领域，主张以积极的态度重新解读教育，在学生学习的过程中同步提高其幸福感。积极教育不仅关注一般人群的教育，更关注诸如贫弱、失依、失养等弱势群体儿童的教育，并且被赋予了“突破”（改变处境）和“康乐”（精神蓬勃）的使命。

积极教育是积极心理学在教育领域应用的重要成果（席居哲等，2019），是积极心理学走向实践的重要体现，“是一种学业发展与人格发展并重的教育”（罗佳，2017），“把传授专业知识、培养能力素质和促进人格健全与职业发展有机结合起来”（裴英竹，2017）。积极教育把积极心理学的科学原理和先进观点应用于教育领域，试图以积极的态度研读教育，促进学生在接受理论知识和实践技能的教育过程中，同步提高学习获得感和幸福感。

在过去的十年里，积极的教育运动已经在世界各地蔓延（Seligman，2019），出现了各种组织，如国际积极教育学校协会、国际积极教育网络等。此外，还有著名的项目和实践，如英国的 FRIENDS 计划（Stallard，2014）等。积极教育有许多实践，在主题和形式上都是多样的（Morrish，2018；Schiavon，2020）。White 和 Murray（2015）总结了积极教育的三种主要形式：①循证和专业支持的健康干预计划；②为整个学校的心理健康项目制定科学知情的积极主动的策略；③基于哲学或基于价值观的学习的特定美德或价值观和基于性格的学校课程。与此同时，与积极教育实践有关的主题可以分为认知水平（如价值观和心态）、情感水平（如幸福和乐观）和能力水平（如韧性和幸福素养）。在认知层面，澳大利亚的“相信你能”计划结合了认知行为治疗技术，鼓励学生批评自己的思维模式，并促进学生获得积极的学习体验（Chodkiewicz、Boyle，2017）。综上所述，积极社会心态教育的目的是培养在整个生命周期内保持心理健康和促进幸福所需的能力，在改善学生和其他参与教育系统的人的生活方面具有巨大潜力。

积极心理学关注个人的积极潜能与良好品性，旨在使人们走向美好幸福生活，通过引导人们形成正确的、科学的幸福认知，培育人们体验、把握、创造幸福的心理状态与实践能力，并将实现个体与社会的幸福感知作为目标及教育效果评价的重要内容，使人们树立积极的幸福观。通过马克思主义幸福观教育，人们可通过自主劳动努力创造和感受幸福。积极心理健康教育是在继承和整合积极心理健康、积极心理治疗、积极心理学、积极教育诸方面思想和实践的基础上，根据构建社会主义和谐社会的需要而创立的以积极和发展为取向，有目的、有计划地增进学生和国民心理健康的理论和实践体系。

（一）积极心理健康教育的内容

积极心理健康教育极大地丰富和发展了传统心理健康教育的内容。考虑我国国情、学校心理健康教育实施的主要情况，借鉴国内外相关学者制定的教育目标，综合考虑时间指向（过去、现在、未来）、活动类型（生活、学习、工作、社交）、关系维度（对人、对事、对己）等可将下列十四项优先列为学校积极心理健康教育的核心内容：增进主观幸福感、提高生活满意度、开发心理潜能、发挥智能优势、改善学习力、提升自我效能感、增加沉浸体验、培养创新能力、优化情绪智力、健全和谐关系、学会积极应对、充满乐观希望、树立自尊自信、完善积极人格。

（二）积极心理健康教育的目标

积极心理健康教育的目标着重强调以预防教育为主，注重全体学生潜能的开发和心理素质的培养；兼顾以解决心理问题为主，针对普遍的心理问题进行辅导和咨询，消除学生的心理障碍的教育，以及以治疗心理疾病为主针对有心理障碍和疾病的个体进行心理诊断和治疗。积极心理健康教育观认为人人都有积极的心理潜能，都有自我向上的成长能力。因此，积极心理健康教育将重点放在培养学生内在积极心理品质和开发心理潜能上，如积极的思维品质、积极的情绪情感体验、积极习惯的养成、积极人格的塑造、积极认知方式的形成、积极意志品质的磨练、积极心态的调整、积极组织与积极关系的建立等。

当代幸福观教育通过培养个体较高程度的自我效能感和自尊水平来树立积极人格。首先，在教育过程中给予教育对象更多的赞赏、褒奖与鼓励，强化个体成功体验，构建个体良好人际支持网络与家庭、朋辈亲密关系，使个体获得更多的积极评价和自我效能感和自信。其次，引导教育对象积极、正确地认识自己，提高自我欣赏与自我反省能力，加强归因训练，正确认识理想与现实的差距，掌握自我认知与情绪调节的理论与方法，以实现自尊需要与自身现状的动态平衡，以使教育对象真正体会到幸福观教育所带来的幸福感受。

第三节　心理育人的发展脉络

大学生心理健康教育的出现可以追溯到一百多年前美国的职业辅导运动。1908 年，F. 帕森斯在波士顿创办了职业局，开展针对青少年的职业辅导活动，人们普遍认为，这是西方发达国家中学校心理健康教育的源头。而我国大学生心理健康教育的历史则比较短，依赖于政策倡导，真正系统化的教育活动与学术研究的繁荣于 20 世纪 80 年代才真正开始。

自改革开放以来，我国开始注意学校的心理健康教育工作，政府相关部门发布的一系列文件有力地推动了心理健康教育在我国的发展，而“心理育人”正是政策文件中心理健康教育最前沿的体现。纵观过去的四十余年，我国心理健康教育经过了政策酝酿期、政策探索期、政策初创与整合期和政策体系完善期四个发展阶段，在这过程中，国家对心理健康教育的定位从附属于德育到变为相对独立，相关政策愈发成熟和完善。

一、政策酝酿期

从改革开放到 20 世纪 90 年代初，我国学术界出现有关心理健康的讨论，开始有教育人士将目光放到了心理健康教育之上，例如，著名的班华教授第一次提出了“心育”的概念，林崇德教授提出“心理卫生”的概念。

伴随着学术界中有关概念和理论的兴起，心理健康教育开始进入教育主管部门的视野之中，国家和相关部门开始关注学生在心理方面需求，如 1990 年 6 月 4 日教育部颁布了《学校卫生工作条例》，其中提到了“学校对残疾、体弱学生，应当加强医学照顾和心理卫生工作”。在这段时期，提到心理健康和心理健康教育的政策文件少，涉及程度浅，此时尚属于心理健康教育政策酝酿期。

二、政策探索期

20 世纪 90 年代，政策文件中开始出现有关学生心理健康的内容，开启了我国学校心理健康教育的政策探索之路。

在几年酝酿之后，政策文件中出现一系列有关“心理素质”和“心理健康教育”的内容。1993 年 2 月 13 日，中共中央印发了《中国教育改革和发展纲要》，在有关素质教育的要求中明确提出“面向全体学生，全面提高学生的思想道德、文化科学、劳动技能和身体心理素质，促进学生生动活泼地发展"。1999年6月13日，中共中央、国务院作出《关于深化教育改革全面推进素质教育的决定》，提出"针对新形势下青少年成长的特点，加强学生的心理健康教育，培养学生坚韧不拔的意志、艰苦奋斗的精神，增强青少年适应社会生活的能力"。这明确了在素质教育的大背景下，心理素质是学生所必备的重要素质之一。

1994年8月31日，中共中央颁布了《关于进一步加强和改进学校德育工作的若干意见》，其中提到了新形势对德育工作的新要求："在科学技术迅速发展，社会主义市场经济体制逐步建立的情况下，如何指导学生在观念、知识、能力、心理素质方面尽快适应新的要求。""心理健康教育"第一次正式出现在政策文件之中，"要积极开展青春期卫生教育，通过多种方式对不同年龄层次的学生进行心理健康教育和指导，帮助学生提高心理素质，健全人格，增强承受挫折、适应环境的能力"。

1995年11月23日，国家教委颁布的《中国普通高等学校德育大纲（试行)》中对德育目标的表述为"自觉地遵纪守法，具有良好的道德品质和健康的心理素质"，心理调适能力成为对学生的具体要求之一，心理健康教育成为德育内容之一，由"心理健康知识教育""个性心理品质教育""心理调适能力培养"三部分组成。

1999年8月13日，教育部颁布了《关于加强中小学心理健康教育的若干意见》，强调"良好的心理素质是人的全面素质中的重要组成部分，是未来人才素质中的一项十分重要的内容"。针对中小学阶段的心理健康教育，作出明确定义："根据中小学生生理、心理发展特点，运用有关心理教育方法和手段，培养学生良好的心理素质，促进学生身心全面和谐发展和素质全面提高的教育活动。"同时，对基本原则、主要任务、实施途径、师资队伍建设、组织领导以及需要注意的问题等提出了指导性意见。在高等教育和中小学教育阶段出台的这两项政策文件是此阶段心理健康教育政策的标志性成果。

三、政策初创与整合期

经过二十年的探索，我国积累了一定有关心理健康教育的经验，进入21世纪后，一系列相关政策出台推动了心理健康教育工作的开展，使其在我国学校教育中地位上升。

2001年3月15日，第九届全国人民代表大会第四次会议审议通过的《中华人民共和国国民经济和社会发展第十个五年计划纲要》中，将精神文明单列为第七篇，其中第二十章提出，“加强思想道德建设，形成共同理想和精神支柱”强调：“大力倡导社会公德、家庭美德和职业道德，特别是加强青少年的思想政治、道德品质、心理健康和法制教育。”心理健康出现在全国发展纲要之中，表明国家十分重视心理健康教育。

2002 年 4 月 10 日，中国疾病预防控制中心发布了《中国精神卫生工作规划（2002—2010 年）》，提出青少年是精神卫生工作的重点人群，要求“教育部门要结合素质教育的实施，将心理健康教育、预防心理行为问题工作纳入学校日常工作计划，并落实保障措施”，对学校精神卫生工作进行指导。

除了在全国发展纲要和精神卫生工作中强调了学生心理健康教育的重要性，教育部门还针对高等教育阶段心理健康教育工作的实施出台了一系列专门文件。

2001 年 3 月 6 日，教育部印发《关于加强普通高等学校大学生心理健康教育工作的意见》，这是第一个关于高等教育阶段心理健康教育的独立文件，是加强大学生心理健康教育工作的指导性意见。2002 年，教育部办公厅印发《普通高等学校大学生心理健康教育工作实施纲要（试行）》，这两份政策文件都在教育目标、主要任务和主要内容等方面对高校心理健康教育工作进行详细部署，在高等学校大学生心理健康教育工作的原则、途径和方法中提到，“心理健康教育要以课堂教学、课外教育指导为主要渠道和基本环节，形成课内与课外、教育与指导、咨询与自助紧密结合的心理健康教育工作的网络和体系”。

2005 年，教育部和卫生部、共青团中央联合印发了《关于进一步加强和改进大学生心理健康教育的意见》，关于进一步加强和改进大学生心理健康教育提出以下四项意见：进一步明确大学生心理健康教育的总体要求；努力提高大学生心理健康教育和心理咨询工作水平；大力加强大学生心理健康教育队伍建设；切实建立和完善大学生心理健康教育领导体制与工作机制。这标志着多部门开始联合参与高校心理健康教育工作的建设。

四、政策体系完善期

2011 年至今，心理健康教育以愈发独立的姿态在教育系统中成长与发展，在十几年不断探索的基础上形成了完善的政策体系，并在创新中不断发展。

从宏观角度上看，国家对心理健康和心理健康教育的重视程度持续上升，对该领域的界定更加清晰规范，且呈现出从心理健康教育向心理健康服务转变的趋势。《中华人民共和国精神卫生法》由第十一届全国人民代表大会常务委员会第二十九次会议于 2012 年 10 月 26 日通过，自 2013 年 5 月 1 日起施行。该法对精神卫生、精神障碍、心理健康、心理咨询和治疗作出了严格规定，从法律角度明确了精神卫生领域中心理健康促进和精神障碍预防的重要地位，并对心理健康教育工作做出了明确要求，是心理健康教育法制化的标志。2016 年 10 月 25 日，中共中央和国务院颁布了《"健康中国 2030"规划纲要》，将心理健康教育服务上升到国家发展战略，心理健康成为全民健康的必备要素之一，并加强心理健康服务体系建设和规范化管理。2017 年 1 月 24 日，国家卫生计生委等 22 个部门联合印发了《关于加强心理健康服务的指导意见》，这是"我国首个加强心理健康服务的宏观指导性意见，明确了专业社会工作参与心理健康服务的路径和方法，强调了专业社会工作在提供心理健康服务、完善心理健康服务体系中的重要作用"，对社会组织和社会工作者参与心理健康服务具有指导意义。

在高等教育领域，教育行政部门出台了一系列围绕着心理健康教育在高校如何展开的政策文件，对推动高校构建完善的心理健康教育体系有重要意义。2011 年 2 月 23 日，教育部办公厅印发《普通高等学校学生心理健康教育工作基本建设标准（试行）》对高校心理健康教育的体制机制、师资队伍建设和工作条件建设做出指示，对教育教学、教育活动、咨询服务和危机预防与干预四大体系建设做出明确规定。2017 年 12 月 5 日，教育部党组颁布了《高校思想政治工作质量提升工程实施纲要》，明确了高校以培养担当民族复兴大任的时代新人为目标，"充分发挥课程、科研、实践、文化、网络、心理、管理、服务、资助、组织等方面工作的育人功能，挖掘育人要素，完善育人机制，优化评价激励，强化实施保障，切实构建'十大'育人体系"。"心理育人"一词首次出现在政策文件中，以"深入构建教育教学、实践活动、咨询服务、预防干预、平台保障'五位一体'的心理健康教育工作格局"为基本任务。心理育人成为高校思想政治工作"十大"育人体系之一，在高等教育中的地位和其他领域工作的关系更加明确，国家对心理健康教育工作的推进有了开阔的视角和完整的规划。

2018 年 7 月 6 日，教育部党组印发了《高等学校学生心理健康教育指导纲要》，对高校提升心理育人质量进一步做出更详细的工作要求，明确了心理健康教育工作的基本原则，从教育教学、实践活动、咨询服务和预防干预四个方面对主要任务进行部署，并对工作保障和组织实施做出要求。

第四节 "双一流"高校心理育人的实践与反思

心理健康教育是高校人才培养体系的重要组成部分，也是高校思想政治工作的重要内容。近年来，我国不断加强高校心理育人工作，但仍面临着很多难题。如国内高校的心理育人工作在各方面仍然存在评价监督体制不健全、缺少健全的对参与工作人员、工作效果的考核机制；缺少“全过程”育人的思想，不能根据学生各个阶段的需提供适宜的心理育人服务等问题。

按照教育部党组印发的《高等学校学生心理健康教育指导纲要》要求，各地各高校坚持育心与育德相统一，加强大学生人文关怀和心理疏导，规范发展心理健康教育与咨询服务，更好地适应和满足学生心理健康教育服务需求，扎实推动心理育人工作落到实处。不仅如此，高校还应深入落实立德树人根本任务，坚持以学生为中心，高度重视大学生心理健康教育工作，开展丰富的心理健康教育活动，构建完善的心理危机防护体系，形成全覆盖、全方位、全员关注的心理健康和危机预警机制，保障学生健康成长。

具体来看，学校应当以教育教学和实践活动为基础，以咨询服务为关键手段，以预防干预为保障，提高学生的心理自助能力，提高学生的心理求助意识，了解学校的各种心理育人工作，学生在出现什么样的情况时应当向什么机构、主体求助，并保证对每个学生的心理状态监控，保证心理育人工作真正落实到每一个学生。在协调发展中，通过线上线下结合的方式，构建“心理育人共同体”，促进教育教学、实践活动、咨询服务和预防干预中主责主体的相互沟通与交流。在该共同体中，除了促进沟通交流，还应当包含有学校心理育人工作的各种信息，运用技术手段匹配学生的需求与心理育人工作者的供给。同时，还应当设立相关的制度保障，为每一位学生和心理育人工作者提供相应的评价和考核机制，最终实现“心理育人”工作的全面协调发展。

因此，各个高校要做出重要表率，充分利用“三全育人”体系，建立教育教学、实践活动、咨询服务、预防干预“四位一体”的大学生心理健康教育工作格局，构建特色心理育人工作体系，探索心理育人创新示范模式，保障学生心理健康、全面发展。

第八章　管理育人的理论与实践

管理育人作为“十大”育人体系的重要一环，在整个高校育人体系中具有举足轻重的作用。《中共中央、国务院关于进一步加强和改进大学生思想政治教育的意见》指出：“坚持教育与管理相结合。把思想政治教育融于学校管理之中，建立长效工作机制，使自律与他律、激励与约束有机地结合起来，有效地引导大学生的思想和行为。”管理中蕴含思想政治教育元素，高校可以通过管理引导大学生的思想和行为。在“三全育人”理论被不断推进、落实的过程中，我国高等教育的管理育人体系逐渐完善成型，也产生了较好的反响。对高校管理育人理论与实践的梳理，有助于真正实现管理和育人的协调统一，提高高校管理育人的水平，促进管理育人实践的发展。

第一节　管理育人的内涵

一、管理育人的概念

关于管理育人的概念，学界目前还没有定论，但是大部分学者都达成了以下共识：

一是管理育人的管理者多元，包括行政干部、教师队伍、后勤工作人员等全体教职工。任媛媛在管理育人的概念界定中强调管理育人的全员性，指出管理育人是高校通过管理规章制度体系建设、干部队伍建设、教师队伍建设和保障建设去带动全员管理，从而产生育人效果和作用的措施，对学生发展产生影响。姚立迎认为，学生思想政治教育工作是全员参与的过程，教师、学校的各个管理部门以及各院系、各单位的每一位教职员工都负有育人的责任，各部门的办事效率、工作作风如何，都会对学生产生影响。

二是管理育人的内容广泛，涉及学校各项工作。邱惠妍等人在研究中提到管理育人的内容包括人、财、物及后勤等多个方面，为学校教学和科研创造了条件，同时也是学校各项工作开展的纽带。赵建华对学校管理的范围进行了细分，涉及教学管理、科研管理、人事管理、设备管理、财务管理、信息管理、制度管理，还有后勤、职工福利、业余教育、计划生育、技术咨询等带有社会性的管理。

三是管理育人的目标明确，即提升被管理者的思想道德素质，促进学生的全面发展以及立德树人教育根本任务的实现。戴锐认为，管理育人是指学校的管理部门及其人员通过管理者的角色行为，对被管理者、管理者自身以及其他人员在政治素质、思想观念和道德品质方面施加影响，使之趋向于学校德育目标的过程。董鹏等人认为，管理育人是通过行政管理、教育教学管理、科研管理的各项管理活动，利用教师、制度、榜样、环境等资源，提高学生的思想道德品质及政治素养，完成学校既定的德育目标，使学生成为高素质的综合人才的一种方式。

二、管理育人的内容

2017 年 12 月 24 日，中共教育部党组出台《高校思想政治工作质量提升工程实施纲要》，细化了“三全育人”的具体要求，明确了“十大”育人体系的基本任务与具体内容。“纲要”指出，管理育人的基本任务是构建管理育人质量提升体系，即“把规范管理的严格要求和春风化雨、润物无声的教育方式结合起来，加强教育立法，遵守大学章程，完善校规校纪，健全自律公约，加强法治教育，全面推进依法治教，促进教育治理能力和治理体系现代化，强化科学管理对道德涵育的保障功能，大力营造治理有方、管理到位、风清气正的育人环境”。

根据该纲要，管理育人的具体内容包括：健全依法治校体系、健全组织机构建设、加强干部队伍管理、加强教师队伍管理、加强经费使用管理、培育“育人示范岗”。进一步强调在多方面的共同努力下提升管理育人的质量，强化管理在治校全过程的落实，充分发挥管理在高校育人中的基础性作用。

（一）健全依法治校体系

依法治校是依法治教的重要组成部分。依法治校、依法管理有助于增强管理者与学生的法治意识，提高师生的法律素养，营造良好的法治环境，故而依法治校是管理育人的重要内容之一。

依法治校的前提是有法可依，国家要完善教育法律法规体系，加快修订教育规章；完善的规章制度是高校管理育人的前提，是提升管理和育人实效的基础。学校要以章程为“基本法”，修订校规校纪、自律公约、专项制度、实施细则，完善管理育人体系，健全校内规章制度体系，保障师生员工合法权益，从而推动育人工作制度化、体系化。依法治校的实施还需要健全依法治校评价指标体系，给予学生主动权，让学生能够利用制度规定对学校管理工作进行评价并提出建设性意见，促进管理干部和教师形成科学的管理理念，践行依法管理的育人思想。此外，还需要深入开展依法治校创建活动，加强法治宣传教育，增强管理者与被管理者学法、尊法、守法、用法的意识。

（二）健全组织机构建设

高校的组织机构是为了完成高校的教育目标而将学校各部门按一定形式组合而成的一个整体，当前高校的组织机构主要分为直线职能型、事业部型、矩阵型。健全组织机构建设有利于保证高校管理的稳定性与适应性，厘清校院两级的管理职责，各部门各司其职，对学生的不同问题都可以有针对性地加以解决。这样既提高了学生对管理的满意度，也将权责分明的管理组织机构工作原则渗透至学生的学习生活，对学生产生潜移默化的育人影响。

健全组织机构建设不仅要明确组织机构各岗位的职责，还要研究梳理高校各管理岗位的育人元素，编制岗位说明书，明确管理育人的内容和路径，丰富完善不同岗位、不同群体公约体系，最终形成高校内部全员育人的管理闭环，建立管理育人的协同联动机制，达成育人合力，引导师生培育自觉、强化自律。同时更新管理岗位的考评范围，充分发挥奖励机制和分配机制的激励作用，将育人功能发挥纳入管理岗位考核评价范围，作为评奖评优条件，调动广大教师的育人积极性，推动管理制度成果化，促进各管理岗位进行育人探索，提升育人实效。

（三）加强干部队伍管理

干部队伍是将规章制度、政策决议等付诸实践的关键力量，领导干部在管理育人体系中发挥带动和引领作用，是实践中的责任担当，也是整个管理育人工作开展的活力源头，其管理行为影响高校整体的实践氛围和风气。

加强干部队伍管理，要按照社会主义政治家、教育家要求和好干部标准，选优配强各级领导干部和领导班子，制定管理干部培训五年规划，提高各类管理干部的执行能力和育人能力，使领导干部在干事创业中增长履职尽责的政治本领。加强党风廉政建设，在担当作为中锤炼忠诚、干净、担当的政治品格，在服务师生中坚守人民立场的价值取向，不忘初心、牢记使命，为加快推进教育现代化、办好人民满意的教育、培养全面发展的社会主义的建设者和接班人做出新的更大贡献。

（四）加强教师队伍管理

教师队伍是能够对学生思想和行为施加较大影响的重要主体。教师兼有管理者与被管理者的双重身份，作为被管理者，教师接受相关部门的领导，通过准入、职称评定、教学评估等一系列管理举措，提高自身的学术水平与教学水平，为更好地育人奠基。作为管理者，教师发挥自身的职责，通过集体指导、课堂管理、个体指导等举措，在教育教学中将管理育人的理念传递给学生。

加强教师队伍管理，要严把教师聘用、人才引进政治考核关，依法依规加大对各类违反师德和学术不端行为的查处力度，及时纠正不良倾向和问题，保证教师队伍的稳定性与纯洁性，充分发挥教师在管理育人中的联动作用。

（五）加强经费使用管理

经费为管理育人实践提供坚实的物质基础，是促进管理育人实践开展的重要驱动力，加强经费管理，有助于规范经费使用路径，提高资金的使用效益，确保教学、科研工作协调、健康、可持续发展，确保教育经费的育人导向。

加强经费使用管理，一是高校要进一步提高预算编制水平，加快预算执行进度，完善内控机制，严肃财经纪律，严格按照规定管好用好各项经费和资产。二是强化高校在资产管理方面的主体责任，确保国有资产的安全和有效使用，确保经费足额投入到管理育人的实践活动当中，为育人实践提供物质保障。三是高校应依法接受审计监督，最大限度维护学校的利益，进一步推动经费管理信息化和公开化，提高经费管理的公正性。

（六）培育“育人示范岗”

典型示范是宣传岗位思想政治工作以及管理工作成效的行之有效的载体。培育管理育人示范岗，积极开发典型示范的辐射功能，有利于营造良好的工作氛围、育人氛围，发挥模范带头作用，引导管理干部用良好的管理模式和管理行为影响和培养学生，在学生群体中树立榜样作用，以良好的形象、端正的行为和品格为大学生做出表率，使学生加强自我教育，主动向榜样教师靠拢。同时激发各管理主体向模范看齐，创新管理方法，更新管理观念，更好地管理、服务学生。

三、管理育人的特征

管理育人是学校以规章制度为框架，利用人、财、物等资源，统筹领导、教师、学工、学生等主体，对学生的思想行为施加显性或隐性的积极影响以达到育人目的的有计划、有组织的管理行为。由“管理育人”的内涵所决定，管理育人表现出间接性、动态性、全员性等重要特征。

（一）管理育人具有间接性

管理育人是通过依法治校实现的，是管理者依据国家法律法规、大学章程、校规校纪等规章制度而开展的管理工作与育人工作，与课程育人、科研育人、实践育人、文化育人、网络育人、心理育人、服务育人、资助育人、组织育人相比，具有间接性的特征。管理本身不直接对学生科学文化和思想道德素质产生影响，而是作用于组织结构和组织中的各个要素，如思政元素、基础元素、专业元素等。通过确立组织目标，明确组织各部门职能和工作要求，对组织工作过程进行监控和调整，以及对组织成果进行评价等一系列流程，提升组织效能，从而为育人提供保障，间接达到提升育人水平的最终目标。

具体而言，一方面，通过管理可以营造有序的学校环境、规范的组织机构、良好的教师队伍，从而促进人才培养质量的提升。管理育人是一个复杂多元的体系，除了育人这一核心体系，还有错综复杂的中间媒介，它们将管理的中心和宗旨进行横向和纵向的传递。在管理信息传播的过程中，会使学校形成独特的校园文化和潜在环境，从而对学生产生重要的影响。因此，营造以人为本的管理氛围和构建良好的校园环境，能够潜移默化地提升学生的人文素养。同时，管理组织之间分工明确，协同奋进，加强沟通，从而提升整体的育人质量。在组织协调带动和评价考核体系之下，教师群体不断强化全员育人的意识，进一步带动学生自我管理意识的提高。另一方面，学生通过管理者的管理理念、管理风格、管理行为，受到潜移默化的影响。高校的管理人员会加强自身的道德修养，树立良好形象，形成科学的管理理念，通过优质的管理形式和工作对学生的行为意识进行间接渗透，利用多样化的管理平台和活动对学生进行管理教育，使学生在使用平台和参与活动的同时不断深化自我管理的意识。高校从两方面入手，利用管理间接性育人的特点，平衡各方面的管理资源，通过环境、制度和人对学生产生间接的、积极的影响，从根本上提高育人的质量。

（二）管理育人具有动态性

管理育人是动态的、连续的、循序渐进的过程，实践中的管理问题复杂多样、层出不穷，这就要求管理者以动态的视角看待学生，更新管理观念与管理方法。实践是认识的来源，是认识发展的动力，也是检验认识真理性的唯一标准，管理者应将管理实践中的新问题以及解决问题的新举措整理成册，集体讨论，上升为新规新约，不断促进规章制度的修订与完善。“规定—新问题—新规定”的螺旋式上升的动态管理方法，可以有针对性地解决现实问题，发挥育人实效。

管理育人的目标、过程、评价均具有动态性的特征。管理育人的目标具有动态性，新时代背景下，社会瞬息万变，管理工作从固态化开始向动态化转变，管理人员需要根据当前育人工作开展的实际情况进行调整。育人目标指明了育人工作未来的发展方向，所以要因时制宜、因地制宜，而不能是一成不变的。管理育人的过程具有动态性，需要联动管理育人的各大主体，各主体组成一个有机联系的工作循环，通过目标下达、过程监控和结果评估等一系列措施保证管理育人目标的顺利实现。这一过程有其规范，但也因为现实情况的复杂而充满不确定性，管理工作的开展也需要根据遇到的问题及时调整，保证工作和育人的有效性和针对性。各主体的工作不是按部就班，而是充满活力，不断调整的。管理育人的评价具有动态性，管理育人的效果评价包括过程性评价与结果性评价。其中，过程性评价天然具有动态的特征。过程性评价即在管理的过程中为了解管理效果，及时反馈信息与调节管理方式，使管理不断完善，以便顺利达到预期的育人目的而进行的评价。这一评价体系能够对管理育人工作进行实时监测，做到及时问责及时改正，将更多的力量放在提高管理育人的质量上来，加强育人实效。

（三）管理育人具有全员性

一方面，管理主体具有全员性。高校是以人才培养为根本宗旨的专业化组织，育人工作是高校所有工作的核心内容和主要任务，高校要建立和完善党委统一领导、党政齐抓共管、专兼职队伍结合、全校紧密配合、学生自强自律的领导体制和工作机制。高校管理育人形成的“差序格局”是由近及远的育人活动圈层体系，以育人为核心，从学生的自管理层（第一圈层）开始向外扩散，到核心层、外围层与相关层。第二圈层主要是以班主任、辅导员为核心的育人载体，第三圈层则是为学生提供保障的相关部门，与学生直接接触少，第四圈层是颁布政策、制度的各级行政主管部门，与学生没有直接接触。四个圈层共同构成管理育人的主体，实现由内在到外在的全员育人。管理育人工作的开展以管理为核心，管理目标的实现和过程的顺利开展离不开组织中的每一个员工，每一类主体，只要是组织中的一员，就无可避免地被卷入管理育人的工作当中，应充分发挥领导干部、教师队伍、学生工作办公室、学生组织的管理作用，调动各方主体的主观能动性，形成育人合力。

另一方面，管理对象具有全员性。管理对象的年级、专业、地域各不相同，其气质个性、性格特征、处事方法也各不相同。这就要求管理工作的开展始终把握整体性与个性化相结合的管理原则，既要根据规章制度进行统一管理，又要具体问题具体分析，导师、辅导员、学生组织应针对管理对象的不同特性采取个性化的管理举措。管理对象的全员性与人文管理相结合，管理人员考虑学生不同的发展需求以调整管理策略，促进学生的个性化和全面化发展，引导学生形成健全的人格和思想。

第二节　管理育人的发展脉络

管理育人作为《高校思想政治工作质量提升工程实施纲要》中“十大”育人方面之一，在整个高校育人体系中具有重要作用，是“三全育人”的有机组成部分。“管理育人”理念对于组织建设及发展有着重要意义和作用，且涉及多个方面，制度体系复杂庞大。“管理育人”的提出并不是一蹴而就的，而是在思想政治教育不断推进的过程中慢慢发展成熟的。根据相关政策文件，“管理育人”的发展脉络可分为萌芽期、确立期、探索期、成熟期、创新期五个阶段。

一、萌芽期——管理育人理念初现雏形

新中国成立初期，高校的教育目标是培养国家建设人才，高校管理贯彻民主集中制。在管理过程中，民主决策与科学决策的管理观念潜移默化地影响着学生，有关高校管理的科学性、民主性规定是管理育人理念的雏形。

1949 年 12 月 23 日，中华人民共和国中央人民政府教育部在北京召开了第一次全国教育工作会议，会议确定了逐步改革旧教育的方针、步骤和发展新教育的方向。会议强调，教育必须为国家建设服务；教育应着重为工农服务；普及与提高正确结合，在相当长的时期内以普及为主，体现了毛泽东新民主主义的教育思想，确立了新中国成立初期我们教育的基本职能和基本作用。同时提出，“学校的管理，必须贯彻与实行民主集中制”。民主集中制是党的根本组织制度和领导制度，也是马克思主义认识论和群众路线在党的生活和组织建设中的运用。

高校管理应将民主基础上的集中和集中指导下的民主相结合，要正确处理集体领导与个人分工负责的关系，将民主科学决策与自觉接受监督相结合，通过民主管理、科学管理使管理理念深入人心，保障学校的良性发展。会议提出的这一要求成为学校管理的原则性规定，从宏观层面指导和规范了高校的教育理念与管理体系。这次会议所确立的教育改革方向也成为管理育人理念的雏形与萌芽。

1950 年 9 月，被评为全国劳动模范的马恒昌、苏长有、赵桂兰、郝建秀等

人，成功通过工农速成中学掌握了基础文化知识，完成了高等教育学业。可见会议上确立的教育改革方向指导了高校的办学与管理，从而初步达到了非常良好的育人效果。

二、确立期——“三育人”体系正式建立

20 世纪 50 年代至 70 年代，由教书育人、管理育人、服务育人构成的“三育人”体系正式确立，管理育人的理论研究与实践探索自此正式拉开序幕。

1950 年 8 月 2 日，中国教育工会第一次全国代表大会在北京召开，在与会代表的倡议下提出了“教书育人、管理育人、服务育人”的口号，这个口号的提出是对教育改革的一次历史性超越，也是对教育模式的一种新探索，三者协同一致，促进立德树人根本任务的实现。

在育人体系内部，教书育人、管理育人和服务育人的主体范围与任务侧重各有不同。教书育人以高校教师为主体，以课堂教学为主要方式，以学生为作用对象，通过传授知识、分享经验促进学生专业基础知识的掌握以及情感态度与价值观的生成，教学相长也促进教师的专业发展。管理育人是指学校的管理部门发挥管理职能，对被管理者以及管理者自身在政治素质、思想观念和道德品质方面施加影响，使之趋向于学校德育目标的过程。管理育人要求高校管理干部自觉践行干部标准，以全心全意为人民服务为宗旨，自觉遵守国家法律法规以及学校各项规定，关心爱护学生。服务育人是通过学校的后勤服务和其他工作中的服务环节，为学生在课堂之外的学习、生活提供各方面的支持与便利，特别是通过增强对学生的服务意识来达到育德育人的目标。

可以说，“三育人”口号的提出正式确立了“管理育人”在高校育人体系中的重要作用，也为“三全育人”理念的确立奠定基础，为高校思想政治教育以及育人模式提供了一定程度的借鉴。

1952 年 10 月 28 日，教育部发布《关于在高等学校要重点试行政治工作制度的指示》，提议在高等学校建立政治辅导处，负责指导全体教职员工和学生的政治理论学习和社会活动，掌握他们的政治思想情况；同时配备政治辅导员，并在高校开设思想政治理论课程，逐步确立全方位育人的思想。随着高等学校思想政治工作体制的日益健全，1954 年 10 月 8 日，中共中央宣传部发文通知撤销政治辅导处，但高校辅导员通过管理发挥育人实效的模式保留了下来；1965 年 3 月，《关于政治辅导员工作条例》出台，以法规的形式明确了政治辅导员的地位、作用、职责等，高校辅导员成为管理育人的重要主体。

三、探索期——“四育人”新型育人模式

20 世纪 80 年代至 90 年代，国家、高校、研究者对育人体系进行进一步探索，一是出台教育领域的法律法规，为高校管理育人提供制度支撑；二是探索出更多的管理育人主体，充分发挥高校全员育人的作用；三是提出“四育人”的新型育人模式，健全高校育人体系。

教育基本法律是调整教育领域具有根本性、全局性、战略性问题的教育总法，我国的教育基本法律是《中华人民共和国教育法》(1995)。教育基本法律以外的法律即教育单行法律，是根据宪法和教育基本法原则制定的调整某类教育或教育对象的、某一具体部分教育法律关系的教育法律。20 世纪 80 年代至 90 年代，我国先后制定了五部教育单行法：《学位条例》(1980)、《义务教育法》(1986)、《教师法》(1993)、《职业教育法》(1996)、《高等教育法》(1998)。这些法律是高校规章制度的重要法律渊源，为高校的管理工作提供制度支撑。

1994 年 8 月 31 日，《中共中央关于进一步加强和改进学校德育工作的若干意见》发布。一方面，该“意见”将管理与育人有机融合，旨在通过管理工作，培养学生的纪律意识与自我管理能力，进而培养有理想、有道德、有文化、有纪律的中国特色社会主义事业的建设者和接班人。“意见”指出，“德育工作要……与加强管理相结合。……，认真贯彻实施《小学生日常行为规范》、《中学生日常行为规范》和《高等学校学生行为准则》，严格校规校纪，加强良好校风、学风建设。培养学生自我教育、自我管理、自我服务、自我约束的能力。”另一方面，“意见”明确了多主体的育人职能，包括校长、党委、教师、管理、后勤、服务等，并再次重申“学校各项管理工作、服务工作也要明确育人职责，管理育人，服务育人”。将“三育人”推向新的广度和深度。

学者与各高校也大力推进育人体系探索，1997 年，林樟杰基于《全国职业中学校长主要职责及岗位要求（试行)》提出，将职业中学的“四育人”体系借鉴至高校育人体系建设中，提出“四育人”的高校育人模式，即在教书育人、管理育人、服务育人这“三育人”的基础上，重视环境的作用，增加“环境育人”这一重要维度，主张加强校内小环境和校风建设。

四、成熟期——“三全育人”的育人格局

进入 21 世纪以来，管理育人模式趋于成熟，形成了“依法治校、德育为

先、管理与教育相结合”的育人原则，以及“全员育人、全方位育人、全程育人”的育人格局，并在依法治校、学生管理与教育、教育立法立规和高校辅导员队伍建设以及职业学校的管理育人等方面进行了制度的完善和工作流程以及规范规定的明确。

2003 年 7 月 17 日，教育部发布《关于加强依法治校工作的若干意见》，提出各高校要实行依法治教，把教育管理和办学活动纳入法治轨道。学校要依据法律法规制定和完善学校章程，建立健全学校教育教学制度，健全校内管理体制，不断提高学校管理者、教师的法律素质。依法治校、依法管理有助于增强管理者与学生的法治意识，提高学生的法治素养，营造良好的法治环境。

2004 年《中共中央、国务院关于进一步加强和改进大学生思想政治教育的意见》颁布，提出进一步加强和改进大学生思想政治教育的指导思想、基本原则、主要任务和有效途径。其中，“教育与管理相结合”是加强大学生思想政治教育的基本原则之一，全体教职工在管理的过程中要始终坚持德育为先，在管理的过程中育人，将人才培养作为根本任务。管理育人的对象不仅包括学生个体，还包括新型学生组织。该“意见”强调，要加强对学生社团的领导和管理，高度重视学生生活社区、学生公寓、网络虚拟群体等新型学生组织的思想政治教育工作。

2005 年 9 月，教育部开始推行《普通高等学校学生管理规定》，规定适用于普通高等学校、承担研究生教育任务的科学研究机构，对接受普通高等学历教育的研究生和本科、专科（高职）学生进行管理。规定从管理育人的角度出发提出，高等学校要以培养人才为中心，按照国家教育方针，遵循教育规律，不断提高教育质量；要依法治校，从严管理，健全和完善管理制度，规范管理行为；要将管理与加强教育相结合，不断提高管理水平，努力培养社会主义合格建设者和可靠接班人。规定明确了学生的权利及义务，规定了入学与注册要求、退学休学以及考核和成绩记载等，规定对最基本的学生管理提出了要求。同时废止原国家教育委员会发布的《普通高等学校学生管理规定》《研究生学籍管理规定》，使得各大高校对于学生的管理制度和机构更加完善，更加科学规范。同时规定也确定了管理育人的目标：高等学校学生应当努力学习马克思列宁主义、毛泽东思想、邓小平理论和“三个代表”重要思想，确立在中国共产党领导下走中国特色社会主义道路，实现中华民族伟大复兴的共同理想和坚定信念；应当树立爱国主义思想，具有团结统一、爱好和平、勤劳勇敢、自强不息的精神；应当遵守宪法、法律、法规，遵守公民道德规范，遵守《高等学校学生行为准则》，遵守学校管理制度，具有良好的道德品质和行为习惯；应当刻苦学习，勇于探索，积极实践，努力掌握现代科学文化知识和专业技能；应当积极锻炼身体，具有健康体魄。

2000—2006 年，教育部积极推进教育立法立规工作，教育制度建设明显加强。一是不断推动和加强教育立法工作。2004 年，国务院批转了教育部《2003—2007 年教育振兴行动计划》，提出了“五修四立”的立法规划，即推动立法机关修订《教育法》《义务教育法》《学位条例》《教师法》《高等教育法》，制定《考试法》《学校法》《终身教育法》《教育投入法》。目前，《义务教育法》修订案已顺利通过全国人大常委会审议，2006 年 9 月 1 日起施行。其他立法项目也都成立了起草工作组和专家咨询组，所有立法项目的调研和草案起草工作均已启动。二是狠抓涉及群众切身利益问题的制度建设。重点抓了高校招生、教育收费、教育经费使用、学位点评审、高校贫困生资助等方面的制度建设。比如，在高校招生工作中，明确提出招生工作“六公开”和“六不准”，逐步建立和完善与我国社会发展相适应的更加公开透明的高校招生工作体系。有力地促进了教育收费决策的民主化和规范化。三是进一步加强重在责任追究的制度建设。明确规定高校招生管理责任和责任追究制度，对 8 种违规招生和违规收费行为必须进行责任追究；按照“谁主管谁负责”的原则，严格区分主要领导、分管领导和具体工作人员的责任。对违反规定的工作人员，视情节轻重，给予党纪政纪处分，直至追究其法律责任；对严重违法违纪案件，不仅要追究有关当事者责任，还要追究主管领导的责任。

2006 年，教育部出台《普通高等学校辅导员队伍建设规定》，指出高等学校应当把辅导员队伍建设作为教师队伍和管理队伍建设的重要内容。加强辅导员队伍建设，应当坚持育人为本、德育为先，促进高等学校改革、发展和稳定，促进培养造就有理想、有道德、有文化、有纪律的社会主义建设者和接班人。规定还指出了辅导员队伍的责任与管理地位，对要求与职责、配备与选聘、培养与发展、管理与考核进行了规范。

2012 年 5 月，教育部在浙江杭州召开全国职业学校管理工作会议，在会议上指出，在以类型教育定位职教发展、以体系建设引领职教转型、以纲要观念创新培养模式、以校企合作改革办学机制、以集团办学提升服务能力、以继续教育衔接职业教育的新的时代背景下，职业教育管理工作必须实现转型与创新，承担起调整优化教育结构、建设现代职教体系、提高人才培养质量、推进高考分类改革、加快发展继续教育的重要使命。针对职业院校管理中遇到的管理理念、运行机制、方法手段等问题，职业教育要以科学管理做保障，促进体系建设，促进制度创新，促进质量提升，促进能力增强，要切实抓好十项重点工作：一是抓理念更新，树立现代科学管理思想；二是抓机制创新，推进管理体制机制改革；三是抓宏观协调，强化统筹管理工作；四是抓制度建设，完善基本制度和办学标准；五是抓学校达标，全面开展职业教育督导评估；六是抓示范引领，加强示范学校建设管理；七是抓师资队伍，提升管理和教学团队整体素质；八是抓常规管理，提高职业教育教学质量和吸引力；九是抓方法手段，创新管理技术和管理方式；十是抓质量监控，建立管理工作评价评估制度。足以见得，管理育人的育人方针不仅涵盖各大高等院校，同时，教育部也对职业学校的管理育人工作提出了建议，要求构建全方位育人的育人体系。

五、创新期——新时期的“十大”育人体系

中国特色社会主义进入新时代以来，育人体系迎来新的发展，理论层面，由“三育人”“四育人”创新发展为“十大”育人体系，管理育人作为“十大”育人体系之一，其基本任务与具体要求也通过政策文件加以明确。实践层面，众多高校被评选为“三全育人”综合改革试点单位，不断探索育人体系更多的可能性。

2017 年 2 月 14 日，教育部颁布《普通高等学校学生管理规定》，进一步提出“要坚持依法治校，科学管理，健全和完善管理制度，规范管理行为，将管理与育人相结合，不断提高管理和服务水平”。进一步明确了立德树人根本任务，强化了以学生发展为本的理念，确定了管理育人的价值取向。重新界定了学生与学校及教师之间的法律关系，抬升了学生的主体地位。规定了管理育人的主体责任，健全了学籍管理制度，建立了服务学生创新创业的灵活学习制度，增强了学生自我管理。加强了程序建设，完善了处分和申诉制度。创设了学生奖惩与容错纠错机制，为学生成长成才提供了机会选择、公正评价、过程监控和日常养成的过程管理育人功能。体现了我国教育法治建设与时俱进的精神，顺应了高等教育发展与改革的需要，反映了我国高等教育治理理念的转变与治理能力的提升。

2017 年 2 月 27 日，中共中央、国务院发布《关于加强和改进新形势下高校思想政治工作的意见》，指出要坚持全员全过程全方位育人，把思想价值引领贯穿教育教学全过程和各环节。在管理育人方面，一是要加强对课堂教学的建设管理，充分发掘和运用各学科蕴含的思想政治教育资源，健全高校课堂教学管理办法。二是要加强对校园各类思想文化阵地的规范管理，加强校园网络安全管理，营造风清气正的网络环境。

2017 年 12 月 24 日，中共教育部党组发布《高校思想政治工作质量提升工程实施纲要》，细化了“三全育人”的具体要求，明确了“十大”育人体系的基本任务与具体要求。管理育人的基本任务是“管理育人质量提升体系。把规

范管理的严格要求和春风化雨、润物无声的教育方式结合起来，加强教育立法，遵守大学章程，完善校规校纪，健全自律公约，加强法治教育，全面推进依法治教，促进教育治理能力和治理体系现代化，强化科学管理对道德涵育的保障功能，大力营造治理有方、管理到位、风清气正的育人环境”。管理育人的主要内容是“切实强化管理育人。完善教育法律法规体系，加快制（修）订教育规章，保障师生员工合法权益。健全依法治校、管理育人制度体系，结合大学章程、校规校纪、自律公约修订完善，研究梳理高校各管理岗位的育人元素，编制岗位说明书，明确管理育人的内容和路径，丰富完善不同岗位、不同群体公约体系，引导师生培育自觉、强化自律。加强干部队伍管理，按照社会主义政治家、教育家要求和好干部标准，选好配强各级领导干部和领导班子，制定管理干部培训五年规划，提高各类管理干部育人能力。加强教师队伍管理，严把教师聘用、人才引进政治考核关，依法依规加大对各类违反师德和学术不端行为查处力度，及时纠正不良倾向和问题。加强经费使用管理，科学编制经费预算，确保教育经费投入的育人导向。强化保障功能，健全依法治校评价指标体系，深入开展依法治校创建活动。把育人功能发挥纳入管理岗位考核评价范围，作为评奖评优条件。培育一批‘管理育人示范岗’，引导管理干部用良好的管理模式和管理行为影响和培养学生。”

2018 年，教育部办公厅印发《“三全育人”综合改革试点工作建设要求和管理办法（试行）》《教育部办公厅关于开展“三全育人”综合改革试点工作的通知》，教育部办公厅公布首批“三全育人”综合改革试点单位名单，包括清华大学等十所高校，以及北京师范大学教育学部等二十处院系。2019 年 10 月，教育部办公厅公布第二批“三全育人”综合改革试点单位名单，包括安徽省、福建省、湖南省三处试点区，北京大学等十五所试点高校，以及中国石油大学（北京）地球科学学院等四十二处试点院系。据悉，各个试点区、高校、院系在推进“三全育人”工作中都取得了良好的成效。

2020 年 7 月中，教育部发布《关于进一步加强高等学校法治工作的意见》，为深入贯彻落实党的十九大和十九届二中、三中、四中全会精神，坚持和完善中国特色社会主义教育制度体系，推进高等学校治理体系和治理能力现代化，进一步加强高等学校法治工作，全面推进依法治教、依法办学、依法治校，提出了十点意见，分别是：深化对高等学校法治工作重要性的认识；明确党政主要负责人推进法治工作第一责任人的职责；构建系统完备的学校规章制度体系；完善学校法人治理结构；健全师生权益保护救济机制；完善学校法律风险防控体系；开展以宪法教育为核心的法治教育；加强法治工作机构和队伍建设；建立评价监督机制和工作报告制度；营造高等学校法治工作良好的外部环境。

“意见”更是指出，中国特色社会主义进入新时代，高等教育到了更加注重内涵发展的新阶段。随着高等教育改革的不断深入，学校办学自主权进一步落实，内部治理法治化、制度化、规范化的要求更为凸显，广大师生对民主、法治、公平、正义的诉求日益增长，参与学校治理和保障自身权益的愿望更加强烈。学校要健全领导机制、加大工作力度，以法治思维和法治方式引领、推动、保障学校的改革与发展，努力在法治中国建设中发挥引领示范作用。学校党政主要负责人应当切实履行依法治校组织者、推动者和实践者的职责，对学校章程制定实施、规章制度体系建设、法治工作机构和队伍建设、校内民主管理、学术治理等重要工作要亲自部署、亲自协调、亲自推进。要把法治工作纳入学校发展规划和年度工作计划。坚持和完善以党委领导下的校长负责制为核心的学校领导体制和治理体系，推进决策、管理的科学化、民主化、法治化。探索建立师生代表参与学校决策的机制，激励师生关心学校改革发展。推动健全理事会（董事会）制度。依法健全信息公开机制，加大主动公开力度，自觉接受社会监督。减少行政干预，为学校松绑减负、简除烦苛，尊重保障学校独立法人地位和办学自主权。要坚决撤销面向学校实施的形式主义的督查、检查、考核事项，清理面向学校的各类评估评价、评比、表彰和创建活动，实施清单管理，清单之外的一律不得实施。要改进对学校的管理和评价方式，减少对学校办学的干扰，切实树立服务意识，为学校依法治校营造良好环境。

通过意见，不难看出管理层在高等学校法制工作中承担着推动作用，管理育人功能在新时代也融入法制工作中，在整体的法制工作推进过程中起到了承上启下的作用。

第三节　“双一流”高校管理育人的实践与反思

始终坚持立德树人的基本方向。管理育人是新时代高校思想政治工作所要求的“十大”育人体系中的重要一环，党的十八大报告明确提出了高等教育的根本任务，即“立德树人”。故而，立德树人实质上要解决“培养什么人、怎样培养人、为谁培养人”的问题，是各高校管理育人实践中坚持不动摇的核心。高校可以通过管理引导大学生的思想和行为，在管理中蕴含思想政治教育元素。换言之，高校管理与育人是手段与目的的关系。大学管理的目的在于实现大学使命，一切管理工作都是为“立德树人”服务的。

融合互动探索管理育人新模式。秉持着立德树人的基本观念，为了更好实现预期目标，管理育人新模式的探索也成为管理育人实践中重要的创新点。管理者与被管理者之间的博弈与协调是高校管理走向优化的必由之路，具体体现为：政府尊重大学自治，注重宏观调节，减少微观干预；行政管理部门本着全员参与、育人为本的理念，尊重教师自治与学生自治，坚持“以生为本、以师为尊”的高校管理逻辑。高校应当根据利益相关者的逻辑以及他们参与大学治理的能力、责任感和意愿等，重视学生自治与学生参与管理，使管理人员、学生、教师都能在大学治理结构中各得其所，各司其职，实现共同治理。同时，管理者也应转变对自身的角色定位，将自己视为大学自治的践行者、高校运行的协调者、高校师生的服务者。

构建管理育人工作与交流平台。从高校思想政治工作的特点来看，育人力量多集中在教育科研岗和管理服务部门，各个岗位的教师形成合力承担育人职责，对学生加强政治、思想和行为引领，落实、扩大育人实效。促进高校充分发挥管理与服务部门的育人功能，把立德树人的根本任务植根于学校建设和管理的制度中，推动育人理念融入日常管理和服务的全过程中。在立德树人根本目标的指导下，随着管理育人主体的增加、手段的丰富、实践的累积，构建管理育人的工作与交流平台的需求愈发迫切。完善的平台不仅能够在高校内部建立全面的管理育人体系，有利于实现立德树人的总目标，而且能够在不同的高校之间建立广泛的联系和经验分享的平台，促进高校共同体的建设。

第九章　服务育人的理论与实践

服务育人渗透于大学生生活学习的各方面、各层次，深刻影响着高校的日常管理和学生培养质量。高校服务育人宗旨的产生与发展，伴随着高校改革与发展的全过程，经历了实践、认识、再实践、再认识的曲折过程，既是一个从量变积累到局部质变、再到全面质变的长期过程，又是一个螺旋式上升、波浪式前进的发展过程。服务育人作为“三全育人”的重要实施载体，是高校管理和服务工作的有力支撑，是高校构建“三全育人”格局的重要环节，是大学课堂教育的重要延伸和补充，也是建设服务型大学的核心内容和本质要求，将引领高校改革方向和持续健康发展的行动指南，内化为高校主流价值观。

第一节　服务育人的内涵

一、服务育人的核心概念

服务作为高校育人的重要载体之一，是检验一所学校是不是“人民满意的学校”的试金石。高校要提供优质育人服务，培育卓越人才，需要厘清服务育人的概念。许多学者对服务育人的概念进行过论述。有学者认为，服务育人指通过学校后勤服务和其他工作中的服务环节，特别是通过增强对学生的服务意识来实现育德育人的目标。

有学者指出，高校的“服务育人”有广义和狭义之分。广义上的“服务育人”强调“大服务”的理念：高校的各个工作部门都和学生息息相关，所有工作环节都具有服务学生的意义，因而都应具有育人功能；高校的教职员工都被学生尊称为“老师”，因而都具有服务育人义务。狭义上的“服务育人”重在强调教辅部门和后勤机关的服务职责，这些部门的服务性工作，为师生创造良好的工作、学习和生活环境，把党和国家对师生的尊重、关心和爱护体现在具体工作中，达到服务育人的目的（江洪明，2006）。也有学者提出，服务育人有显性和隐性之分：显性指通过外在的服务规范、服务行为、服务环境来教育和约束服务对象，使之形成良好学习态度、文明生活习惯和基本社会公德；隐性指通过后勤职工的服务态度、工作作风、劳动技能、仪容仪表等服务形象所折射出的人格魅力，在潜移默化中影响服务对象，达到服务育人的目的。

高校服务育人内涵的拓展，也深入推动了如今“全员全程全方位育人”的落地实施。高校思想政治工作是一个较为系统的工程，涉及教学、管理、服务等各个领域，把“十大”育人和“三全育人”都落实到位，有效实施，才能建立好高校思想政治工作的体系。因此，高校要充分重视和发挥服务工作的育人功能，把服务育人的理念贯穿到各项育人中，营造良好的育人环境，提高思想政治工作实效性和长效性，促进学生的全面发展。

为更好地区分服务育人与其他育人体系的作用路径，本书从狭义上定义服务育人，即服务育人工作的主体是高校后勤、图书馆、校医院、保卫处等各类服务岗位，实现方式主要包括服务意识、服务态度、服务行为、服务环境等，服务育人的对象是广大的在校学生，其目的是通过服务工作关爱学生，达到育德育人的效果（王胜本、李鹤飞和刘旭东，2020）。

二、服务育人的主体、理念与目标

（一）服务育人的主体：以人为本

传统高校育人机制不能全面地根据学生的身心特点和规律开展有针对性的思想政治工作，容易造成忽视大学生的主体地位和高校育人功能质量的下滑和效率的降低，这已成为高校育人工作不容忽视和亟待解决的问题。基于马克思主义“人始终是主体”的论断，我国高校教育必须坚持“以人为本，以学生为本”和“为人民服务”的办学宗旨来发展中国特色社会主义教育。高校服务育人的主体是人，教职工和学生等都是高校服务育人的主体。其中，学生是更为重要的主体。高校是一种“人的社会关系”的产物，高校的存在是为了育人，是为人的发展而服务的。一方面，高校教育要坚持以人为本、以学生为中心，在教学服务、管理服务和各项工作服务中营造出良好的育人环境，这对于高校的教职工和学生等主体具有潜移默化的教育功能；另一方面，高校的主要群体是学生群体，学生群体为了满足学习需要和发展需要，会对高校教育提出建议和要求，以获取满足自身需要的服务（卢凯、梅运彬，2020）。

（二）服务育人的理念：我为人人

服务是高校育人的重要载体，服务育人是高校的重要职能之一。高校要在解决好培养什么人、怎样培养人、为谁培养人这个根本问题的基础上，进一步明确“我为人人”的服务育人理念。高校服务育人要“坚持教育为人民服务、为中国共产党治国理政服务、为巩固和发展中国特色社会主义制度服务、为改革开放和社会主义现代化建设服务”。最首要的是为人民服务，高校在办学教学和日常管理中，要坚持这“四个服务”的宗旨，坚定“立德树人的根本任务”不动摇。高校的职责是服务育人，高校的各个部门都承担着服务育人的功能，教职工在教学工作和管理工作中，都在为学生、学校和社会发展服务。通过高品质的服务育人建设，辐射每一个人，尤其是青少年一代。在服务育人中，要坚持以服务为出发点，以育人为落脚点，用卓越服务培育卓越人才。在教学过程中，要坚持教学服务育人，以学生为中心，更好地增强和改进教学，提升教学服务育人的质量。在管理过程中，要坚持管理服务育人，坚持学校管理原则，将制度化和人性化相结合，在管理中服务，在管理中育人，让服务育人主体融入服务育人实践中。

（三）服务育人的目标：人人成才

教育是国之大计、党之大计。学校自诞生以来，便以培养社会所需的人才为己任，承担着教书育人的使命，所谓“校者，教也”。学校的首要使命就是教育，而“培养什么人，是教育的首要问题”。中国特色社会主义高校服务育人的目标是“人人成才”，即培育为实现社会主义、为实现共产主义而奋斗的人才。现阶段我国高校服务育人必须将“培养一代又一代拥护中国共产党领导和我国社会主义制度、立志为中国特色社会主义事业奋斗终身的有用人才”作为根本目标。在培育大学生的过程中，不仅要注重技能培育，更要牢牢把握好理想信念教育、爱国主义教育和道德素质教育等，发挥出中国特色社会主义办学优势。为大学生自由全面发展，提供多元化成才路径，为社会主义事业培育有用之才（卢凯、梅运彬，2020）。

三、国家对服务育人工作的要求

（一）服务育人要坚持以立德树人为根本

高校坚持以“立德树人”为指导思想，这是高校的立身之本、发展之基，是新时代高校思想政治工作的重要组成部分，突出了中国特色社会主义教育的特色。围绕立德树人这一根本任务，进一步坚定高校办学的正确政治方向，践行社会主义核心价值观，推进高校“大思政”育人，全面提升高校学生的思想政治水平。立德树人是要培养德智体美劳全面发展的高素质人才，“德”的内涵中发挥统帅和灵魂作用的是政治认同和政治品德，“德”在人的全面发展过程中处于首要地位。围绕立德树人根本任务，高校要坚持和加强党的全面领导，对学校思想政治工作体系，要进一步完善内容、健全标准，达到科学运行、保障有力，从而取得思想政治工作的高效力，筑牢思想政治工作“生命线”，形成更高水平人才培养体系，全面提升高校高素质人才培养能力。

（二）服务育人要坚持以马克思主义为指导，坚持社会主义办学方向

前进的动力来自信仰，行动的先导源于理念。“办好我们的高校，必须坚持以马克思主义为指导，全面贯彻党的教育方针。”“要坚持不懈培育和弘扬社会主义核心价值观，引导广大师生做社会主义核心价值观的坚定信仰者、积极传播者、模范践行者。”习近平总书记对教师队伍提出了明确的要求，“高校教师要坚持教育者先受教育，努力成为先进思想文化的传播者、党执政的坚定支持者，更好地担起学生健康成长指导者和引路人的责任”。指明了高校及其教师的历史使命和当下职责。

中共中央、国务院发布的《关于加强和改进新形势下高校思想政治工作的意见》强调，高校要坚持社会主义办学方向，扎根中国大地办大学，以立德树人为根本，以理想信念教育为核心，以社会主义核心价值观为引领。然而如今世界各种社会思想文化碰撞频繁，自由主义重新登上舞台，互联网等新兴媒体迅速发展，尤其是自媒体风生水起，平台终端触手可及，人人都有麦克风，人人都是主持人，人人都想当“网红”。这使青年一代成长的社会环境更趋复杂，一部分高校学生不同程度地出现理想信念模糊、价值观混乱、政治信仰迷茫、价值取向扭曲等倾向，更是提醒我们如今一代要坚定不移地坚持社会主义方向。

（三）服务育人要勇担思想政治教育工作之责

高校思想政治教育工作关乎青年一代的成长、成才，直接影响青年学子的价值取向与精神风貌，事关党和国家的前途命运。高等教育是一个国家发展水平和发展潜力的重要标志。党的十八大以来，以习近平同志为核心的党中央统筹推进“五位一体”总体布局和协调推进“四个全面”战略布局，高度重视高校育人工作。党的十九大以来，高校深入推进育人综合改革，通过系统化的谋划和布局，对育人理念的共识已基本树立，成效已初步显现。育人是高校的中心工作，也是高等教育的中心任务，当然更是高校思想政治工作的出发点和立足点。服务育人作为新时代“十大”育人体系中的重要部分，与其他内容共同肩负着“打通最后一公里”的关键任务。服务育人，是高校提升和改进思想政治工作的重要探索，在探索实践中不断发展，并取得了卓越成效。全面探究服务育人的深刻内涵，有助于丰富和发展高校服务育人的实践路径，提升高校育人质量，促进人的自由全面发展。育人是高校办学的最终目标，服务的目标也是育人，在服务中“立德树人”具有潜移默化、润物无声的效果。所谓服务育人，是指在服务中教育人，“主要是指通过学校的后勤服务和其他工作中的服务环节，特别是通过增强对学生的服务意识来达到育德育人的目标”。服务作为高校育人的重要载体之一，是检验一所学校是不是“人民满意的学校”的试金石。

高等学校的根本任务是育人，而这个中心则是大学生。教师和管理者的思想理念、工作态度、道德素质和行为表现，都会影响大学生的思想和行为。服务工作人员应树立良好形象，以自己的职责为本，强化自身的道德素养，充分发挥主观能动性，用言行教育大学生，让大学生感受到优质的服务，让他们感动，受到教育，从而达到培养优秀人才的目的。高校思想政治教育潜移默化地影响着大学生的全面发展，影响着大学生的价值观和行为风格，对“以人为本”思想政治教育的实效产生影响。由此可见，高校服务育人的重要内容是增强大学生的主体性，这也是高校思想政治教育主体性研究的目标。围绕大学生的服务育人主体性开展研究，有利于引导大学生更多地参与服务育人工作，把自己当作学校发展建设的主体和服务育人的主体，从而更好地促进高校思想政治教育的发展。

（四）服务育人要适应世界高等教育的发展趋势

高等教育具有的社会性是根据历史的逐步发展而变化的。高等教育兴起之初，履行单一教学职能的典型代表是牛津大学。后来，随着历史的发展，单一教学职能则变为对学术研究与课堂教学相统一的崇尚，以柏林大学为典范。当今，大多高校以课堂教学、学术研究与服务多元职能并重，其中最为典范的是威斯康星大学。从整体来看，高校的教师和学生也不再是单独的团体，而是与社会紧密地联系在了一起甚至融为一体。以学生为中心，尊重学生的独立性和自我意识是英国高校学生事务管理的基本理念，使学生更为便捷地获得服务是学生事务运行机制设计的指导思想。在创新创业教育方面，斯坦福大学、麻省理工学院与硅谷形成了高校企业协同发展模式，从案例、数据来看，不仅培养了很多高素质人才，向社会提供了优质的科技服务，并且在这基础上争取了很多办学资源，潜移默化地提高了学校在社会的影响力和知名度。

我国已经进入中国特色社会主义新时代，这是承前启后、继往开来，在新的历史条件下继续夺取中国特色社会主义伟大胜利的时代。新时代高校要为建设社会主义现代化强国输送人才，培养合格的建设者和可靠的接班人。新时代是决胜全面建成小康社会，进而全面建设社会主义现代化强国的时代，新时代的高校要落实国家“双一流”建设的战略，实现教育现代化。新时代是全国各族人民团结奋斗，不断创造美好生活，逐步实现全体人民共同富裕的时代，新时代的高校要坚持习近平新时代中国特色社会主义思想，达到教育强国的发展目的。新时代是全体中华儿女勠力同心，奋力实现中华民族伟大复兴的中国梦的时代，新时代的高校要为实现中国梦提供智力支持。新时代是我国日益走近世界舞台中央、不断为人类做出更大贡献的时代，新时代的高校要为我国树立教育的国际地位努力，要对人类社会做出贡献。

四、服务育人的特点

高校服务育人的特征主要体现在多样化、广泛性、持久性、示范性和协同性等方面，这些特征在育人的形式和内容上能够充分体现高校服务部门、服务岗位存在的价值和意义。

（一）育人功能的多样化

首先，服务育人是思想政治教育的有益补充。服务育人除了在教育学生明大德、守公德方面发挥了巨大作用，同时还在学生生活的方方面面发挥着重要作用。服务育人以其特有的育人形式，介入学生的点滴生活，使他们懂生活、爱生活、会生活，发现生活之乐，创造生活之美。此外，服务育人也是拓展大学生综合能力的重要渠道。大学生的综合能力包括社会适应能力、人际交往能力、语言表达能力、组织管理能力、开拓创新能力、动手实践能力、竞争生存能力等。大学是青年学子步入社会的最后一道门槛，而服务育人促进了学生之间、学生与教师、学生与工勤人员、学生与社会的互动，为大学生适应社会、解决现实问题、建构良好人际关系提供了独特路径和实践空间。新时代服务育人将服务举措嵌入教育生活，将人才培养与人的生动活泼发展相联系，与人的持续、充分发展相联系，形成一个有活力的教育生态，凸显生命的灵动与鲜活、自由与独特。

（二）育人途径的广泛性

高校服务育人的广泛性体现在大学精神培育、制度建设、知识传播与大学生日常学习、校园生活的方方面面。这不仅涵盖了精神文化，还涵盖了物质文化，其中精神文化（如大学精神、校训校风等）对育人具有主导性、决定性的作用和影响。另外，广泛性还包含了现实世界和虚拟世界的文化教育。目前，现代信息技术飞速发展，网络得到广泛运用，现代信息技术和网络在大学生的日常生活中发挥着至关重要的作用，提升虚拟文化在育人中的积极作用显得越来越重要和迫切。教育是高校生存的根本和基石，高校的服务工作可以说是“不分讲台上下的课堂”，服务者是“不分讲台上下的教师”。总之，从高校运行系统服务文化的广泛性来看，高校文化涵盖了思想政治教育系统的服务文化、教学和科学研究体系的服务文化、行政管理体系的服务文化和后勤等服务体系的服务文化等内容。

（三）育人时间的持久性

高校服务育人作为一种培养人才的社会实践活动，其过程不是一次性的，而是一个微妙的过程，需要服务者言传身教，经过长期的积淀才能形成。高校的管理和服务规范与育人功能有机融合，保持思想和行为长期处于一种优良环境中，经过环境的熏陶，达到育人效果，并且影响大学生发展的整个过程。在社会改革日趋成熟的今天，高校的发展仍离不开各种形式的教育，服务培育功能也将伴随永久。以人为本，在学校最重要的是以大学生为中心，坚持以教育为基础，对全体大学生进行高质量的教育，帮助大学生发展世界观、人生观、价值观，培养社会责任感，使其成长为有公信力的社会主义建设者和接班人。东欧新马克思主义思想家阿格妮丝·赫勒的日常生活理论提到，社会处于动态状态，人们必须不断改善自己的生存水平。成年后就不再学习，这样做是不现实的。如今，每当人们在新的环境中扮演新的角色时，都会遇到一些新的问题，需要学习些新的习惯和礼仪。生活在不断变化，人们需要迅速适应社会变化。形成良好的思想意识和掌握一定的技能需要不懈地坚持，在一定时期内，这些意识和技能将不断得到锻炼。高校的服务教育作用非常重要，在长期的继续教育中能使大学生受到启发、获得成长，并影响其一生（邓军，2019）。

（四）育人过程的示范性

在课堂教学过程中，教师主要以口头讲授的形式传授科学文化知识、开展思想道德教育和传授劳动技能。而服务育人通过非课堂教学过程中的示范和引导的教育形式来对大学生进行道德教育。高校管理者的言行，会引发大学生的效仿，优质的服务理念和方法会促使大学生的价值观和人格塑造等朝着积极的方向发展。

（五）育人模式的协同性

高等学校的主要任务是培育人才，服务育人的工作需要整合全校资源，并进行合理配置，需要多部门的联动，才能全面地服务学生，从而更好地落实立德树人根本任务。习近平总书记在2016年全国高校思想政治工作会议上强调，要“把思想政治工作贯穿教育教学全过程，实现全程育人、全方位育人”。全方位的工作理念要求无论是教学科研单位还是机关行政部门，只要和学生相关联，所有工作过程都具有服务育人的意义。因此，高校应该发挥后勤保障部、图书馆、校医院、保卫处等各类服务岗位的育人功能，为学生提供良好的学习、生活、工作环境，在具体工作中体现对学生的关爱，以达到服务育人的目的（刘华军，2021）。

第二节　服务育人的政策演进和发展脉络

从开始认识到服务产生育人作用，到“服务育人”理念正式形成，再到国家教委确立高校服务育人宗旨，直到写进中央有关文件成为政策条文和学生思想政治工作体系的有机组成部分，服务育人的政策演进与发展体现了时代的变迁、服务理念的升华和改革的深入。

一、服务育人相关的教育方针的演进发展

1987 年 5 月 29 日，中共中央发布《关于改进和加强高等学校思想政治工作的决定》，要求“加强教职工队伍的思想建设，大力提倡教书育人、服务育人”；“办好社会主义的高等学校，培养德才兼备的学生，教师起着决定性的作用”;“高等学校的职工对培养学生有着重要的作用。加强职工思想政治工作，帮助他们进一步树立为人民服务、为教学科研服务的思想，勤勤恳恳做好本职工作，搞好服务育人，这也是高等学校思想政治工作的重要方面”；“校长要对学生的德智体全面发展负责，结合各项业务做好思想政治工作，推动教职工教书育人、服务育人”。国家教委为高校后勤确立了服务育人的宗旨，随即受到中央领导高度重视并进行了顶层设计，将后勤“服务育人”纳入高校学生思想政治工作体系统一部署。从此，“服务育人”成为全国高校后勤战线的响亮口号和精神追求。

1994 年，中共中央发布《关于进一步加强和改进学校德育工作的若干意见》，要求进一步发挥全体教职工的育人作用……学校各项管理工作、服务工作也要明确育人职责，管理育人，服务育人。加强实践环节。教育与生产劳动相结合，是坚持社会主义教育方向的一项基本措施。各级各类学校都要把组织学生适当参加一定的物质生产劳动作为一门必修课，列入教学计划，统筹安排，各级教育行政部门要进行具体督促检查。

1999 年，中共中央发布《关于加强和改进思想政治工作的若干意见》，明确要求，加强思想政治工作，必须既讲道理，又办实事，倾听群众呼声，了解群众情绪，关心群众疾苦。要认真贯彻落实党的各项政策，多做得人心、暖人

心、稳人心的工作，把好事办实、实事办好，真正把党和政府的温暖送到群众心坎上。

2004 年《中共中央、国务院关于进一步加强和改进大学生思想政治教育的意见》指出：制定完善有关规定和政策，明确职责任务和考核办法，形成教书育人、管理育人、服务育人的良好氛围和工作格局。……学校管理工作要体现育人导向，把严格日常管理与引导大学生遵纪守法、养成良好行为习惯结合起来。后勤服务人员要努力搞好后勤保障，为大学生办实事办好事，使大学生在优质服务中受到感染和教育。

2017 年，中共中央 国务院发布《关于加强和改进新形势下高校思想政治工作的意见》，要求要坚持把立德树人作为中心环节，坚持全员全过程全方位育人。把思想价值引领贯穿教育教学全过程和各环节，形成教书育人、科研育人、实践育人、管理育人、服务育人、文化育人、组织育人长效机制，努力开创我国高等教育事业发展新局面。

2017 年 10 月，党的十九大明确提出，“建设教育强国是中华民族伟大复兴的基础工程，必须把教育事业放在优先位置，深化教育改革，加快教育现代化，办好人民满意的教育。要全面贯彻党的教育方针，落实立德树人根本任务，发展素质教育，推进教育公平，培养德智体美全面发展的社会主义建设者和接班人。”同年 12 月，教育部出台的《高校思想政治工作质量提升工程实施纲要》对“服务育人”进行了规划部署，指出：“把解决实际问题与解决思想问题结合起来，围绕师生、关照师生、服务师生，把握师生成长发展需要，提供靶向服务，增强供给能力，积极帮助解决师生工作学习中的合理诉求，在关心人、帮助人、服务人中教育人、引导人。”与此同时，中国教育后勤协会设立“高校后勤服务育人内容与长效机制研究”重要课题，一些高校、优秀社会企业积极探索“服务育人”的内容、途径和长效机制。

2018 年 5 月，教育部办公厅印发的《关于开展“三全育人”综合改革试点工作的通知》要求，各地要分类开展“三全育人”综合改革试点工作，从宏观、中观、微观各个层面，着力构建一体化育人体系。9 月 10 日，习近平总书记在全国教育大会上发表重要讲话指出：“要在学生中弘扬劳动精神，教育引导学生崇尚劳动、尊重劳动，懂得劳动最光荣、劳动最崇高、劳动最伟大、劳动最美丽的道理，长大后能够辛勤劳动、诚实劳动、创造性劳动。”“要努力构建德智体美劳全面培养的教育体系，形成更高水平的人才培养体系。”

2020 年 4 月，教育部等八部门出台了《关于加快构建高校思想政治工作体系的意见》，指出要加快构建高校思想政治工作体系，努力培养担当民族复兴大任的时代新人，培养德智体美劳全面发展的社会主义建设者和接班人。

二、“三全育人”背景下服务育人的新要求

（一）加强党的全面领导，坚持社会主义办学方向

习近平总书记在全国高校思想政治工作会议上强调，高校党委对学校工作实行全面领导，承担管党治党、办学治校主体责任，把方向、管大局、作决策、保落实。要加强高校党的基层组织建设，创新体制机制，改进工作方式，提高党的基层组织做思想政治工作的能力。要做好在高校教师和学生中发展党员工作，加强党员队伍教育管理，使每个师生党员都做到在党爱党、在党言党、在党为党。我们的高校是党领导的高校，坚持党的领导，加强党的建设，坚持社会主义办学方向，是办好中国特色社会主义大学的根本保证，是推进高校各项事业改革发展的根本所在、命脉所在。高校始终坚持以党的政治建设为统领，增强“四个意识”、坚定“四个自信”、做到“两个维护”，扎实推进“不忘初心、牢记使命”主题教育，坚持用习近平新时代中国特色社会主义思想武装党员干部、教育师生员工。突出党委管党治党、办学治校主体责任，充分发挥党委的领导核心作用，把方向、管大局、作决策、抓班子、带队伍、保落实。完善和落实民主集中制的各项制度，健全议事规则和决策程序，建立书记、校长工作会商制度和校领导班子成员工作会商机制。高校始终坚持马克思主义在意识形态领域的指导地位，把维护意识形态领域绝对安全作为重大政治责任，健全意识形态工作研判机制、应急预案机制、校内巡察机制和督导考核机制，确保意识形态工作落严落实。全面加强重点马克思主义学院建设，把马克思主义学科作为超前部署的学科进行培育。全面提升基层党建工作水平，健全院级党组织领导和运行机制，强化基层党委的政治核心作用。

（二）传承红色基因，坚定立德树人根本目标

习近平总书记强调：今天，党和国家事业发展对高等教育的需要，对科学知识和优秀人才的需要，比以往任何时候都更为迫切。培养社会主义建设者和接班人，是我们党的教育方针，是我国各级各类学校的共同使命。高校只有抓住培养社会主义建设者和接班人这个根本任务才能办好、才能办出中国特色世界一流大学。培养人才是大学的首要任务，决定着民族未来的走向和国家发展的高度。培养什么人，就是要培养德智体美劳全面发展的社会主义建设者和接班人，就是要培养勇于担当民族复兴大任的时代新人；怎样培养人，就是要做好人才培养工作；为谁培养人，就是要为党育人、为国育才。

高校始终把社会主义核心价值观贯穿教育教学全过程，把坚定理想信念、

厚植爱国主义情怀作为重点，突出传承红色基因，深入挖掘学校丰富的红色文化资源，大力弘扬校史、校友中的红色精神，将红色资源与红色基因纳入课堂、融入学生日常、贯穿教书育人各环节；建设一批红色文化教育基地，打造系列红色文化精品项目，通过传承红色基因教育引导干部师生牢记初心使命，培育新时代红色传人。

学校牢牢抓住全面提高人才培养能力这个核心点，着力构建德智体美劳全面发展的育人体系和高水平人才培养体系，健全“三全育人”的体制机制，构建辅导员、思政课教师、全职教导员、班主任、学术导师、组织员相结合的“六位一体”思想政治工作队伍体系，坚持聚焦学生的全面发展，将思想政治工作贯通人才培养体系全过程，不断提升教师队伍能力和水平，为培养担当民族复兴大任的时代新人提供坚实保障。

（三）坚持为学生提供高品质全方位的思想政治教育服务

《礼记》有云：“师也者，教之以事而喻诸德者也。”高校的思想政治理论课教师，除了要提高自身道德修养，更重要的是要改变传统居高临下的教育模式，走到学生中去，以“言传身教”的示范作用去感染和引导学生，为学生提供高品质的思想政治教育服务。只有这样，教师才能接触并了解学生的思想特点，及时知晓他们在学习生活中的真实想法和需求，把思想政治教育工作做到实处。比如，高校在服务育人的过程中可以做出一些积极探索，实施全员导师制。学校组织全校干部教师共同参与，为每 8 ~ 12 位学生配备一名导师，自大一新生入学，便为其提供从生活到学习、从思想到行动的全方位个性化指导。导师与学生或围绕某个主题进行研讨，或共同做公益支教，使学生在丰富课余生活的同时，感受到学校及教师真切的关怀，在轻松快乐的氛围中形成良好的思想品德。

（四）提升教师业务能力，为学生提供优质教学服务

新时期的学生了解世界的方式途径多样，信息获取速度快捷。如果任课教师没有扎实的知识功底，不能创新课堂讲授方式，便难以吸引学生。同时，新时期的学生思维活跃、思想丰富，往往对学校和教师抱有很大期待，他们绝不满足于教师在课堂上把传统的“念讲义抄黑板”方式改头换面为“念课本翻PPT”的做法，而是期待教师真正做到言之有物、讲解透彻。因此，教师必须保持刻苦的学习精神，在完善自身知识架构的基础上，努力提高专业理论水平和业务技能，结合多媒体创新教学方式，为学生提供高质量的教学服务，以精湛的专业知识、优雅的谈吐和学生喜闻乐见的方式征服学生的内心，并激发学生的学习热情和学习潜力。

（五）弘扬优良校风，提供良好的环境服务

校园文化的育人功能具有润物无声的特点，通过特定的校园科学精神和人文情怀，可以对学生进行思想和文化熏陶、渗透，进而使学生形成正确的世界观、人生观和价值观，形成良好的学习习惯和积极向上的精神风貌。马克思说：“人创造环境，同样环境也创造人。”人的生存和发展与环境密切相关。高校硬件方面，如校舍、绿化、教学设施等，软件方面，如人文环境、教职工素养、学术氛围等，共同构成独特的校园环境，在育人方面独具功能。为此，高校应努力为学生创造和提供绿色、文明、和谐的校园环境，以优美环境服务育人。

服务育人是新时代高校育人工作的基本要求，服务是育人的根本，贯穿于育人过程的始终。高校领导和广大教职工要深刻学习领会习近平总书记在全国教育大会上的重要讲话精神，强化服务育人理念，增强服务育人成效，通过思想引领和体制机制建设，形成从学校干部到广大教职工都能自觉坚持服务育人的良好风尚，凝聚强大育人合力，为培养德智体美劳全面发展的社会主义建设者和接班人做出积极贡献。

第三节　服务育人的影响路径和作用机制

一、服务育人的影响路径

服务育人与课程育人、科研育人等相比，虽然表面上看没有直接育人作用，但它却有着独特的育人优势，更加贴近生活、与学生生活学习息息相关，具有潜移默化、润物无声等特点。那么，在我国高校思想政治教育工作中，服务育人的主要路径有哪些呢？

（一）坚持以学生为本，树立先进的服务理念是服务育人的前提

服务育人工作的核心是“人”，是培养人的工作，服务培育的对象是学生，在工作中强调的是“引导”，而非“管”。服务育人工作首先要认识到学生是教育活动的主体，认识到学生参与自身管理的重大意义。另外，加强学生组织、社团管理，充分发挥学生自治组织的育人作用。高校的服务育人工作与一般的社会服务相比，其自身的最大特点，就是为培养人服务，其服务过程，也是育人过程。因此，坚持“以学生为本”尤为重要，在服务理念的更新中，要坚持急学生所急，想学生所想，不仅要做到“为了学生、尊重学生、理解学生”，还要做到“依靠学生、满足学生、发展学生”。

高校开展服务育人工作要进入学生群体之中，构建与学生进行沟通交流的渠道，营造和谐民主的校园氛围，认真倾听来自学生的意见与诉求，唤起学生对学校的认同感与责任感；学校应鼓励学生自主参与学校制度设计，探索深受学生欢迎的管理办法，争取获得学生对学校各项服务工作的支持与拥护；学校工作要真真切切为学生解决问题，为学生的衣食住行服务，为学生成功成才添砖加瓦，增强学生对学校的归宿感与认同感，激发学生努力上进、奋发图强的动力，在潜意识中唤起学生对美好生活和崇高理想的追求，从而促进学生的全面发展，进而实现学校的培养目标。

树立先进的服务理念是做好服务育人工作的前提。首先，“服务育人”理念的构建基于经济社会对高等教育的要求。现代高等教育培养的人才应该是具备较强专业能力，并能够运用所学知识服务于社会和他人的高素质人才，强调学生的“服务”能力和本领，因而高校的人才培养必须重视服务理念的导向作用。其次，“服务育人”理念的构建基于学生主体意识的提高。随着经济社会发展和教育体制转变，学生的维权意识和市场意识进一步增强，学生正逐渐把自己看作高等教育的消费者，对学校提供的软硬件服务水平提出了更高的要求。学校作为服务者必须满足学生的合理需求。最后，服务育人理念的构建基于高校服务水平的弱化。由于大规模扩招等原因，高校出现了服务能力和服务水平的下降，尤其是一线后勤服务队伍整体素质参差不齐，加之一些行政人员官僚主义作风的存在，具体工作中责任意识淡化，服务意识薄弱，互相推诿扯皮。这些因素决定了不断强化高校服务人员的服务意识，更新服务理念，提高服务质量是迫切而紧要的（李亚杰，2012）。

（二）坚持以身作则，以优质的服务和良好的职业素养感染学生

一个态度良好、行为规范、言行一致的教职工能给学生带来舒心的感受，他们的一言一行、一举一动都代表着一个学校的形象，都会对学生的心灵和思想产生耳濡目染的影响，学生能在其服务中感受到热情、耐心、细致与周到，从而能给学生带来潜移默化的影响，能在学生心中留下深刻的印象，对学生产生终身的正面作用。相反，教职工态度恶劣，言行不一也会给学生带来极差的体验，起不到服务育人的效果，同时也能成为学生模仿的对象，其恶劣结果是显而易见的。因此，高校服务工作是“三全育人”的重要途径，学校教职工要以严格的标准要求自己，坚持以身作则，以优质的服务和良好的品质培育学生。学校党政领导要高度重视服务育人工作，关心职工生活，加强教育培训，不断提高他们的思想觉悟和业务素质，通过组织学生评选优秀服务标兵、先进集体，

给有关窗口单位及其职工打分等手段来充分调动职工的积极性、主动性和创造性，使他们以高度的责任感和良好的职业道德，尽心竭力、任劳任怨地为学生办实事，真心实意地为学生解困难。通过热情周到、彬彬有礼的服务来赢得学生，通过朴实无华的思想品格和积极向上的精神风貌感染学生。

（三）发挥协同育人作用，以丰富多彩的实践活动锻炼学生

“纸上得来终觉浅，绝知此事要躬行。”强调了理论与实践相结合的重要意义，学生要将在书本上学来的知识内化为自身的思想素质并转化为外在的自觉的行为，离不开大学里丰富多彩的实践活动。社会实践是大学生思想政治教育的重要环节，对促进大学生了解社会、增长才干、锻炼毅力、培养品格、增强社会责任感具有不可替代的作用。

高校学生事务管理系统和后勤系统在开展学生实践活动方面有其独特的优势，因其掌握着学校许多资源的管理权。但实践教育又是一个系统工程，需要与学校其他职能部门以及各院系之间密切合作，建立起长效的互动机制，才能有效实现服务育人的目标。提高大学生的思想政治素质，将其培养为德、智、体、美、劳全面发展的中国特色社会主义事业的合格建设者和可靠接班人，不仅需要课堂教育，也需要课外教育；不仅需要一线教师的教育，更需要学校各个部门、广大师生员工的共同努力，形成强大的教育合力。例如，北京师范大学珠海校区学生物业管理中心长期与院系合作开展宿舍文化建设活动，宿舍建设活动包括美化宿舍环境、提升宿舍文化、增强宿舍成员体质、加强宿舍成员联谊等，宣传和倡导净化宿舍环境、优化宿舍格局、促进学生团结、营造宿舍人文氛围等环保和人文理念。学生物业管理中心还定期征集校园建设方案，根据学生的特点与需求，不断改进服务，提升育人的效果。

学校学生事务管理工作人员为学生提供许多自我管理的途径，组建学生管理队伍，参与学校各项服务管理工作，还给学生提供勤工俭学、参与社区服务、党员志愿服务活动岗位，一方面增加了学生社会实践的机会，使学生在实践中得到锻炼，提升人际交往能力和组织管理能力；另一方面通过开展协同育人实践活动，积极采纳学生的意见，共同出谋划策，也使学校的服务水平得以提升，加深学生对学校工作的了解，加深对学校的感情，提升学生的组织认同感，有利于树立学生正确的人生观和价值观。

（四）加强制度建设，健全服务育人保障

制度是育人的保障，也是管理的标尺。高校要建立健全规范、科学、合理的制度，为开展服务育人奠定保障机制和工作依据。

1. 建立质量标准体系，推行规范服务

高校的服务育人工作首先要做到规范服务。规范服务重在建立切合实际的质量标准体系，尽可能使所有工作岗位都按照社会同行业（企业）标准来实施。实行分级量化考核，出台教学督导、后勤服务、学生管理、教师培训等日常管理考核指标体系，促进日常服务工作规范化、标准化、科学化，使管理有章可循，有据可依，同时定期对工作进行总结分析，查找管理漏洞，适时完善相应的标准。

2. 加强民主管理制度建设，建立多渠道信息沟通机制

构建高校服务育人管理新体系，在学校层面成立服务育人工作领导小组和服务工作评价考评办公室，强化对下属二级单位工作情况的检查、评估、监督和管理，实施科学管理，建立多渠道、全天候的信息传递与沟通机制。第一，建立意见反馈制度，通过定期召开学生座谈会、实施“校长接待日”活动、开放校长信箱、建立政务微博等方式，及时听取学生的意见和建议，并对学生所提意见建议及时回复落实。第二，建立全天候投诉值班制度，设立服务热线，推行服务承诺制和服务首问负责制，主动接受广大师生员工的监督，让师生投诉有门、论理有道。第三，建立服务质量监督制度，充分发挥学生的主体作用，组建以学生为主的服务质量监督员队伍，随时监督，并定期进行服务满意率问卷调查。同时发挥高校学生自我管理、自我教育的优势，鼓励学生参与学校管理，发挥学生的主体作用，不断改进服务质量。

3. 加强教职工培训制度建设，提高服务育人能力

只有不断提高综合素质，掌握服务技能，才能提升服务育人的能力和水平。因此，高校要重视教职工培训制度建设。一要完善教师培养培训体系，做好培养培训规划，优化队伍结构，分层次、分类别、分批次地对全体员工进行系统的集中轮训，使培训工作长期化、制度化、规范化，提高教师的专业水平和教学能力。二要创新培训形式，通过组织职工开展爱岗敬业、岗位练兵和技术比武等多种活动，形成比学习、比技能、比贡献的良好风尚。通过教学观摩、教学竞赛、优质课精品课评选等形式，提高教师教学水平。通过国际合作与交流，提升教师素质和能力，形成一支具有国际视野的教师队伍。三要提升培训积极性，教育引导处于教学一线的教师树立“师为先，生为本，课为媒”的教育教学理念，积极参与各类素质增强与能力提升的培训，自觉提升服务水平（高斌、类延旭和方仲奇，2009）。

（五）注重环境育人功能，以优美的校园氛围熏陶学生

前苏联教育家苏霍姆斯基说：“教育的艺术在于，能对人起到教育作用的不

仅仅可以是人际关系、老一辈人的榜样和话语、集体保持的传统，也可以是物质财富和精神财富。在我们看来，用环境、用学生自己创造的情境、用丰富集体生活的事物进行教育，是教育过程中最微妙的领域之一。”外部环境会对人产生重大的影响，学生身处校园环境中，无时无刻不受到环境的影响，校园环境影响着学生的心情，优美的校园环境可以陶冶情操、浸润心灵。因此，校园环境不仅是学习的地域场所，更是发挥服务育人功能的重要阵地。

学校后勤系统是校园环境建设和维护的主要力量，应当将服务育人理念贯彻于工作的每一个环节，突出校园文化内涵，渗入育人元素，体现育人理念。后勤服务应当在工作中考虑学生的身心特点和发展需要，因地制宜地布置校园环境，使教研区域、生活区域、休闲娱乐区域的环境建设体现不同的特点：教研区严谨、庄重、睿智，学生在其中能够安心学习；生活区则应侧重为学生营造舒适、便捷、干净、整洁的环境；休闲娱乐区需突出轻松、活力、多样化的氛围，使学生在学习科研之余享受到环境带来的愉悦和惬意，释放紧张和压力。当然校园环境不仅仅由后勤人员进行维护，还可以开展环保活动、节水节电活动，鼓励学生参加学校志愿活动、义务劳动，对学生进行劳动教育，让学生养成热爱劳动、节约资源、爱护环境的良好习惯（李桂霞，2014）。

二、服务育人的作用机制

（一）运行机制

运行机制是把各个部分统一起来的方式，一般分为三种：行政—计划式、指导—服务式和监督—服务式。

1. 服务者和服务对象的协调方式

服务育人的要素至少包括服务者和服务对象。教育部党组出台的《高校思想政治工作质量提升工程实施纲要》明确要求：“把解决实际问题与解决思想问题结合起来，围绕师生、关照师生、服务师生，把握师生成长发展需要，提供靶向服务，增强供给能力，积极帮助解决师生工作学习中的合理诉求，在关心人、帮助人、服务人中教育人、引导人。”这是服务育人的要求和理念，体现着服务育人的部分运行机制。“在关心人、帮助人、服务人中教育人、引导人”表明服务者采用指导、服务的方式去影响服务对象。与此同时，随着社会进步和时代发展，大学生的成长成才需求和全面发展意识不断增强，“以人为本”的理念日渐深入人心，传统教育管理中约束学生、管理学生的方式已经不能满足学生的成长需求。高校服务部门要不断更新服务育人理念、不断推进创新发展，才能实现从重管理和教育到重服务和引导的转变。

2. 服务者内部的协调方式

随着高等教育的发展，过去主要由后勤和图书馆组成的高校服务育人部门已不能满足新形势下大学生多元化服务需求。近年来，高校服务育人工作不断加强与学生事务工作、后勤保障工作、就业创业、心理辅导、第二课堂、社会实践活动等各个方面的融合。服务学生可以归纳为两个方面，即围绕学生成长的日常事务服务和突出学生体验的综合保障服务。前者以教务和学工部门为主，其中高校辅导员最具代表性，与学生接触最多，对学生的影响最大。后者涉及后勤保障、图书资料、医疗卫生、安全保卫等部门。

高校的服务部门众多，孙冰红等人提出建立协同创新的运行机制，遵循“理念引领—顶层设计—组织实施—评价反馈—改进完善”的循环过程，力求实现学校主导、资源整合、部门联动、协同共赢。

3. 服务对象也是教育主体

学生是服务对象也是教育主体，甚至是更为重要的主体。首先，基于马克思主义“人始终是主体”的论断和“以人为本”的教育理念，服务育人要突出大学生主体地位，把解决实际问题与解决思想问题结合起来，围绕学生、关照学生、服务学生，把握大学生成长发展需要，提供靶向服务，增强供给能力。其次，在服务中“立德树人”具有潜移默化、润物无声的效果，是典型的隐性教育。隐性教育是引导学生在学校教育性环境中，直接体验和潜移默化地获取有益于个体身心健康和个性全面发展的教育性经验的活动方式及过程。这种教育方式具有渗透性、潜在性和濡染性，学生容易观察、体验到的只是人际交往关系、各类活动方式和多种教育媒体，而教育因素是深藏其中的，通过个体微观机制才能将其挖掘出来。最后，大学生应该增强自我教育、自我管理、自我服务和自我监督的能力，逐渐学会根据自身学习需要和发展需要对高校教育提出建议和要求，在获取满足自身需要的服务的同时促进高校服务育人水平的提升。

（二）服务育人机制的功能划分

从机制的功能来分，有激励机制、制约机制和保障机制等。激励机制是调动管理活动主体积极性的一种机制；制约机制是一种保证管理活动有序化、规范化的一种机制；保障机制是为管理活动提供物质、制度、精神、组织、人力、技术等方面条件的机制。

1. 服务育人的激励机制

在激励机制方面，陈燕提出为更好发挥高校服务育人示范和带动作用，提高服务育人的质量，各个高校应该建立“服务育人示范岗”网络平台。旨在通过“服务育人示范岗”网络平台，充分发挥现代信息技术和网络优势，推动服务育人典型事例和先进人物的信息共享，以典型事例和先进人物引领高校服务育人的共同发展，以优质服务去感染学生，寓教育于服务之中，促进学生成长成才，全面提高服务。

2. 服务育人的制约机制

现有研究强调通过构建和实施多维立体的评价体系来规范服务育人活动。在构建评价体系时，要坚持定性分析和定量分析相结合、工作评价和效果评价相结合，实现指标体系科学化：一是要设置多层次体系，服务育人工作涉及多个部门、多个方面协作与配合，其机制是一个复杂的系统，需要一套科学的指标体系，对于各类服务育人工作，要一一制定考核办法；二是指标要突出重要方面的重要环节，指标设计既要遵循统一的标准，又要根据本校情况和学生个性进行特色设计，特色设计必须突出指标的重点所在，具有代表性、针对性和实用性；三是要强调发展性指标，在设计指标体系时，要在确保目标一致的基础上，实现社会发展与个人需求的有机结合，根据学生的发展需求和特点，科学设立权重和对应的分值；四是要注重可视化评价，将隐性的指标转化成显性的、可视的和可测的项目来进行定量测量，使思想政治工作服务育人的主体、客体、过程、效果等具体的内容可以观测、掌控，从而提高评价结果的准确性、真实性（盖庆武，2012）。

评价过程由评价、反馈、优化三个环节构成，根据评价结果与反馈分析，实施机制优化，之后再进行新一轮的评价，从而形成“评价—反馈—改进—再评价”的循环过程。在实施评价时要科学应用大数据：一方面，通过大数据分析重新构建出思想政治教育的行为、场景和结果，可为分析与决策提供依据；另一方面，大数据也能为相关院系的学生评奖评优、推优入党等考评活动提供数据支持。评价结果与优化机制相衔接，根据评价结果，及时发现服务育人工作中的问题及学生思想状况中的问题，进而对师生开展有针对性的主题教育、团体辅导等活动，并对有困难的师生提供各种形式的帮扶。

3. 服务育人的保障机制

依据思想政治理论、教育学、管理学、社会学等相关学科的知识和观点，结合大学生思想政治工作及服务育人工作的现实情况，从经费条件保障、制度规范保障、人员队伍保障三个方面出发，力图架构科学系统的高校思想政治工作服务育人保障机制内容体系。

经费条件保障包括财政经费和物质条件方面的保障。财政经费的保障可以分为两个方面：一是专项经费保障，主要用于保证学生事务的顺利进行和开展；

二是在思想政治工作服务育人中开展活动所需要的经费保障。物质条件保障指通过提供场地、建立各项基础设施和设备，从而改善环境，保障大学生思想政治工作服务育人工作的有序进行。在提供物质条件保障时，不是一味地满足师生的要求，而是全面了解学生成长发展的需求，整合资源，制定一定的标准，并根据不同学院不同专业的实际情况，做出科学合理的资源配置计划。

制度规范具有长期性、科学性、规范性的特征，不仅能约束和激励教育者和教育对象，还可以提高服务育人的工作效率。强有力的制度规范能够减少工作中的人为因素，使学校学生教育与服务更加公正和透明，使学生成为服务育人工作的主体，在学校期间的各种事务都能有规可依、有方可寻、诉求有门。而且，让制度走在工作的前面，能够克服“等、靠、推”的被动工作现象，提高工作效率。清晰的制度能够指引学生、约束学生、激励学生，实现从制度管理人到引导人的转变。因此，制度规范在服务育人机制中起着重要的保障作用，使各项学生事务管理工作都有据可依，也有利于高校规范师生行为，教育者和受教育者各守其位，各司其职，从而更高效地实现服务育人。

人员队伍保障是为提高大学生思想政治工作服务育人成效而建设一批高素质、高水平的思想政治工作服务育人队伍及师资力量，包括教师、辅导员班主任、各类管理人员、后勤服务人员等。这是学校提高服务育人工作水平和能力的关键，也体现出了“服务育人”的广义内涵和“全员育人”的理念。干部作风、教师的师德师风会对大学生产生显著的影响。不管是专业教师还是后勤人员，其言谈举止、工作作风、服务态度和整体形象都会对处于价值观形成关键时期的大学生在思想素质和行为方式上产生潜移默化的影响。高校思想政治工作服务育人机制要想高效、长效地运行，需要学校的人员队伍具备良好的道德修养和职业修养，在学生事务管理和育人活动中树立“以生为本”的理念，真正做到关心学生、理解学生、尊重学生，发挥服务工作的育人功能。

第四节 “双一流”高校服务育人的实践与反思

高校服务育人的内涵是随着时代而不断发展变化的。在高校的“三育人”即“教书育人、管理育人、服务育人”提出之初，服务育人较多地限定在后勤管理领域，诸如食堂、宿舍、图书馆等方面。现今，“服务育人”被赋予更丰富全面的内涵，高校应清晰认识“十大”育人不同育人体系之间的逻辑联系，树立合理科学的服务育人理念。高校服务育人涵盖高校教学、科研、管理、后勤保障，涉及高校运行的多部门和环节，蕴含于其他各项育人中，同向同行，互联互通。服务育人成为高校育人的重要组成部分，同时渗透于其他育人方式中，这也体现出了如今所提倡的“大思政教育”体系和“三全育人”模式。

从最初的“教书育人、管理育人、服务育人”的倡导，到后来的“全员全过程全方位育人”以及“十大”育人体系的提出，高校不断跟进育人理念革新的步伐，在服务育人领域做出了巨大努力。浙江大学以“三服务”为抓手的服务育人行动，北京师范大学在党建、后勤、图书资料、心理健康、信息服务等几个方面构建的联合体系，华东师范大学的书院制育人体系，以及武汉大学的后勤保障服务在新冠疫情时期的突出表现，都体现了“双一流”高校服务育人的多元、丰富和贴近学生生活，包括许许多多未提到的例子，都是“双一流”高校服务育人的生动实践。

“三全育人”理念符合高等教育的发展趋势，但从理论走向实践需要经过一段实践的摸索。与课程育人、实践育人相比，服务育人含义相对宽泛和模糊，纯粹的理论研究难以形成可操作的育人机制，需要各高校在实践中不断摸索和总结经验，形成切实有效的操作模式。服务育人涉及的部门众多，需要系统挖掘和梳理各部门的育人价值，整合教育资源。在此基础上，重新调整高校的组织结构，明确各工作部门的职责和工作规范，进而提供专业化的物质和人才保障，这样才能实现服务育人的有序和有效。

“三全育人”与“以人为本”的教育理念一脉相承，服务育人必然强调“以生为本”理念，承认和尊重学生的个体性，充分了解每个学生的个性、爱好和需要，为学生提供贴合实际的服务和支持，使开展的工作和活动得到学生的认可和支持，进而形成良性循环。

第十章　资助育人的理论与实践

资助育人包含了“资助”和“育人”。资助，即以财物帮助，既有为受助对象提供财物的直接帮助，也有提供工作岗位、贷款渠道等的间接帮助。育人，即教育培养学生，是教育的本质目标追求。资助育人作为“十大”育人体系之一，是资助的升华，其不是提供简单的物质资助和精神帮扶，而是通过资助手段实现育人的目的，促进学生的全面发展。资助育人包括但不限于助困，还着眼于奖优助学、扶智扶志，涵盖奖、贷、助、勤、减、免、补等类型，是从经济学视角出发建立的基于新时代社会背景的育人新理念。其中，资助是育人的途径、方式，育人是资助的目标价值。

第一节　资助育人的内涵

资助，根据《辞海》中的解释，可以指广义上的帮助、狭义上的以财务帮助或延伸义上的替人出主意，以及给予物质上、精神上的扶持。资助的过程，就是资助者将集中的物质精神资源按照一定规则配置给被资助者的过程。无论哪种形式的资助，都会涉及资助主体和资助客体两方，即资助者和被资助者。在教育领域，被资助者主要是受教育者（学生），特别是家庭经济困难的学生，以及学生所在的群体，如班级、学校等集体组织；而提供资助的主体，则可以是学校、政府、社会组织、企业及个人等。教育场域中的资助，也属于教育活动的一部分，所以它应当是有教育性的。显然地，通过资助，学生获得经济支持，因而能更顺利地完成学业；也收获精神鼓励，更有助于自身积极茁壮成长发展。因此，资助本就是以育人为目的的，而不是无目的的、随意的。而近年来“资助育人”概念的提出，更是明确了资助行为和育人目的的关系，将资助作为育人的重要途径之一，体现了资助在育人体系中的重要地位。

我国教育的顶层设计始终关注学生资助工作，领导讲话、政策文件都多次对资助育人进行了解读。2016 年，教育部提出“一个目标、一个核心、两项能力、三项教育”，即紧紧围绕立德树人根本任务培养青年学生全面发展，培育和践行社会主义核心价值观，强化创新精神和实践能力，加强励志教育、诚信教育、社会责任感教育。2017 年，教育部发布的《高校思想政治工作质量提升工程实施纲要》中也指出，扶困要结合扶智、扶志，资助育人要建立国家资助、学校奖助、社会捐助、学生自助“四位一体”的发展型资助体系，构建物质帮助、道德浸润、能力拓展、精神激励有效融合的资助育人长效机制，实现无偿资助与有偿资助、显性资助与隐性资助的有机融合，形成“解困—育人—成才—回馈”的良性循环，着力培养受助学生自立自强、诚实守信、知恩感恩、勇于担当的良好品质。资助育人作为十大体系之一，首次出现在教育部关于加强高校思想政治工作的正式文件中。同年，教育部副部长沈晓明在《人民日报》上发表文章，强调资助是手段而目的在育人；学生资助工作绝不是简单地发钱、发物，要全面推动保障型资助向发展型资助转变。他还说到，学生资助是脱贫攻坚工作的重要措施；治穷先治愚，扶贫先扶智，教育扶贫在脱贫攻坚战略中具有基础性、先导性作用（2020）。2019 年，《人民日报》又一次刊发关于资助育人的文章，其中写到，强化资助育人理念，构建资助育人质量体系，把“立德树人”根本任务融入学生资助工作全过程；推动各地各校继续开展学生资助志愿者服务、诚信教育、防诈骗警示教育；促进各校形成全员参与、各部门配合、各个教育教学环节统筹协调的资助育人机制，对家庭经济困难学生身心发展、道德品质培养、学业帮扶、就业指导等方面给予更多的关怀和帮助（薛声，2019）。

与政策发展的时间相一致，学界对于资助育人内涵的研究从无到有，逐渐明晰。在政策文件提出资助育人之前，已有学者意识到要重视学生资助工作的育人导向，例如，许科红（1998）表示，经济资助的同时也要注重艰苦奋斗、自强自立精神的培养，引导困难学生互帮互助，增强社会责任感、回报社会关怀；杨爱民（2005）认为，要构建资助与育人相结合的新型助学体系，助学内容包括经济资助、思想关注、能力援助等，助学过程要加强对学生的信用教育、组织学生成立公益性组织、广泛开展勤工助学工作，既要升华助学目标——从解决经济问题“帮助贫困家庭学生完成学业”到全面提升学生素质“帮助贫困家庭学生顺利成才”，也要延伸助学内涵——从经济资助工作到思想政治工作。由此不难得出，学理层面较早地形成了对资助育人内涵的理解，尽管还没有使用“资助育人”这个整体的概念，但学者们的阐释明显与其方向一致。随着我国社会的进步腾飞、资助体系的完善成熟，学生资助工作不再限于从外部“输血”，而是侧重于从内部“造血”，激活受助学生的能动性、创造力和内生冲动，从而促进学生成才，更加充分地体现资助的意义。

近十年来，学者更为关注资助育人作为一个整体的概念内涵。向辉和曲莎莎等（2011）从大学生个体、高校、社会三个层面阐述资助工作中育人内涵的意义，即资助育人有利于满足学生个体成长需要、实现大学培养人的根本目标、促进教育公平。李林伟（2015）认为，高校资助育人工作应包含“资助育人工作政策的稳定和谐”“资助育人工作交往中的畅通有序”“贫困生对资助育人工作的有效认同”“贫困生受助权益的合理实现”和“资助成果的传承和发展”等环节。张远航（2018）强调，资助育人即在落实资助政策、实施资助举措的过程中达到教育人、培养人的目标或效果，是高校资助工作的固有功能，更是高级功能。资助育人外显了资助工作的本质、丰富了内容、拓展了模式、创新了话语。赵雨（2019）界定了育人的目的，由此阐释高校资助育人的概念为各高校在深化落实资助的基础上，做到经济上与精神上的同步教育，并不断完善道德素质，帮助学生树立正确的价值观，提升学生的综合素质和个人的全面发展的能力。马晓燕（2020）从高校学生资助工作“为什么育人”的价值诉求、“何以育人”的本质定位和“怎么样育人”的实践进路三个维度进行分析，得出高校资助育人核心是“人”，方法为“资”，根本在“育”，深刻体现着实现个人发展与社会进步的价值诉求、统筹解决思想问题与实际问题的本质定位、有效衔接底线保障与高线引领的实践进路。

第二节　资助育人的理论基础

一、“育人”的内涵和要素——学生发展金字塔理论

学生发展理论（Student Development Theory）是人的发展理论在高等教育中的延伸，作为20世纪六七十年代继传统“替代父母制”“学生人事管理”等理论之后，指导高校学生工作的重要理论。学生发展理论关注学生的心理发展，还讨论认知与智力发展、情感与态度发展、伦理与道德发展以及具体行为如饮食、职业选择等发展的问题（克里斯汀·仁、李康，2008）。岑逾豪（2016）通过“中国大学生投入调查”（NSSE－CHINA）以及四年纵向追踪研究，形成了本土化的学生发展金字塔模型，有助于全面理解“育人”的概念内涵——在横向上，“育人”指向不同阶段中学生发展的重要因素，如初始阶段以各类活动作为载体，到后期获得知识、能力、情感等全方位的发展；在纵向上，“育人”强调学生发展是具有层次性的进阶过程。此外，该模型还注明了教育者在学生发展各阶段的角色。

学生发展金字塔模型分为四种不同层次，第一层为"学生参与（participation）"，包括包括课业学习、联课活动、课外活动、勤工助学、人际交往及休闲娱乐这六类大学生活的不同情境。其中，联课活动（co－curricular activities）常被称作第二课堂，指学生自愿参与学术相关的课余活动，如本科生科研、学术与专业竞赛和学习团体。课外活动指学生在课余自愿参与的和学业关联较弱的活动，比如团委学生会、志愿者服务队等学生组织。第二层级要求"学生投入（engagement）"，包括行为投入、认知投入和情感投入，即投入大量的时间和精力，接受高阶思维的挑战，经历复杂的情感变化。再上一个层级，要求学生认识并反思大学经历中的"学习结果"（learning outcomes）或收获，包括学业知识的掌握、技能的习得、个人意识的萌发和社会交往能力的提升，达成学习结果需要教育者和学习者共同的投入，教育者也不仅包括授课教师、学业导师，还包括辅导员、教务人员等教育管理人员。达到金字塔顶层要求个体在意义建构或思维方式上得到"学生发展（development）"，在认识论维度、个人内在维度以及人际间维度形成较为完整、稳定的认同，能够正确处理自我观点与外部观点的关系。在不同阶段，教育者所需要承担的主要职责也有所不同，从组织者、促进者、激励者再到伙伴的角色转变（见图 10－1）。

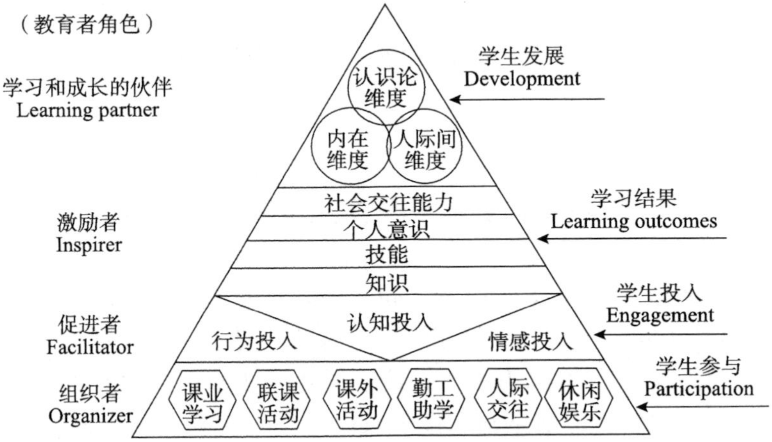

图 10－1　学生成长金字塔模型

但这一理论也有"所不能及"之处，作为具有一定视角的宏观理论，具有普适性同时也缺乏具体情境下的适切性，特别是对于教育者所发挥作用的具体形式缺乏关注。以受教育者为中心，详尽地描述了受教育者的发展历程，但缺乏对于外在支持因素，特别是"资助"等特定性质、特定形式支持的关注。

二、“资助”的价值和有效性——人力资本理论

人力资本是指凝聚在劳动者身上的知识、技能以及表现出来的能力，这种能力是生产增长的诸多要素中的主要因素，其对于经济增长的作用大于物质资本。人力资本的核心是提高人的质量，而教育是人力投资的最主要部分。20 世纪 60 年代以前，劳动力被认为是停滞的，是“既定而不会增长”的（Becker, 1993）。舒尔茨在研究美国经济要素时提出了人力资本理论。此后，教育开始被视为重要的人力资本投资。

这一理论一经提出就引发了诸多学者的讨论，在实际调查中，Pritchett 和 Lant（2001）发现个人获得的教育正收益并不意味着社会的正收益，即教育与经济的衔接中存在着大量的非经济性因素；我国研究者王蓉（2009）从国家与公共教育的角度形成了新人力资本理论框架，整合了此前人力资本研究中的宏观与微观视角，将人力资本按照两个维度进行分类，第一个维度是人力资本的生产性属性（分配性人力资本），第二个维度是人力资本的私人物品属性。因此，人力资本包括两部分，即私人物品化的人力资本和集体物品化的人力资本。这一框架实际上也揭示了“无效”公共教育投资的原因，即正规教育培训的分配方式没有匹配个人能力需求，没有帮助学习者形成对生产有帮助的知识和技能。

人力资本理论及其相关讨论对本研究的指导意义在于：第一，肯定了公共教育投资对于个人发展以及社会发展的实际积极意义，即国家对于学生的资助能够对学生个人以及国家社会发展有增长作用；第二，指出了公共教育投资损失或无效的原因，即人力资本增益分为公共与私人两种走向。而公共教育所进行的教育投资不一定能够匹配个人需求，隐含了各种非经济因素的重要意义，即通过各类中间主体的作用，使得公共投资能够更加有效地作用于人力资本增长。

三、“资助育人”的资金来源——教育成本分担理论

教育成本分担理论是在 20 世纪 80 年代世界高等教育财政危机的背景下，由美国著名教育经济学家约翰斯通提出的理论，阐述了教育成本“谁受益，谁付款”的原则。因此，高等教育成本不应该完全由国家来承担，也不应该完全由高等教育接受者个人支付，而应由包含政府、家庭、高校等在内的多个主体来共同承担（张岩，2018）。该理论为“资助育人”资金来源的选择提供了有

力的理论依据（单惠，2016）。

学界一般认为，在受益者主体中，政府是最主要的成本分担者，学生或家庭是成本的重要分担者，社会力量是成本分担的重要补充。政府对成本的分担方式包括对高校的直接拨款和对学生直接资助或发放各种补贴；学生或家庭对成本的分担主要体现为交学费；而社会力量对成本的分担主要体现在对高校和学生的捐助行为。高等教育成本在不同主体之间进行分担，可以在较大的范围内有效解决经济困难学生教育成本问题，为更多人提供了入学机会，促进教育公平。

四、"育人"的目标和效果——人的需要和全面发展理论

马克思指出，人的需要即人的本质，是人发展的最终目标和根本动力（马克思恩格斯全集，1982）。人的需要可以分为生存需要、享受需要和发展需要三个层次：生存需要是享受需要和发展需要的物质条件。按照主体划分，人的需要又可以分为个体需要和社会需要两个层次（谭亚男，2017）。

资助育人是实现学生发展需要的重要手段，高校资助育人旨在帮助贫困学生健康发展，是满足个体需要的重要手段。资助和育人功能的有效结合是促进个体发展需要的重要方式（焦莹莹，2020）。高校资助育人工作应将目标锚定于个体及社会发展需要的实现，人的需要是高校资助育人发展的重要动力，高校资助育人的目标不仅是对受助学生进行经济帮扶，以满足其物质生存的需要，更重要的是在资助的过程中保证其心理和人格的健康发展，从而满足其更高层次的发展需要，助力学生在实现个人价值的同时奉献社会。

此外，马克思提出的关于"人的全面发展"的理论，为资助育人提供了清晰全面的目标导向。马克思认为"人的全面发展"有三个方面的含义：一是个体的体力、智力、个性和交往能力的发展；二是人的社会关系的丰富；三是人的个性方面的全面发展，包括人自然潜力、身心和谐、精神道德观念、自我意识、个性等方面的全面发展。资助育人要帮助学生实现全面发展，就是使学生各方面的本质力量都发展起来，使学生向完整的人发展，使学生以一种全面的方式，也就是说作为一个完整的人，占有自己的全面的本质。高校资助育人工作是以资助之名，行育人之事，其根本目的是促进学生在劳动能力、社会关系、个性方面的全面发展。这是高校资助育人工作中不可丢失的初心和使命。

第三节　资助育人的发展脉络

自新中国成立以来，党和国家始终高度重视教育事业发展，始终高度重视家庭经济困难学生上学问题，出台了兼具精准性和发展性的资助政策，资助家庭经济困难学生的力度不断加大，有效地保障了家庭经济困难学生顺利入学、完成学业。中国特色社会主义进入新时代，高校资助育人工作逐渐走上正轨，向发展型资助和全方位育人的方向转变。

一、新中国成立初期：从普惠到精准（1949—1965 年）

新中国成立初期，为了促进教育快速发展，我国开始探索实行一系列与社会主义社会相适应的新型学生资助政策。总体上看，1949—1965 年，我国高等教育资助实行学生供给制、人民助学金方式，并逐渐从学生供给制过渡到发放人民助学金，从普惠过渡到精准。

（一）学生供给制

新中国成立初期至 1955 年，我国实施了一段时期的学生供给制，资助对象主要包括军政干部学校学生、干部子弟学校学生、少数民族学生和烈士子女学生。对于这部分学生，不收学费，同时提供免费住宿、伙食和服装，并发放一定额度的津贴，用于购买洗漱等基本生活用品。

1952 年 7 月，政务院印发《关于调整全国高等学校及中等学校学生人民助学金的通知》，取消了针对少数民族学生的供给制待遇，改为发放助学金。1955 年 7 月，财政部、教育部、国务院人事局联合印发《关于取消中小学、幼儿园学生供给制待遇的通知》，取消干部子弟学生的供给制。1955 年 8 月，教育部、内务部联合印发通知，取消烈士子女学生供给制，改发助学金。

在这期间，我国军政干部学校也进行调整，一部分转为正规军事院校，对学生继续实行供给制；另一部分则组建或并入各类普通高校，取消供给制，改发助学金。至此，除正规军事院校的学生外，供给制或全公费政策均先后取消，改为实施人民助学金政策。

（二）人民助学金

新中国成立前，我国部分地区已开始实施助学金制度，但在不同区域、不同学校之间资助标准存在较大差异。新中国成立后，在《关于调整全国高等学校及中等学校学生人民助学金的通知》和《关于调整各级各类学校教职工工资及学生人民助学金标准的通知》中，国家逐步对人民助学金制度进行统一和规范，统一规定了全国各级各类学校学生助学金的基本发放标准。具体为高等教育的资助政策为：高等学校学生全部发放人民助学金，其中非师范院校学生每人每月 12 万元①；师范院校本科生每人每月 14 万元，专科生每人每月 16 万元；升入高等学校的在职干部每人每月 32 万元。

人民助学金自 1952 年统一设置与实施后，其制度体系在 1966 年之前没有大的变化，除对资助标准进行调整外，资助对象也发生了一些调整，主要表现为从普惠制逐渐转变为面向经济困难学生。1955 年 8 月，高等教育部发出《关于执行全国高等学校（不包括高等师范学校）一般学生人民助学金实施办法的指示》，将本专科学生发放对象由"全体发给"改为"部分发给"。根据学生不同的家庭经济条件确定是否发放以及发放数额。家庭富裕能自费者，不发给助学金；能自费半数或 1/3 伙食费者，发给所缺部分；完全无力负担者，发给全部伙食费。1955 年本专科学生助学金资助比例为 70%，1964 年提高到 75%。

二、"文革"前后：全面资助工农兵学员（1966—1977 年）

1966 年 5 月到 1977 年，这一时期的高等教育资助工作整体延续了之前 17 年逐步改革发展起来的资助政策，人民助学金制度仍然是高等教育资助的主要形式。受高教部、教育部相继撤销和高等教育停招、职业教育停办等影响，高等教育资助工作也体现出一些与之前不同的特点，烙上了深刻的时代印迹。

对于"文革"开始以后仍然在校学习的高等学校本专科在校生和研究生，依然按照之前实施的人民助学金发放办法发给人民助学金。

1970 年，我国大学恢复招生，改变了以往通行的高考招生办法，直接从工农兵中选拔、推荐优秀对象免试入学。国家调整了工农兵学员的人民助学金发放办法，由"文革"前的按一定比例资助改为全面资助（所有工农兵学员均享受生活费资助）。来自工厂的学生学习期间每人每月由学校发给伙食费和津贴费（各地标准略有差异，如北京、上海每人每月 19.5 元，武汉每人每月 17.5 元），其中十年以上工龄的老工人工资由原单位照发，但要扣除学校发放部分；来自农村的学生由学校发放；解放军学员由部队负责发放。

1973 年 4 月，国务院批转《国务院科教组关于高等学校 1973 年招生工作的意见》，入学时满 5 年工龄和入一年左右进修班的国家职工，工资由原单位照

① 当时人民币币值为旧制单位，1955 年 3 月实施币制改革，以 1 万元旧币折合新币 1 元。

发，学校不再发伙食费和津贴费。其他学生（解放军学员除外）发放伙食费与津贴费。其中，伙食费普遍发放；津贴费用于学生在校期间学习和生活上的困难补助，分定期补助和临时补助两种，由学校根据学生家庭经济情况评定，对家庭经济条件较好的学生，可以不发给津贴费。学生家庭生活有困难的，仍由原单位给予适当补助。

三、改革开放初期：从“助”学金到“奖”学金（1978—1992年）

1978年至1992年的十五年，是我国改革开放的起始阶段。党的十一届三中全会后，随着党和国家工作重点转移到经济建设上来，教育体制改革全面展开，我国高等教育也逐步得到恢复、调整和发展。高等教育资助的制度设计发生了较大的变化，逐渐从人民助学金为主，过渡为奖学金和助学金共存，再到奖学金和贷学金并行；逐步形成以政府资助为主体、社会资助为补充的政策格局。

（一）以人民助学金为主时期（1978—1983）

改革开放初期，高等教育学生资助延续了新中国成立以来的人民助学金制度，即高校不收取学生的学杂费、住宿费，国家定期发放人民助学金。但是，对于不同地区、不同类别的研究生和本专科生，人民助学金覆盖范围和发放标准有所差异。

1977年12月，教育部、财政部印发的《普通高等学校、中等学校和技工学校学生实行人民助学金制度的办法》规定，研究生、高等师范、体育和民族学院学生，一律享受人民助学金，享受比例按100%计算。其他高等院校学生，其助学金的享受比例按75%计算。国家职工被录取的研究生和满五年工龄的国家职工进入普通高等学校学习的学生，在校学习期间，工资由原单位照发，一切费用自理，不享受人民助学金。国家职工被录取为研究生后，如原工资低于研究生人民助学金标准，经原工作单位证明，可按人民助学金标准，由学校补发差额。应届大学毕业生中工龄不满五年的国家职工，在校期间不由原单位发给工资（由学校发给生活费或人民助学金）的毕业生被录取为研究生后，仍实行人民助学金制度。

1979年8月4日，当时的教育部、财政部、国家劳动总局颁发实行职工助学金的规定，指出连续工龄满五年的国家职工考入高校后，将一律实行职工助学金制度，不再享受原工资和原单位其他待遇；一般学生实行人民助学金制度，除高等师范、体育、民族学生全部享受人民助学金外，其他学生的人民助学金享受面按75%计算。1982年起，国家职工被录取为研究生的，不再享受原单位发放的工资待遇，一律实行人民助学金制度。

（二）助学金和奖学金共存时期（1983—1986）

1983 年 7 月，教育部、财政部印发《普通高等学校、专科学校人民助学金暂行办法》和《普通高等学校本、专科学生人民奖学金试行办法》，在继续实行人民助学金制度同时，增设人民奖学金。

根据《普通高等学校、专科学校人民助学金暂行办法》规定，一是将人民助学金分为职工学生人民助学金和一般学生人民助学金两种。凡连续工龄满五年以上的国家职工被录取到高等学校后，全部享受职工学生人民助学金。连续工龄不满五年的国家职工和应届高中毕业生及其他社会青年被录取到高等学校后，生活困难而又符合条件的，也可以申请享受一般学生人民助学金。二是缩减原有人民助学金的资助比例。除高等师范、体育（含体育专业）、农林和民族学院的学生仍按 100% 享受人民助学金，煤炭、矿业、地质、石油院校（含单设专业）按学生人数的 80% 享受人民助学金外，其他各类院校发放人民助学金的比例由 75% 降至 60% 。三是对部分专业的学生发放伙食补助。对于高等学校中的体育、航海、舞蹈、戏曲、管乐专业，水产院校中的海洋捕捞、轮机业和刑警院校的学生，不论是否享受人民助学金，加发 40% 以内的专业伙食补助。

根据《普通高等学校本、专科学生人民奖学金试行办法》规定，人民奖学金暂按学生总人数的 10% ~15% 范围内掌握；每生享受奖学金的最高金额每年以不超过 150 元为宜。

（三）奖学金和贷学金并行时期（1986—1992）

1986 年 7 月，国务院批转的《国家教委、财政部关于改革现行普通高等学校人民助学金制度的报告》提出，将人民助学金制度改为奖学金和学生贷款制度。同年，国家教委在全国 85 所普通高等学校进行奖、贷学金试点。

1987 年 7 月，国家教委、财政部联合印发《普通高等学校本、专科学生实行奖学金制度的办法》和《普通高等学校本、专科学生实行贷款制度的办法》，要求所有高等院校实行奖学金和贷学金制度。奖学金分为优秀学生奖学金、专业奖学金、定向奖学金三类：优秀学生奖学金用于奖励德、智、体全面发展的优秀学生，共分三个等级：一等优秀学生奖学金，按学生人数的 5% 评定，每人每年 350 元；二等优秀学生奖学金，按学生人数的 10% 评定，每人每年 250 元；三等优秀学生奖学金，按学生人数的 10% 评定，每人每年 150 元。专业奖学金适用于考入师范、农林、体育、民族、航海等专业的学生。分三个等级：入学第一年，一律享受三等专业奖学金，每人每年 300 元。从第二学年开始，按学生人数的5%评定一等专业奖学金，每人每年400元；按学生人数的10%评定二等专业奖学金，每人每年350元；其余85%仍享受三等专业奖学金。定向奖学金适用于立志毕业后到边疆地区、经济贫困地区和艰苦行业工作的学生，具体金额由有关部门和有关地区根据计划确定的名额设立。

《普通高等学校本、专科学生实行贷款制度的办法》规定，国家向经济困难学生提供无息贷款，最高贷款限额每人每年不超过300元，发放贷款的比例严格控制在本专科学生人数的30%以内。

四、经济转型时期：从单一走向多元混合（1993—2006年）

20世纪90年代以后，教育体制改革快速推进。1993年《中国教育改革和发展纲要》出台后，高等教育资助的举措逐步增多，资助主体逐步多元，资助规模进一步扩大，多元主体、混合资助成为这一阶段的主要特征，高等教育学生资助政策趋于社会主义市场化发展。

（一）国家层面的资助

1. 政府奖助学金

（1）调整专业奖学金标准。

1994年9月起，国家提高了专业奖学金的标准，民族专业奖学金提高到每生每年700元，其他类专业奖学金提高到每生每年500元。

（2）设立研究生奖学金。

1994年，当时的国家教育委员会、财政部印发《普通高等学校研究生奖学金办法》，设立研究生奖学金，分为普通奖学金和优秀奖学金。普通奖学金资助标准博士研究生，依照工作经历奖励标准为每人每月190～230元，硕士研究生依照工作经历奖励标准为每人每月147～187元。优秀奖学金标准评定比例和发放办法等由各学校自定。

（3）设立国家奖助学金。

2002年，财政部、教育部印发《国家奖学金管理办法》。从2002年起，中央政府每年出资2亿元设立国家奖学金，每年资助4.5万名成绩优秀、家庭经济困难的本专科学生。国家奖学金分两个档次：一等奖学金，每人每年6000元；二等奖学金，每人每年4000元。国家奖学金获得者，其所在学校减免当年的全部学费。

2005年，财政部、教育部印发《国家助学奖学金管理办法》，增设国家助学金。国家助学奖学金由中央政府出资设立，分为国家奖学金和国家助学金两种形式。国家奖学金的资助对象为高校中家庭经济困难、品学兼优的全日制本专科学生；国家奖学金额度为每人每年4000元，每年资助5万名学生。国家助学金的资助对象为高校中家庭经济特别困难的全日制本专科学生；国家助学金以资助家庭经济特别困难学生的生活费为目的，标准为每人每月150元，每年按10个月发放，每年约资助53.3万名学生。

2. 国家助学贷款

1999年6月，国务院办公厅批转了中国人民银行、教育部、财政部等部门《关于国家助学贷款管理的规定（试行）通知》和《国家助学贷款管理操作规程（试行）》，决定从当年9月1日开始，在北京、上海、武汉等8个城市试点，由中国人民银行指定中国工商银行办理贷款业务，帮助高校经济困难学生支付在校期间的学费和日常生活费。国家助学贷款利率按中国人民银行公布的法定贷款利率执行，为减轻学生还贷负担，财政部门对贷款学生给予50%的利息补贴。

2000年以后，国家不断完善国家助学贷款政策。2004年6月，教育部、财政部、人民银行、银监会印发《关于进一步完善国家助学贷款工作的若干意见》，进一步健全国家助学贷款管理体制，改革贷款审批和发放办法，强化普通高校和银行的管理职责，完善还贷约束机制和风险防范机制，确保国家助学贷款工作持续健康发展，基本满足普通高校经济困难学生需要，最大限度地降低国家助学贷款风险。"意见"的重大调整内容主要包括：通过招标选择贷款经办银行；规定学生在校期间利息由财政承担，毕业后利息由学生承担；还贷期限延长至6年，同时试行基层就业贷款代偿；建立国家助学贷款风险补偿专项资金，给予经办银行适当补偿等。

2006年9月，教育部、财政部印发《高等学校毕业生国家助学贷款代偿资助暂行办法》，由中央财政出资，对中央部属高校毕业生到西部地区和艰苦地区基层单位就业，服务期3年以上的，其助学贷款本金及利息由国家代为偿还。

3. 勤工助学

1993年8月，国家教委、财政部印发《关于进一步做好高等学校勤工助学工作意见》，对高等学校勤工助学工作的组织领导、机构设置、报酬标准、资金筹措、岗位设置、工作内容、奖励表彰、优先原则等做了明确要求。

1994年5月，国家教委、财政部印发《关于在普通高等学校设立勤工助学基金的通知》，要求各高校要充实勤工助学基金，为勤工助学的可持续发展提供了基本的财力保障。1999年6月，教育部、财政部印发《关于进一步加强高校资助经济困难学生工作的通知》，要求各学校每年须从学费收入中划出10%的经费，专门用于勤工助学工作。积极推进研究生兼任"助教、助研、助管"工作，力争用二至三年的时间，使50%以上的在校研究生能够拥有“三助”岗位；积极引导经济困难学生参加勤工助学，努力开辟、增加新的勤工助学岗位。

2005年4月，教育部、团中央联合印发的《关于进一步做好大学生勤工助学工作的意见》中规定，“学生从事勤工助学活动，原则上每周参加勤工助学的时间不超过8小时”“报酬原则上不低于8元/每小时”。进一步明确了勤工助学的酬金标准，切实维护了参加勤工助学的学生基本权益。

4. 新生入学“绿色通道”

1998年，清华大学在全国高校中率先开设“绿色通道”，即对被录取入学、家庭贫困的新生，一律先办理入学手续，然后根据核实后的情况，予以相应资助。2000年，教育部、国家计委、财政部印发《关于2000年高等学校招生收费工作若干意见的通知》，要求所有高校必须建立“绿色通道”制度。

5. 其他资助措施

1999年6月，教育部、财政部印发《关于进一步加强高校资助经济困难学生工作的通知》，要求对于经济特别困难的学生，各高等学校除加大学生贷款、勤工助学、特殊困难补助等资助工作力度外，还要认真执行国家制定的学费减免政策，以确保特别困难学生能够顺利完成学业。

（二）社会层面的资助

这一时期，教育基金会的完善和发展，拉动了社会捐资助学事业。在全国范围内，各级各类社会奖助学金项目先后设立。从捐资主体来看，既有企业单位、事业单位，也有个人；从捐资渠道来看，既有利用基金会平台的，也有直接面向受助者的；从资助对象来看，既有助困的，也有奖优的，同时也有面向特定群体设立的资助项目。一些资助项目代表性强、辐射面广、影响持久，主要有宋庆龄奖学金、宝钢教育奖、曾宪梓奖学金、恒安济困助学金、华为寒窗学子奖学金、中国科学院奖学金、“五四”奖学金、杨纪珂奖学金、新长城助学金、华夏学子奖助学金等。

五、新资助政策体系建立以来：全覆盖、高力度、多样式（2007—2021）

2007年5月，国务院印发《关于建立健全普通本科高校高等职业学校和中等职业学校家庭经济困难学生资助政策体系的意见》，标志着我国学生资助进入新的发展阶段。15年间，我国各级各类教育的学生资助政策从资助对象、资助范围、资助力度到资助内涵，均实现了质的飞跃。国家学生资助项目从少到多，资助面从窄到宽，实现了"三个全覆盖"，即所有学段（从学前教育到研究生教育）全覆盖、所有学校（包括公办与民办）全覆盖、所有家庭经济困难学生全覆盖，从制度上基本保障了"不让一个学生因家庭经济困难而失学"，切实减轻了经济困难家庭的经济负担，增强了人民群众的获得感，为家庭经济困难学生实现人生梦想提供了强有力的保障。

（一）2007 年初步构建高等教育资助政策新体系

2007 年，财政部、教育部先后制定出台国家奖学金、国家励志奖学金、国家助学金、生源地信用助学贷款、免费师范生、勤工助学等资助政策。

1. 改革本专科生国家奖学金政策

2007 年 6 月，财政部、教育部印发《普通本科高校、高等职业学校国家奖学金管理暂行办法》，由中央政府出资，面向高校全日制本专科（含高职、第二学士学位）学生中特别优秀的学生设立国家奖学金。每年奖励 5 万人，每人每年 8000 元。2019 年 6 月，财政部、教育部印发《关于调整职业院校奖助学金政策的通知》，增加高职院校国家奖学金名额，从 2019 年起，将本专科生国家奖学金奖励名额由 5 万名增加到 6 万名，增加的名额全部用于奖励特别优秀的全日制高职院校学生，奖励标准为每生每年 8000 元。

在评审办法上，2019 年 9 月，教育部、财政部印发《本专科生国家奖学金评审办法》，废止 2007 年和 2010 年印发的评选办法，进一步规范本专科生国家奖学金评审工作，确保评审工作的公平、公正、公开。

2. 设立国家励志奖学金

2007 年 6 月，财政部、教育部印发《普通本科高校、高等职业学校国家励志奖学金管理暂行办法》，由中央和地方政府共同出资，面向高校全日制本专科（含高职、第二学士学位）学生中品学兼优家庭经济困难的学生设立国家励志奖学金，奖励标准为每生每年 5000 元，奖励比例约为在校本专科生数量的 3%。2019 年 6 月，财政部、教育部印发《关于调整职业院校奖助学金政策的通知》，扩大高职院校国家励志奖学金覆盖面。从 2019 年起，将高职学生国家励志奖学金覆盖面提高 10%，即由 3% 提高到 3.3%，奖励标准为每生每年 5000 元。

3. 完善本专科生国家助学金政策

2007 年 6 月，财政部、教育部印发《普通本科高校、高等职业学校国家助学金管理暂行办法》，由中央和地方政府共同出资，面向高校全日制本专科（含高职、第二学士学位）在校生中的家庭经济困难学生设立国家助学金。国家助学金的平均资助标准，由此前每生每年 1500 元调整为每生每年 2000 元，具体标准可分为 2 ~ 3 档。2010 年，财政部、教育部将本专科生国家助学金平均资助标准，由每生每年 2000 元提高到每生每年 3000 元。

2019 年 6 月，国务院常务会议研究决定，从 2019 年开始扩大高职院校奖助学金覆盖面，国家奖学金奖励名额由 5000 人增至 15000 人，国家励志奖学金覆盖面提高至 3.3%，国家助学金覆盖范围扩大，平均补助标准从每生每年 3000 元提高至 3300 元，并同步提高本科院校学生补助标准。

4. 推行师范生免费教育

2007 年 5 月，国务院办公厅转发《教育部等部门关于教育部直属师范大学师范生免费教育实施办法（试行）》，决定自 2007 年秋季起，在北京师范大学、华东师范大学、东北师范大学、华中师范大学、陕西师范大学和西南大学六所中央部属师范大学实行师范生免费教育，免费师范生在校期间免除学费，免缴住宿费，并补助生活费，所需经费由中央财政安排。

5. 开展生源地信用助学贷款

2007 年，财政部、教育部、国家开发银行印发《关于在部分地区开展生源地信用助学贷款试点的通知》，决定当年在江苏、湖北、重庆、陕西、甘肃开展生源地信用助学贷款试点工作。2008 年 9 月 9 日，财政部、教育部、银监会联合印发《关于大力开展生源地信用助学贷款的通知》，在试点基础上进一步扩大生源地信用助学贷款覆盖范围，面向全日制普通本科高校、高等职业学校和高等专科学校（含民办高校和独立学院）的新生及在读的本专科学生、研究生和第二学士学生中的家庭经济困难学生提供生源地信用助学贷款。

6. 规范勤工助学

2007 年 5 月，教育部、财政部印发《高等学校学生勤工助学管理办法》，对全日制普通本科高等学校、高等职业学校和高等专科学校的本专科学生和研究生的勤工助学活动从组织机构、职责划分、岗位设置、酬金标准、法律责任方面做出详细规定。2018 年 8 月，教育部、财政部印发《高等学校勤工助学管理办法（2018 年修订）》，结合社会经济发展和在校学生消费水平，适度提高勤工助学酬金标准，由每小时不低于 8 元提高至不低于 12 元。

（二）2007 年至今对高等教育资助政策体系的完善

1. 完善补偿代偿

2009 年 3 月，财政部、教育部印发《高等学校毕业学费和国家助学贷款代偿暂行办法》，将原中央高校毕业生基层就业国家助学贷款代偿政策扩大到学费补偿贷款代偿，将政策覆盖范围扩大到中西部地区，对于中央高校毕业生到中西部地区和艰苦边远地区基层单位就业、服务期在 3 年以上（含 3 年）的，其学费由国家实行代偿。2009 年 4 月，财政部、教育部、总参谋部印发《应征入伍服义务兵役高等学校毕业生学费补偿国家助学贷款代偿暂行办法》，决定从2009年起对应征入伍服义务兵役的高等学校毕业生在校期间缴纳的学费实行补偿，申请的国家助学贷款实行代偿政策。2013年8月，财政部、教育部、总参谋部印发《高等学校学生应征入伍服义务兵役国家资助办法》，扩大服义务兵役国家资助范围，明确将普通高校全日制普通本专科生、研究生、第二学士学位的应（往）届毕业生、在校生和入学新生，以及成人高校的普通本专科应（往）届毕业生、在校生和入学新生，全部纳入应征入伍服义务兵役国家资助范围，实行学费补偿或国家助学贷款代偿。2015年，财政部、教育部、总参谋部印发《关于对直接招收为士官的高等学校学生施行国家资助的通知》，将直接招收为士官的高等学校学生也纳入国家资助范围。

2. 实施退役士兵学费资助

2011年，财政部、教育部、民政部、总参谋部、总政治部印发《关于实施退役士兵教育资助政策的意见》，从2011年秋季学期开始，对考入全日制普通高等学校的自主就业退役士兵实施学费资助。同年，将高校在校生纳入应征入伍服义务兵役资助范围。

3. 设立新生入学资助项目

2012年5月，为帮助中西部地区家庭经济特别困难大学新生顺利入校，解决路费和校内短期生活费用，国家使用中央专项彩票公益金“润雨计划”专项资金设立了新生入学资助项目。资助标准为省（自治区、直辖市）内院校录取的新生每人500元，省（自治区、直辖市）外院校录取的新生每人1000元。

4. 设立研究生国家奖学金

2012年9月，财政部、教育部印发《研究生国家奖学金管理暂行办法》，从2012年秋季学期起，建立研究生国家奖学金制度。博士研究生每生每年3万元，奖励1万人；硕士研究生每生每年2万元，奖励3.5万人。

5. 设立研究生国家助学金

2013年7月，财政部、教育部印发《研究生国家助学金管理暂行办法》，自2014年秋季学期起，设立研究生国家助学金，资助纳入招生计划的所有全日制研究生。硕士研究生资助标准不低于每生每年6000元；博士研究生资助标准不低于每生每年1万元，2017年提高至不低于每生每年1.3万元。

6. 设立研究生学业奖学金

2013年7月，财政部、教育部印发《研究生学业奖学金管理暂行办法》，自2014年秋季学期起，设立研究生学业奖学金。中央财政对中央高校研究生学业奖学金所需资金，按照博士研究生每生每年10000元、硕士研究生每生每年8000元的标准以及在校生人数的一定比例给予支持，各省、自治区、直辖市、计划单列市财政、教育部门确定地方财政对本省（自治区、直辖市、计划单列市）所属高校研究生学业奖学金的支持力度，制定地方所属高校研究生学业奖学金管理办法。

7. 完善国家助学贷款政策

2014 年，财政部、教育部、中国人民银行、银监会联合印发《关于调整完善国家助学贷款相关政策措施的通知》，提高国家助学贷款及学费补偿贷款代偿资助标准，本专科生由每生每年最高 6000 元提高至 8000 元，研究生由每生每年最高 6000 元提高至 12000 元。2015 年，教育部、财政部、中国人民银行、银监会联合印发《关于完善国家助学贷款政策的若干意见》，扩大贴息范围，延长还款期限，建立还款救助机制。2020 年 7 月，教育部、财政部、中国人民银行、银保监会联合印发《关于调整完善国家助学贷款有关政策的通知》，加大对家庭经济困难学生的支持力度，将助学贷款还本宽限期从 3 年延长至 5 年，助学贷款期限从学制加 13 年、最长不超过 20 年调整为学制加 15 年、最长不超过 22 年，降低助学贷款利率，进一步减轻了贷款学生的经济负担。

六、本节小结

经过七十多年的努力，我国走出了一条具有中国特色、符合中国国情的高等教育资助之路，“不让一个学生因家庭经济困难而失学”的目标基本实现，我国已经形成了较完善的高等教育学生资助政策，形成了“奖、助、贷、勤、补、免 + 绿色通道”的多元混合学生资助体系。我国高等教育资助政策发展呈现出由单一资助走向多元资助，由无偿资助向相对有偿使用，由满足家庭经济困难学生的基本生活需要转向促进学生全面发展的理性发展轨迹。进入新时代，我国高校资助工作将不忘初心、牢记使命，坚持以人民为中心，紧紧围绕立德树人根本任务，进一步加强精准资助和资助育人，为全面建成小康社会、实现中华民族伟大复兴做出新的更大贡献。

第四节 “双一流”高校资助育人的实践与反思

党的十九大报告明确提出，“要全面贯彻党的教育方针，落实立德树人的根本任务，发展素质教育，推进教育公平。”结合理论研究基础和高校资助育人实践经验，建立健全高校资助育人体系，反思当前实践的困境与出路，构建起“解困—育人—成才—回馈”的长效机制，将资助解困工作和成才育人工作深度融合，对于高校资助育人的长远发展具有重要意义。

一、全员育人，构建资助育人主体同心圆

资助育人的实践需要全体教育者充分参与（肖越曦，2021）。强化全员育人，需要构建以受助学生为核心的同心圆，建立"国家资助、学校奖助、社会捐助、学生自助'四位一体'的发展型资助体系"。

受助学生应积极了解资助政策，将资助所得用于个人提升，杜绝"等、靠、要"的错误思想，反哺家庭、回馈社会，完成"输血"到"造血"的良性循环。受助学生家庭也要积极与学校沟通。

学校要整合多方力量。辅导员应掌握学生日常表现，展开一对一指导（杨燕、李艳会，2020）。导师和专业课老师应掌握受助学生的学习情况，发挥"课程思政"和"思政课程"的思想引领作用（高雪梅，2020）。学生干部应联结广大师生，反映学生意见，协助学校调整和落实资助制度。

学校应加强与校外企事业单位合作，拓宽资助途径，吸纳优秀校友、先进个人、合作企业等渠道经济资助，同时发挥榜样引领作用，为受助学生提供更长远的物质与精神资助（张炜、王雪和王宇，2020）。

二、全程育人，搭建资助育人过程完整链

全程育人体现了资助育人的纵向维度，资助育人的实践需要贯穿从入学到毕业的全过程，构建完整的资助育人链条。

入学前宣传，多管齐下入脑入心。建立健全宣传体制（刘伟东，2020），将资助宣传融入招生宣传中（高雪梅，2020），采用宣传片、宣传页、政策宣讲、家访等形式帮助学生了解资助体系，做到资助受助入脑入心（刘畅，2020）。

入学时注册，精准建档不漏一人。家庭经济困难学生认定、注册与登记需严格把关，规范认定标准（刘红波，2020）。动态管理，将随机抽查家访、学生评价反馈、"互联网＋大数据监测"等方式结合起来，精准识别的同时做到精准退出，提高资助效率。

入学后资助，物质精神有效结合。调整资助结构和方式方法，发挥精神资助的作用，通过开展实践活动，帮助受助学生树立感恩意识、锻炼自身技能、提升综合素质（黄新悦，2020）。

毕业前培训，帮扶提升综合能力。拓展校外勤助岗位（陈亦辰、肖璐艺，2020）；开展简历制作、面试技巧、职业规划、发展咨询等专题培训，提升学生

就业竞争力；通过校企合作建立就业实训基地，为学生提供适应性的实践机会等（白玉，2020）。

毕业后追踪，动态回访呈现效益。在受助学生毕业后，学校可以跟踪了解其发展情况，亦可引导优秀毕业生由受助人转变为资助人，从而实现资助的“负反馈”效益（黄晓龙、傅磊和黄凡，2020）。

三、全方位育人，形成资助育人维度全覆盖

全方位育人体现了资助育人的横向维度。在资助育人工作中，要考虑资助工作的多样化情境。第一，搭建以助学金为主载体的感恩教育平台，以服务学习为理念，引导受助学生感恩社会。第二，搭建以奖学金为主载体的专业成才平台，加强奖学金评选与专业知识技能的结合，发挥奖学金的激励作用。第三，搭建以助学贷款为主载体的诚信励志平台，鼓励学生诚实守信，遵守规则。第四，搭建以勤工助学为主载体的能力提升平台，为学生提供岗位实习机会。还可进一步将创新创业实践与教育纳入到能力提升平台中，通过榜样交流和经验分享，提高学生的成长发展能力和社会竞争实力（曹瑛、李萍，2010）。

第十一章　组织育人的理论与实践

思想是行动的先导和动力。组织育人是新时代加强和改进高校思想政治工作的新探索，也是新时代高校“十大”育人体系的重要组成部分，肩负着培养中国特色社会主义事业建设者和接班人的使命和责任。新时代高校组织育人工作开展的关键在于明确指导高校组织育人政策及思想。主要是结合立德树人，坚持以生为本，落实“三全育人”，确保高等教育质量内涵式发展。

第一节　组织育人的内涵

一、组织育人的概念

学者对“组织育人”的概念进行了不同的界定。刘建军（2017）提出，组织育人是指高校通过党组织、团组织对学生党员和团员进行培养，并发挥这些先进学生的带动作用，从而实现其人才培养目标。项久雨、王依依（2019）指出，高校组织育人是指高校的各类型组织通过开展思想政治工作达到育人的目标，立德育德是高校组织育人的本质。曹锡康（2018）指出，组织育人是在党组织的统领下，高校各类型组织发挥其育人功能并形成合力，为社会主义事业的建设培养合格的接班人。谢守成、文凡（2019）指出，高校组织育人是高校党组织、群团组织和学生组织等组织依托组织建设、组织工作和组织活动发挥各类型组织的功能，以提升师生的思想政治素质。严帅、任雅才（2019）认为，高校组织育人是指借助于党组织、团组织等各类型组织，通过在组织中开展活动，对大学生开展三观教育，以提高其思想认知水平，坚定理想信念，最终实现我国大学的育人目标。还有学者以马克思主义整体性的方法为指导，提出组织育人的内涵可以从组织目标、组织要素和组织环境三个维度来探讨。这些学者认为，高校组织育人即高校内部各类组织在完成职责任务的过程中，始终将培养德智体美劳全面发展的社会主义建设者和接班人作为目标使命，把组织建设与教育引领结合起来，把思想政治教育寓于组织功能与组织活动中，通过组织及组织之间的相互作用，凝聚、动员、带动和影响各方面的力量，为培育时代新人而共同奋斗的实践过程。

二、组织育人的价值与功能

高校组织育人的价值判断是育人工作是否有必要开展的根本依据。组织育人的价值从宏观、中观和微观层面，体现在各级各类组织通过开展育人活动，落实立德树人根本任务，推动高等教育内涵式发展（项久雨、王依依，2019）；增强高校组织政治属性，促进高校组织长远发展；提升高校学生主体性地位，促使其能动地进行自我建构（严帅、任雅才，2019）。米华全（2019）从主客观两方面分析组织育人的价值，指出其是加强高校基层党组织建设、加强和改进高校思想政治教育的需要。张茂坤（2018）从微观层面出发，提出高校组织育人的价值在于吸纳学生成为组织中不可缺少的一员，成为一个有机组成部分，促进学生在组织中充分体验自己的归属感、存在感和获得感，发挥组织的调节力量与功能，增进学生对组织的思想认同、情感认同和价值认同。

关于高校组织育人的功能，林华开（2019）提出，高校组织育人主要有四个功能：引领共同的价值目标、规范约束意识行为、促进共同发展，以及形成协同育人合力（林华开，2019）。高校学生组织具有政治功能、教育功能和文化功能，一方面能够传播主流意识形态、凝聚组织力量、沟通社会信息（严帅、任雅才，2019）；另一方面能够对学生开展养成教育、集体主义教育和朋辈教育，与此同时，也能够依托丰富的文化元素丰富学生的文化体验，促进学生的发展（林华开，2019）。

三、组织育人的特征

组织育人是一个长期性的系统工程，是高校人才培养和大学生思想道德教育的重要路径，具有间接性、渗透性、全方位性等特征，是“三全育人”的重要内容（米华全，2019）。吴学兵、陈燕玲（2018）从教育过程、运行机制和活动效果方面具体分析了高校组织育人的主要特征，认为高校组织育人的过程兼备显性教育与隐性教育，既能通过直接的、有计划的、规范的组织活动对大学生进行显性教育，又能通过间接的、内隐的活动载体或文化情境对大学生进行隐性的思想政治教育；其运行机制具有规范性与灵活性，组织的运行有相应的规章制度作为保障，同时组织管理者也能充分发挥主观能动性自主选择开展活动；其活动效果具有养成性与示范性，高校组织系统的稳定性能为组织成员的道德养成提供路径，其运行制度也能对先进者进行表扬，对落后者进行惩戒，形成示范作用。

四、组织育人的结构

高校组织是围绕学校人才培养目标建立教育形式与外部环境相联系的社会动态实体结构系统，是为了实现高校工作顺利、有序和高效运行而建立起来的内、外部机构。对于高校组织类型的划分，按照不同的标准可划分为不同的类型。根据高校组织的性质差异，可分为各级党组织（政治性）、群团组织（群众性）、教学科研组织（专业性和学术性）、学生组织（自主性、活跃性和娱乐性）、校友组织（服务性和示范性）、网络组织（虚拟性和灵活性）。根据规范性程度可分为正式组织和非正式组织（金东日，2003）。根据高校组织的作用和功能，可分为党团组织、群众组织、学生组织、学术组织等。

《高校思想政治工作质量提升工程实施纲要》明确将“组织建设”与“教育引领”相结合作为组织育人的基本原则。教育部思想政治工作司负责人就“纲要”答记者问时也再次强调应增强工作活力、促进工作创新、扩大工作覆盖、提高辐射能力，发挥高校党委领导核心作用、院（系）党组织政治核心作用和基层党支部战斗堡垒作用，发挥工会、共青团、学生会、学生社团等组织的联系服务、团结凝聚师生的桥梁纽带作用，把思想政治教育贯穿各项工作和活动，促进师生全面发展。为更全面了解高校内各分组织育人状况，本研究将高校组织划分为党团组织、学生组织、学术组织和群众组织四种，其中学生组织包含学生会组织、学生班级组织、学生社团组织、学生青年志愿者组织等多种类型。

（一）党团组织

党团组织是高校内部的政治组织，以政治引领为着眼点，明确意识形态的把控，主要通过推荐优秀青年学生加入党组织，并对他们进行教育培养，发挥青年先进分子的带动引领作用，达到育人育德的目的。强化高校基层党组织组织育人，是坚持社会主义办学方向、落实立德树人根本任务的内在本质规定和必然要求。学校党组织是“排头兵”和“领头羊”，共青团是党的助手和后备军，党团组织的政治优势成为培养社会主义建设者和接班人的特殊载体。

加强党对教育工作的全面领导，是办好教育的根本保证。在高校各级党团学组织的育人过程中，基层党组织起着举旗定向的作用。加强党对高校工作的全面领导，将党的教育方针贯穿到学校工作的各个方面，才能保障立德树人根本任务的全面落实。高校基层党组织的组织育人，是指坚持党对高校的全面领导，充分发挥党委领导下的校长负责制的政治优势与基层党组织建设的政治统领和教育引领功能，促进德智体美劳全面发展的社会主义建设者和接班人的培养，推动我国高等教育改革发展的实践过程（盛春、汪力，2019）。在组织生活育人上更要突出其政治性、思想性、纪律性和针对性（吴巧慧，2019），担负高校学生党支部立德树人的主体责任。

（二）学生组织

高校学生组织是指一定数量的高校学生为实现大学生综合素质发展的教育目标，按照一定的规章制度组成的学生领导团体。主要包括学生党团组织、学生会、研究生会、学生班级组织、学生社团和学生青年志愿者组织。高校学生组织在高校管理育人机制中发挥着“润滑剂”的作用，是高校学生管理工作的延伸和补充，有助于推进高校行政部门职能的转变，提高各行政部门的工作效率（谢守成、文凡，2019）。作为高校思想政治教育的重要组成，高校学生组织在发挥育人作用的过程中需要遵循政治性、规律性、协同性、发展性等基本原则，坚持政治首位导向，把握组织规律，创新协同机制，保持持续发展。但是，现阶段学生组织在精神层面存在信仰模糊化、多元化的问题，在组织工作中存在官僚主义、形式主义的问题，同时，成员流失严重、工作积极性不高，组织文化较为单一，学风建设有待提升，活动效果有待改进，制度建设有待完善等（王海丰，2013），这些都不利于学生组织育人功能的实现。

1. 学生会组织

学生会组织是我国校园中最普遍、最常见的学生组织类型之一。学生会又称“学生联合会”（Student Union）、“学生委员会”（Student Committee），是学生自己的群众组织，凡在校的中国学生（研究生），不分民族、性别、宗教信仰均可为学生会（研究生会）员。加强学生会的建设有利于大学生集体主义和社会责任的培养，有利于提高大学生的组织观念和纪律意识，有利于建立正确的世界观，以及大学生的价值观，有利于促进大学生的道德和修养之美，使得劳动和其他各个方面得到全面协调发展（杨俊超，2012）。

2. 学生班级组织

学生班级组织是经过高校教务系统明确确定的学生组织，是学生的基本单位。《中共中央、国务院关于进一步加强和改进大学生思想政治教育的意见》中指出：“班级是大学生的基本组织形式，是大学生自我教育、自我管理、自我服务的主要组织载体。”学生从入校开始，就被编入相关班级，参与班级事务，参加班级活动。班级干部经过辅导员或班主任的考核任命，负责班级各项具体工作。班级成员按照学校的规章制度，在班主任的指导下，自主开展课程学习、主题班会、宿舍建设等各项活动。

当前高校班级建设中存在建设目标模糊、学生集体意识淡漠、制度建设不科学、班干部模范作用发挥不够等问题（诸葛福民、石南，2015）。在班级发展过程中也易存在辅导员的角色问题、班级发展的激励问题、班级和党政部分的关系问题，等等。影响因素包含教师、学生、学校和社会等各方面。为此，高校学生班级组织在建设过程中应改善班委成员的工作、创新开展班级活动、确立共同愿景、完善班级规章制度、改善辅导员工作、增强激励的多样性等。

3. 学生社团组织

高校学生社团是为满足个人兴趣爱好、实现自我价值、拥有共同愿景而在自愿平等的基础上按章运行的群众性学生自治组织。目前高校对学生社团类型的划分一般是以社团的活动内容为依据，但各高校情况不同、地域不同，在社团类型的划分上执行不同。大学生社团是新形势下有效凝聚学生、开展思想政治教育工作的重要组织动员方式，然而现阶段高校学生社团的固有功能没有得到有效发挥，学生社团的自身发展受到限制，其内涵发生异化，社会地位越来越边缘化，在社团建设过程中易出现功利化、行政化、保障措施不到位、自身发展后劲不足等问题，因此，必须转变对学生社团的传统观念，对学生的兴趣和爱好需要加强引导和理性升华，并积极主动建设一批以思想政治教育为核心内容的学生社团组织；以优质社团为依托，健全机制，打造素质教育的文化氛围，保障学生社团活动良好有序开展（于立军、宋雪峰和梁春早，2005）。此外，高校学生社团可以利用互联网络加强交流，推出校际联合活动，使得各高校学生社团能够进行优势互补和资源共享，并且还可以利用丰富的社会资源，充实学生社团的内涵（邱烨，2013），并建立健全高校学生社团评估体系，以考核评估促社团发展（王海丰，2013），实现学生社团组织育人的发展目标。

4. 学生青年志愿者组织

学生青年志愿者组织是以关注和促进教育公平、生态保护、社会福利和社会保障等社会公共事业发展为主要目标，按照规章自主活动的群体性学生团体。利他性、非营利、志愿精神是其根本特征，不以个人私利为目的，而是以服务其他社会群体为目标。该类社团以“利他、服务、奉献”为核心价值，在活动中弘扬志愿服务精神，践行志愿服务理念。以青年志愿者协会、红十字协会、法律援助中心等为代表。

青年志愿者组织尚未建设成为融培训、教育、服务为一体的创新型、集约化组织，尚未真正纳入高等院校的一体化育人平台。这种重使用、轻培养的工作定位“误区”，使志愿者工作缺乏其应有的社会效果和意义（章剑峰，2010）。此外，青年志愿者组织项目化运行与建构能力不足，外延拓展性不够，“社会化”程度有待提高，这些都限制了青年志愿者组织育人效果的实现。为此，青年志愿者组织建设应与时俱进、精心引导和管理、实现“品牌化、长期化、基地化”，依托青年志愿者工作创新大学生思想政治教育载体（祝国群，2006）。

（三）学术组织

从广义讲，学术组织是以从事科研、教学和推动科学技术发展为主要职能的组织，是以知识的继承与创新为目标进行管理与协调的、具有高度自主性的社会实体。目前，我国高校特别是大部分研究型高校的学术组织主要采用的是“学校（学院）—学院（学系）—研究所（室）”的三级结构类型，部分地方大学多以“学校（学院）—学院—学系—专业教研室”的结构类型为主，也有学校采用“学校（学院）—学院—学系”型组织结构类型（陈良，2018）。高校学术组织是指以教师和学生为中心，以学科和专业为载体，在教书育人、科研育人、服务社会、传播文化等方面发挥着重要的作用，表现为院、系、所，也表现为学会、协会、学术团体等。教授领导的基层学术组织是完成大学人才培养、知识创造、成果转化和学术交流四项职能的基本单元（林金桐，2001）。作为学术性活动的承担者，基层学术组织需要以学科建设为中心，把促进学科持续发展，培养学生成人成才，扶植教师专业成长，提供社会服务作为基本职能（陈彬、陈何芳，2003）。

随着世界科技发展和我国经济、科技水平的快速提高，跨学科科研活动正在成为我国研究型高校的重要特征之一，大量的跨学科学术组织也如雨后春笋般涌现。跨学科学术组织的发展作为促进传统学术组织从相互竞争转向合作共赢的发展策略，将进一步推进我国高校科研组织多元化发展、跨学科学术研究常态化运作，强化科研组织承接国家科技重大专项和国家重点研发计划的能力，培养多面型创新人才，为推动我国科技创新发展奠定良好的科研组织基础（陈良，2018）。

（四）群众组织

在高校中，群众组织主要是指有广大群众参加的非国家政权性质的团体组织，是当代中国社会团体中的一种，主要包括工会、妇联等组织。群众组织是做好群众工作的基础，直接关系到高校思想政治教育的工作成效。高校群众组织是高校青年学生社会参与的重要渠道和平台，是高校校园文化建设的重要组成部分。它们受党委直接领导，其工作经费来自行政机关的拨款。群众组织通过发挥自身的政治性、先进性、群众性和服务性，维护高校师生的利益，承担相应的社会职能。

第二节　组织育人的理论基础

所谓组织，是指这样一个社会实体：它具有明确的目标导向和精心设计的结构与有意识协调的活动系统，同时又同外部环境保持密切的联系（理查德·L. 达夫特，2008）。高校组织育人的价值便体现在各级各类组织通过开展育人活动，落实立德树人根本任务，推动高等教育内涵式发展；增强高校组织政治属性，促进高校组织长远发展；提升高校学生主体性地位，促使其能动地进行自我建构。

一、理论渊源：马克思的人学理论

人学即关于人的问题的哲学，是对人的现实生存及其意义的强烈关注与理论追求。不同于黑格尔从思辨理性主义的形式解决人的“现有”与“应有”之间的矛盾问题，马克思从现实性的角度，认为人的本质即在于人的社会特质，需要从现实出发，在社会历史运动过程中实现人的解放。

马克思和恩格斯认为，人的本质不是单个所固有的抽象物，在其现实性上，它是一切社会关系的总和。人的本质的发展是以人的需要为起点，根据自身需要进行劳动实践形成实践本质，满足人自身的各种需求，并在实践中逐步建立起各种社会关系而形成带有社会属性的人的现实本质。从人的本质理论可以看出，社会性是人的基本属性，人是社会中的人，人在社会中得以生存和发展，人只有在社会中才会有人的属性。

同时，社会关系实际上决定着一个人能够发展到什么程度。良好的社会关系能够为人的发展提供更为良性的环境，而这种特定的社会关系既包括人与自然的关系，也包括人与人之间的经济关系、政治关系、思想关系，等等，作为社会关系总和的具有现实性的人，既不是纯物质的存在，也不是纯精神的存在，而是物质与精神的统一性存在（魏传光，2008）。人在社会环境中生存，受到社会关系下所形成的规范及约束；而这种社会关系的形成也塑造了人生存发展的现实空间。可见，社会关系的稳定发展能够促进人的发展，并在一定程度上反映着人的发展水平。而组织本身便是由人组成的具有共同目标的团体，也是一种社会关系的体现，组织离开了个体，其团体价值便无从体现；与此同时，组织中稳定社会关系的发展会促进人的发展，组织的建设水平在一定程度上也体现了人的发展水平。高校思想政治教育中的组织育人工作应当以“人”作为出发点及落脚点，组织建设如何、组织育人工作实效如何都是由组织中的“人”所决定的，不仅是组织的管理者，也包含组织中的成员。于管理者而言，在组织育人工作过程中应当密切关注人与组织、人与社会的关系，而不仅仅将人作为简单的个体进行机械相加。高校中一切组织育人工作应当立足于现实中的个体开展，围绕学生群体开展。高校在组织育人工作过程中，关注学生个人发展的同时，应当关注其社会价值的实现，平衡学生个人发展与组织发展目标。此外，管理者应充分意识到“人创造环境，同样，环境也创造人”，组织育人工作同时应当注重其教育环境建设。

基于马克思的人学理论可以得出，组织育人作为确证人的本质力量，实现人的全面发展的途径，具有重要意义。一方面，组织作为一种合作模式，是个体为了实现某个既定的共同目标而必须使自己的努力与他人的努力得以达成合力的行为模式。在这一过程中，个人的目标与他人的目标在相互确证中达成共识，促进自我社会身份的统一；另一方面，个人作为主体，通过与组织的互动来协调自己与社会的关系，进而从历史性的角度，依据社会的实际需要，培养自己的主体性和主动精神，健全自己的人格，从而更好地实现自身的全面发展。

二、理论借鉴：结构功能主义理论

结构功能主义理论最早是由美国社会学家塔尔科特·帕森斯在 20 世纪 40 年代提出的。在《社会学体系理论的现状及其前景》一文中，他将“功能”作为核心概念来建构自己对社会结构的分析理论。在他看来，现代西方社会的优越性就是组织的专门功能在较大范围内所具有的优越性的体现，而这也是西方社会的一个重要的结构特征，而为了维持社会生活的稳定性，需要社会找到借以其要求（功能）的一些手段（结构），而这些要求即是组织的社会生活前提，也是有组织的社会生活的后果。在这里，帕森斯把组织分析纳入例如社会结构和社会体系的一般理论之中，认为组织是一些在功能上不同的体系。即是说，组织是社会总体系的一些亚体系，它与另一些社会体系有相同的功能和地位，但这些功能目标的实现不是靠组织单独完成的，而是通过与自己发挥作用的环境所保持的关系中来实现的。因而组织的发展需要与其自身相联系的其他众多亚体系构成内进行，并与其环境相适应。最终，社会系统中各个组成要素之间按一定的方式结合起来，形成一种较为稳定的相互构成以及相互作用的方式，即社会结构的形成。这种系统内部的相对不变性和秩序性确定了其各部分之间的稳固联系和明显的序列层次关系（李友梅，2009）。基于此，帕森斯提出了 AGIL 图示作为理论分析框架，在他看来，任何社会组织都履行着对内对外功能与手段性、目的性功能两组范畴组合而成的四种基本功能，即适应、目标完成、统合和模式维持，这四种功能相互联系，相互影响，对本系统及本系统所隶属于其中的大系统的生存与发展起着积极的促进作用。

基于帕森斯的 AGIL 图示的理论框架，帕森斯在《作为一种社会系统的学校班级》一文中进一步指出学校和班级的社会化和选拔功能，前者主要是指学校和班级组织对儿童胜任成人角色的作用，包括义务感和能力的培养；后者主要是指通过对儿童的教育要与成人角色系统相应的人力资源分配要求相一致，从而符合分化的社会对人才的期望要求，确保社会结构的平衡与稳定。

基于该理论，组织育人中的党团组织、学生组织和学术组织，也需要在同样的意义上为实现社会对人才的需要，对学生进行社会化和选拔的教育功能，从而确保个人对社会的良好适应与社会的平稳发展。

三、理论指导：中国共产党关于组织育人的思想理论

纵观中国共产党的历史，中国共产党能够取得革命的伟大胜利及社会主义现代化建设的伟大成就，都离不开强有力的基层组织建设。支部是党在群众中的战斗堡垒，支部建设是党的战斗力的基础，任何时期面临任何挑战，抓基层、强基础都是中国共产党不断发展壮大的长远之计和固本之举（童科、兰剑，2020）。在党的发展过程中，特别是社会主义现代化建设的过程中，党的支部建设理论及实践不断深化，面对支部建设及中国发展的现实状况，中国共产党在组织工作开展的过程中逐渐形成了符合中国国情的组织育人的思想理论，在党的发展壮大中发挥了“战斗堡垒”的关键作用。

在党的创建及大革命时期，中国共产党组织经历了从创建到完善的发展过程，开始重视组织建设的重要性。1921 年 7 月 23 日，中共一大通过了第一个《中国共产党纲领》，由于全党只有 50 多名党员，人数很少，党纲并没有规定建立党的基层组织。1922 年 7 月，中共二大通过的首部《中国共产党章程》规定：“凡有党员三人至五人均得成立一组。”1923 年 6 月，中共三大在广州召开，通过了《中国共产党第一次修正章程》，把党的基层组织由原来的组改为小组，人数由原来的 3 人至 5 人，改为 5 人至 10 人。中国共产党在不断壮大，然在党的一大到三大时期，中国共产党组织发展的设置等问题并未明确。中共三大后，国共联合建立工人阶级和民主力量的联合战线，但在联合过程中，共产党过于注重协助国民党发展组织，而忽略了自身的组织发展。中共四大上，中国共产党通过了《对于组织问题之议决案》，该议决案指出，“组织问题为吾党生存和发展之一个最重要的问题”，要求在全国范围内建立发展党的组织，并

将组织建设的重点转移到支部建设上来；强调“我们党的基本组织，应是以产业和机关为单位的支部组织”，将原来章程中的“有五人以上可组织一个小组”改为“有三人以上即可组织支部”（中共四大史料编纂委员会，2004）。1926 年 7 月 12 日至 18 日，中国共产党在中央执行委员会第三次扩大会议上指出，党只有扩大自身组织、加强对群众运动的领导，才能抑制新右派和反革命势力的日益增加，保证革命进程的顺利推进。为把党的基础真正建立在支部上面，会议提出了“一切工作归支部”的口号（中央档案馆，1982）。中共五大上通过的《中国共产党第三次修正章程决案》第一次在党章中把支部单列一章，对支部的组织设置进行了调整，并对支部的组织设置和工作任务做出了新规定。组织设置不断完善，组织工作得以改善和加强，党的力量也得以迅速壮大发展，中国共产党开始走上群众型政党的道路，开始扩大自身的政治影响，不断壮大组织，党的力量便如星星之火，以燎原之势迅速发展。

在土地革命时期，中国共产党开始意识到对组织的领导和控制的重要性。南昌起义的成功让中国共产党领导人意识到国民革命军的重要性，但当时党的基层组织尚未健全，只是在团一级建立了党支部，党的影响力较弱，支部作用难以充分发挥。为加强党组织建设，党确定了“支部建在连上”的重要原则，在苏区中央局采取了一系列措施，包括中心支部和模范支部的建立、支部生活的丰富发展；相关支部工作条例法规的制度颁布等。在土地革命前期，毛泽东广泛深入青年群体，掌握青年发展特征和规律，做好青年群众的宣传工作和教育工作，加强共青团的组织建设（荣鑫，2021）。在党的领导下，各支部积极开展经济动员、查田运动、宣传教育和文化运动等活动，党的影响力逐渐增强，支部作用也得以充分发挥（童科、兰剑，2020）。

到了全面抗战和解放战争时期，面临新形势新要求，中国共产党更加注重支部建设和对中国共产党党员的培养。九一八事变后，日本全面侵华，国内政治局势严峻；1937 年七七事变，随后国共两党联合抗日，1938 年中共六届六中全会上，张闻天作了《关于抗日民族统一战线与党的组织问题》的报告，指出有计划地发展党员和建立支部，使党成为全国性的党，这是党目前的中心任务之一（张明楚，2017）。1939 年时任中共中央组织部部长的陈云撰写了《怎样做一个共产党员》，文章中强调要从联系群众、发展党员、教育党员、领导工作四个方面切实发挥党的核心堡垒的作用，重视共产党员的培养过程。

社会主义革命和建设时期，毛泽东主席充分肯定青年群体在社会主义建设过程中的地位和价值，注重加强青年教育和青年团建设。新中国成立后，中国共产党成为全面执政的党，中共中央深刻感受到干部供应不足的局面。1952 年，全国教育工作会议上就确立了培养社会主义全面发展的新人的方针。作为党的最高领导人，毛泽东始终在社会建设发展的大背景下去分析和肯定青年的价值，关注青年，团结青年，相信青年，任用青年，发挥青年的先锋作用，注重对青年工人干部的培养和选拔。在建国后的一段时间里，毛泽东特别注重对青年加强知识文化教育，注重青少年正确政治方向的树立和正确政治观念的培养。毛主席曾说，“没有正确的政治观点，就等于没有灵魂”。新中国成立初期，党开办职工学校，增加各类学校学生中的工人成分，以提高文化水平为基础，提高干部的思想政治领导水平，在当时的历史条件下起到了积极的作用（李葳，2013）。

作为党后备军的共青团在党的领导下也立下了许多不朽的功绩，毛泽东对共青团建设也给予了极大指导。1950 年 8 月，青年团发布《关于加强团的宣传教育工作的决定》，使得对团员的思想教育引起了团组织的重视。1953 年 6 月，在新青团二大上，毛泽东作了《青年团的工作要照顾青年的特点》的讲话，讲话中提到“青年团要配合党的中心工作，但在配合党的中心工作当中，要有自己的独立工作”，要结合青年的特点开展活动，组织青年的学习、文化娱乐和体育活动，避免把自己限制在狭隘的圈子里因而妨碍自己和最广大青年群众的联系。

到了改革开放时期，尤其是社会主义市场经济建立的时期，和平与发展成为时代的主题，以邓小平同志为核心的中央领导集体高度重视青少年工作，关怀青少年的成长。邓小平指出，“现在世界上真正大的问题，带全球性的战略问题，一个是和平问题，一个是经济问题或者说发展问题”。在这样的时代发展背景下，各国开始注重人才培养，尤其是青少年。按照经济和社会发展的客观规律，大胆改革、勇于实践、解放和发展生产力，这样的实践条件就必须重视科技和人才、重视青年人才的培养教育、重视青年人才的管理和使用。作为党团结与领导广大青年群众的核心，共青团是“党可靠的后备军和有力助手”，在青少年的教育、成才及使用过程中都起着重要的作用，是进行青少年工作的重要载体。1980 年 12 月 25 日，邓小平在《贯彻调整方针，保证安定团结》的讲话中指出：“要大力加强工会工作和妇联工作，大力加强共青团工作、少先队工作和学生会工作。要努力使我们的青少年成为有理想、有道德、有知识、有体力的人，使他们立志为人民作贡献，为祖国作贡献，为人类作贡献，从小养成守纪律、讲礼貌、维护公共利益的良好习惯。”以加强各级学校组织教育的形式，加强青年人的政治教育、形势教育、思想教育，包括人生观教育、道德教育。加强团的思想建设，思想政治方向的建设有利于推动青年团各项工作的开展。其中，理想、信念和道德教育是青年思想政治工作的核心，历史和法纪教育、艰苦奋斗精神教育则是思想政治工作的重要内容，把培养“四有”（有理想、有道德、有文化、有纪律）新人作为对青年思想政治工作的目标（杨晓成、杨东云，2016）。

随着改革开放进入新的发展阶段，以江泽民同志为核心的党的第三代中央领导集体注重青年的全面教育和全面成长，在实践中成长（王华敏，2008a）。江泽民强调，“教育是一个系统工程”（共青团中央，2000）。具体而言，一是各级党委和政府要高度重视青年教育和青年工作，必须在全社会形成重视青年、爱护青年、关心青年、支持青年的良好氛围，不仅教育部门要做，宣传思想部门、政法部门以及其他部门都要做，全党全社会都要来做（王华敏，2008b）。二是学校与家庭在要求和鼓励青年勤奋学习、刻苦钻研时一定要有正确的指导思想和教育方法。三是着力建设青年成长的文化环境（王华敏，2008a）。青年教育需要各级各类组织的合力参与。

在社会经济迅速发展的转型新时期，中国共产党始终坚持教育培养“社会主义建设者和接班人”的根本任务不动摇。2006 年 8 月 29 日，胡锦涛同志在中央政治局第 34 次集体学习时指出，高校“要坚持育人为本，德育为先，把立德树人作为教育的根本任务，努力培养德智体美全面发展的社会主义建设者和接班人”。2007 年，胡锦涛致信中国青年群英会，希望高校学生能够努力成为“理想远大、信念坚定的新一代，品德高尚、意志顽强的新一代，视野开阔、知识丰富的新一代，开拓进取、艰苦创业的新一代”。胡锦涛同志强调：“全国高校都要始终不渝地全面贯彻党的教育方针，坚持学校教育、育人为本，德智体美、德育为先，充分发挥大学生思想政治教育主阵地、主课堂、主渠道的作用，全方位推进大学生思想政治教育，多方面促进大学生全面发展。”

党的十八大以来，党中央坚定不移地推进全面从严治党，习近平总书记强调要推动从严治党向基层延伸，培育时代新人，关注青年教育和青年工作。作为培育时代新人的主要载体，习近平总书记指出，高校应“深化学校思想政治理论课改革创新，加强和改进学校体育美育，广泛开展劳动教育，发展素质教育，推进教育公平，促进学生德智体美劳全面发展，培养学生爱国情怀、社会责任感、创新精神、实践能力”。作为学校党组织系统的基础，学校的党支部建设对于全面贯彻党的教育方针政策、培养德智体美劳全面发展的社会主义合格建设者和接班人具有十分重要的作用。2014 年 12 月，习近平总书记就高校党建工作专门指示，他指出，要坚持立德树人，把培育和践行社会主义核心价值观融入教书育人全过程；强化思想引领，牢牢把握高校意识形态工作领导权；坚持和完善党委领导下的校长负责制，不断改革和完善高校体制机制；全面推进党的建设各项工作，有效发挥基层党组织战斗堡垒作用和共产党员先锋模范作用。党的十九大报告明确指出，我们要把高校建设成为“宣传党的主张、贯彻党的决定、领导基层治理、团结动员群众、推动改革发展的坚强战斗堡垒”。此外，在学校思想政治工作中，习近平总书记强调应切实加强党对群团的领导，群团组织要始终把自己置于党的领导之下，在思想上、政治上、行动上始终同党中央保持高度一致。中共中央《关于加强和改进党的群团工作的意见》指出，要提高各级群团组织的工作积极性，全面提升党对共青团的领导，要时刻高举党的旗帜、时刻体现党的意志、时刻紧随党的方向。

第三节　组织育人的发展脉络

作为实施高校思想政治工作的主要载体，党团组织、学生组织、科研组织等高校基层组织承担着重要育人职责。高校组织育人是思想政治教育工作的重要组成部分。2017 年 12 月，教育部发布了《高校思想政治工作质量提升工程实施纲要》，详细规划了课程、科研、实践、文化、网络、心理、管理、服务、资助、组织等“十大”育人体系的实施内容、载体、路径和方法，强调要积极优化组织育人。“把组织建设与教育引领结合起来，强化高校各类组织的育人职责”。高校思想政治教育“组织育人”体系的提出并非产生于偶然，而是思想政治教育工作经验长期积累的产物，是对新时代高校思想政治教育工作的应对，对育人工作现实状况的反映，是遵循“思想政治工作规律，遵循教书育人规律，遵循学生成长规律”的结果。

新中国成立初期，国民经济发展严峻，教育事业发展缓慢，政治环境尚未稳定。面对严峻的国内形势，中共中央意识到人才培养的重要性，“思想政治教育”这一概念在毛泽东同志的《关于正确处理人民内部矛盾的问题》一文中首次被提出。毛泽东指出：“我们的教育方针，应该使受教育者在德育、智育、体育几方面都得到发展，成为有社会主义觉悟的有文化的劳动者。”思想政治教育工作是高校内党组织、团组织、各个部门的重要职责。1961 年《中华人民共和国教育部直属高等学校暂行工作条例（草案）》明确规定“高等学校的党委员会是中国共产党在高等学校中的基层组织，是学校工作的领导核心，对学校工作实行统一领导”，将学校的领导体制规定为“党委领导下的以校长为首的校务委员会负责制”。

党的十一届三中全会胜利召开之后，高校思想政治教育工作进入了一个全新的发展阶段。1978 年 10 月，修订的《中华人民共和国教育部直属高等学校暂行工作条例（草案）》规定，“高等学校的领导体制是党委领导下的校长分工负责制。校长是国家任命的学校行政负责人。对外代表学校，对内主持学校的经常工作。”使之前高校领导管理分工不清、职责不明等问题得以解决，高校不再是一元化领导体制。学校教育教学、思想政治工作、队伍建设、组织管理等各方面工作都得到了全面恢复。全国各大高校的党组织集中精力加强党的建设和思想政治教育工作，高校思想政治教育工作进入了一个全新的发展阶段。党的组织建设主要包括民主集中制建设、领导班子建设、干部队伍和党员队伍建设等，党的组织建设的核心是党的干部问题（田玉芬，1999）。高校党组织建设的重要组成部分便是基层组织建设、党员培养和管理、学生干部素质提升等各项问题。在继承毛泽东思想政治教育思想的基础上，邓小平同志强调理想信念教育，并提出培育“四有”新人的教育目标，即“有理想、有道德、有文化、有纪律”。高校党组织坚持落实国家教育方针，坚持马克思主义领导。1985年5月的《中共中央关于教育体制改革的决定》指出，要“使学校真正成为抵御资本主义和其他腐朽思想的侵蚀，建设社会主义精神文明的坚强阵地”。

党的十三届四中全会以来，以江泽民同志为核心的党的第三代中央领导集体高度重视高校党组织建设。1989年6月至7月，国家教委先后召开部分高校党委书记座谈会及全国暑期高校工作会议，全国各高校在认真组织学习邓小平讲话和中央下发的《关于当前高等学校工作中几个问题的意见》。1990年以来，中共中央组织部、中共中央宣传部、国家教委党组在党的中央领导下每年召开一次全国高等学校党建工作会议，研究如何加强和改善高校党组织建设。1990年中共中央颁发的《关于加强高等学校党的建设的通知》提出，高等学校实行党委领导下的校长负责制。以江泽民同志为核心的党中央继续坚持高校党委领导的校长负责制，对深化高校改革，促进高校发展，保持高校发展和稳定，培养德智体美全面发展的社会主义建设者和接班人提供了组织保证（吕宁、陈峥和莫丽丽，2013）。

党的十六大以来，新一届中央领导集体继承发展了毛泽东、邓小平、江泽民的高校基层党组织建设思想，结合新时期思想政治教育工作实践，进一步深化高校基层组织建设工作。在党的十七大报告中，胡锦涛同志进一步强调，“党的基层组织是党执政的组织基础”，同样坚持关于思想政治教育“生命线”的说法。2004年，《中共中央、国务院关于进一步加强和改进大学生思想政治教育的意见》指出，要发挥党的政治优势和组织优势，高度重视学生党员发展工作，坚持标准，保证质量，把优秀大学生吸纳到党的队伍中来。对大学生党员要加强党员先进性教育，使他们严格要求自己，提高党性修养，充分发挥在大学生思想政治教育中的骨干带头作用和先锋模范作用。

2017年，党的十九大报告指出，“中国特色社会主义进入新时代，我国社会主要矛盾已经转化为人民日益增长的美好生活需要和不平衡不充分的发展之间的矛盾。”改革开放四十年以来，我国国情已经发生巨大变化，主要矛盾发生转变，高校思想政治工作面临着新局势、新要求、新使命，高校育人工作也面临着新挑战。“做好高校思想政治工作，要因事而化、因时而进、因势而新。要遵循思想政治工作规律，遵循教书育人规律，遵循学生成长规律，不断提高工作能力和水平。”习近平总书记在会议上的重要讲话精神正式确立了在我国高校中实施“大思政”的工作格局和战略定位。教育部随后印发了《关于印发〈高校思想政治工作质量提升工程实施纲要〉的通知》，明确规定了组织育人的路径与方法，“把组织建设与教育引领结合起来，强化高校各类组织的育人职责。启动实施高校党建工作评估，实施‘高校基层党建对标争先计划’，开展‘不忘初心、牢记使命’主题教育，遴选培育全国百个院（系）党建工作标杆，培育建设一批先进基层党组织，培养选出一批优秀共产党员、优秀党务工作者，推选展示一批党的建设优秀工作案例，培育建设一批文明社团、文明班级、文明宿舍”。

习近平总书记指出，党支部是高校基层党组织建设的基础，是保障党组织面向全校师生党员以及群众服务的抓手。要坚持把党支部建在教研团队上、建在班级课堂上、建在学生社区上、建在学生社团上，确保教育教学科研推进到哪里、党支部建设就跟进到哪里、共产党员的先锋模范作用就体现在哪里。在高校层面，依托党团组织、班级单位、学生社团组织、科研组织等党委，系统梳理各个群体、各个岗位的育人元素，扩展高校思想政治教育工作的组织覆盖面，实践组织协调育人、全方位育人。

第四节　“双一流”高校组织育人的实践与反思

高校组织育人在服务国家发展的人才战略、实现高校的组织管理功能和助力学生个体的成长方面具有重要的现实意义。从宏观层面来看，高校开展组织育人是服务国家发展人才战略必不可少的分支。高校组织育人要落实立德树人的根本任务，培育能担当民族复兴大任的时代新人。落实“立德树人”的根本任务是高校组织育人的首要价值所在。从中观层面来看，高校组织育人是发挥高校组织管理功能的重要方式。教育的目的不只是给学生传授知识，更是要用科学的世界观、方法论去教育人、启发人，提高人们的认识能力。从微观层面来看，高校开展组织育人是助力学生个体成长的有效手段。高校应当全面把握各项活动的开展，在活动中埋下育人的“种子”，为学生的成长助力。

中国特色社会主义进入新时代，高校思想政治工作面临着新要求、新使命，需要新作为、新担当。随着高校思想政治工作的加强与改进，组织育人作为“十大”育人体系之一，在高校组织育人的未来创新发展方面，需要我们不断增强理念创新与实践创新。

一、坚持问题导向，坚持以生为本的基本立场

习近平总书记反复强调，要坚持问题导向，坚持底线思维，把问题作为研究制定政策的起点，把工作的着力点放在解决最突出的矛盾和问题上。因此，要推进高校组织育人实践及优化组织育人实效，各类组织应当坚持问题导向。

以问题为导向，一切从实际出发，实事求是，是马克思主义极为鲜明的理论特色。我们必须清楚地认识到，学生的全面发展和卓越成长并非一蹴而就，党团组织、班级社团等育人组织需始终坚持育人为本，着眼学生的长远发展，强化问题意识，着力在解决问题的过程中实现育人。坚持问题导向，要求教育学部在育人过程中坚持辩证唯物主义和历史唯物主义的方法论。辩证唯物主义和历史唯物主义认为，问题是事物内在矛盾运动的外在呈现。在组织育人过程中各育人组织不应该逃避问题，而应该正视问题、抓住关键问题和难点问题，发现问题、研究问题，寻找最适合的育人举措以实现组织育人目标。

二、优化组织理念，贯彻立德树人的根本任务

习近平总书记指出：“理念是行动的先导，一定的发展实践都是由一定的发展理念来引领的。发展理念是否对头，从根本上决定着发展成效乃至成败。”因此，高校组织育人的成效便在于其组织理念是否真正引领组织育人举措，实现立德树人的根本任务。

学习型组织理念是符合高校组织育人发展的需要，对破解组织育人发展难题、增强组织育人发展动力、厚植组织育人发展优势具有重大指导意义。学习型组织具有如下特点：一是组织扁平化。在建设学习型组织的过程中，根据实际情况将部分权力下放给基层，例如，相关党建活动、团日活动等决策权下发至基层党团组织或班团组织，使基层组织具有一定的决策权和自主权，基层活力和创造力得以显著提高，同时可以激发组织成员的工作积极性和潜能，从而形成一种自上而下、自下而上、平行的全方位的交流方式。二是善于学习，这是学习型组织的本质特征。在学习型组织建设过程中始终强调终身学习、共同愿景、团队学习和成员的交流学习。在信息更新迭代如此之快的今日，学习型组织建设要求组织成员树立终身学习的理念，树立共同愿景，注重团队学习和

团队成员之间的交流沟通，使组织成员保持学习的主动性和积极性，密切组织成员和党组织的联系。三是系统思考问题，把握本质问题，这是学习型组织的核心。在进行学习型组织建设过程中，发挥组织育人功能时注重运用辩证唯物法来看待问题，摒弃片面性、静态的思维方式。

创新型组织理念是新时代高校组织育人发展之需和时代之需，对激发组织成员锐意进取、开拓创新、超越自我和提高推进组织育人建设成效方面具有重要意义。创新型组织内涵需从以下三方面进行理解：一是创新型组织的要素，包括创新理念、创新文化和创新机制。二是创新型组织的内容，具体包括理论、实践、制度、文化以及其他各方面的创新。三是创新型组织的目标。在表层目标上，解决组织育人过程中存在的新问题和新情况，以提出新措施和新方法，优化组织工作方式，提高组织成员的满意度；在中层目标上，培养组织成员的创新能力和创新精神，以树人为核心，以立德为根本，培养社会主义建设者和接班人，真正建成教育强国；在深层目标上，提高各组织的育人能力，推动组织的自我发展和自我完善，实现组织育人目标。

建设服务型组织是为了创新组织育人逻辑，更好地为学生服务。高校服务型组织建设需要实现与组织育人的深度融合，将育人作为服务型党组织建设的核心功能和价值取向，成为高校全面育人体系的关键支撑，成为落实立德树人根本任务的重要抓手，提升组织育人意识、增强组织育人能力、创新组织育人载体、健全组织育人机制，将大学生组织的引领功能与服务功能相统合，解决大学生群体在学习、生活、科研等方面面临的具体问题，促进其全面发展，实现服务型组织引领育人工作的目标。因此“服务”是组织育人的核心，只有建设服务型组织，提高组织成员的服务能力，才能更好实现育人目标。只有不断强化服务，在服务大局、服务基层、服务群众上求实效，才会充分体现组织部门和组织干部的价值。服务型组织建设主要从以下三方面落实立德树人的根本任务：一是加强和改进作风；二是改进服务的方式方法；三是加强服务的机制建设。在服务型组织建设过程中，要为朋辈榜样教育营造自由、民主、开放的环境，构建朋辈互助的交往模式，充分发挥大学生群体的创造活力，提升其自我服务能力。同时，在落实组织育人相关举措时，推进各组织的办事公开制度，保障组织成员的知情权，提高组织的服务质量和水平。

三、创新联动机制，落实“三全育人”的教育理念

随着社会的发展和进步，高校思想政治教育的组织模式也在不断发生改变，传统的组织模式已经不能适应新的社会背景和历史条件的需要。传统的组织模

式主要呈现以下问题：一是高校思政工作系统与教学工作系统在育人职能上的割裂。二是系统本身局限于学校内部，忽视和放弃了学校外部的力量因素，尤其是家庭环境和社会环境对学生思想政治方面的影响。在组织育人的工作进程中需要不断创新育人的组织模式，以系统论原理为支撑，在目标性原则、最优性原则和人本性原则等指导下，创新发展高校组织育人的联动机制，落实“三全育人”的教育理念。

拓展党团联动形式，落实“三全育人”教育理念。党团联动建设共分四大模块：一是思想建设联动，青马工程便是党团联动的有效载体。二是组织建设联动，在团组织以及学生组织中建立学生党支部，有利于密切学生组织与党组织间的联系，扩大党组织的覆盖面；实现党团组织推优等工作的无缝链接，入党推优工作依赖于党组织和团组织人才培养工作上的组织合力，把团组织建设纳入打破党组织建设的总体格局中。三是队伍建设联动，落实团干部双重管理制度，党团组织共同培养团干部。四是阵地建设联动，党团资源共享，联合开展活动，实现共建。党团联动有利于凝聚党团合力，实现资源整合和优势互补，相互促进，共同发展。

提升三级联动建设质量，落实“三全育人”教育理念。进一步加强坚持学校党委、学院党委、党支部三级联动，强化政治引领，从学部、院系到班级，把思想政治工作的领导体制和工作机制建立起来，形成协同效应，让学校三级党的基层组织守好一段渠，种好责任田，层层抓落实。三级联动应当做到以下三点：一是学院党委“保落实”；二是学院党组织认真执行，院系组织应当认真执行学部党员下达的相关决策，切实履行政治责任；三是基层党组织要起到战斗堡垒作用，基层党组织在组织育人过程中自觉维护党组织生活各项制度的贯彻落实，激发党员发挥先锋模范作用，保持党员队伍的先进性和纯洁性。

充分发挥大学生社团优势，落实“三全育人”教育理念。实践表明，大学生社团组织是高校学生思想政治理论学习的重要载体，是党团联动的重要实施载体，能最大限度地调动学生的积极性。其中，艺术类社团是高校校园文化的重要载体，以该类社团为依托，利用高校学生社团课余生活和爱好特长，能够将思想政治教育工作渗透到高校学生的生活和学习之中。同时，完善社团党支部建设，科学规范管理，发挥社团的爱国教育优势，强化思想引领和价值引领。在社团中实现各组织间的相互配合和相互协调，最终形成强大的社团合力，进一步提高思想政治教育工作的效果。

第十二章　高校院系“三全育人”实践探索

——北京师范大学教育学部试点改革成果

2018 年 9 月，北京师范大学教育学部获批教育部首批“三全育人”改革试点单位。教育学部成立工作小组，深入研究，总体部署，充分动员，探索创新，力争成为“三全育人”改革标杆。三年间，教育学部全体师生立足新时代，深入学习习近平新时代中国特色社会主义思想，以习近平总书记关于教育的重要论述为根本遵循，以理想信念教育为核心，以社会主义核心价值观为引领，贯彻全国教育大会精神、全国高校思想政治工作会议、学校思想政治理论课教师座谈会精神，坚持辩证统一、解放思想、守正创新，秉承“学为人师、行为世范”的校训和“崇教爱生、求真育人”的部训精神，结合“四有”好老师培养要求和北京师范大学教育学科特色优势，着力打造“三全育人”新高地。

第一节　“三全育人”试点改革概况

2009 年，北京师范大学为建设世界一流教育学科，将原有教育学科相关多家单位加以整合，组建了教育学部。教育学部的愿景是将北京师范大学教育学科建设成为中国教育创新的重要策源地、高素质教师的培养基地、未来教育家的摇篮、教育决策的思想库、国际教育交流和中国教育文化产业的重要基地。教育学部承载了北京师范大学教育学科的辉煌成就：全国最早设立教育学硕士、博士学位授权点，最早设立教育学博士后流动站，最早拥有教育学一级学科博士学位授予权，学科综合实力居全国领先水平。一系列具有里程碑意义的创举为教育学部的持续发展奠定了坚实的基础。秉承厚重的光荣历史，学部继承和发扬原有的学科优势，着力推进学科整合和创新，现已拥有教育学一级学科国家重点学科，13 个博士学位授权点，13 个硕士学位授权点，4 个本科专业。作为中国教育科学研究的桥头堡和策源地，北京师范大学教育学部现设有教育基本理论研究院等 13 个实体性学术机构和教育家书院等 22 个综合交叉平台，承担着学科建设、科学研究、人才培养、社会服务等重要职责。以国家重大理论和现实问题为导向，立足学术前沿，紧扣国家需求，服务公众需要，为国家的重大教育决策提供极具价值的“智库”支持。教育学部是培养教育学术人才的顶尖学府。学部师资力量雄厚，以“大家、名师”为引领，以“优质课程”为依托，加强对学生学术素养、创新精神和实践能力的全面培养。

一、改革背景及成果简介

《着力打造“三全育人”高地，构建教育学科“三全育人”培养体系》是教育学部作为国家试点学院，落实教育部首批“三全育人”试点改革单位的创新人才培养模式的成果。

“三全育人”的出发点和落脚点是“培养拥护中国共产党领导和我国社会主义制度，立志为中国特色社会主义事业奋斗终身的有用人才”。学部师生深刻领会习近平总书记系列讲话精神和在全国高校思想政治工作会议上的重要论述，结合北师大教育学科特色优势，牢记为党育人、为国育才使命和促进学生全面发展的宗旨，以APLIC（Academic：扎实的学术基础；Practical：丰富的实践能力；Love：赤诚的教育之爱；International：宽阔的国际视野；Creative：不竭的创新精神）人才培养目标为核心，以塑造“教育学科创新拔尖人才”和“未来教育家”为两翼，开创“互联网+循证教师教育”模式，扎实推进“三全育人”综合改革。

以习近平新时代中国特色社会主义思想和教育重要论述作为新时代建设教育强国的根本遵循，为卓越教育人才培养提供了行动指南。学部领导高度重视，加强顶层设计，完善人才培养目标和规模结构，凝聚全员育人合力，成立“三全育人”工作领导小组，开展“三全育人”实践探索，倾力打造卓越教育人才培养模式和体系。

发挥教育学科优势，紧紧围绕教育根本任务，夯实和确保“三全育人”的理论基础与实践方向。就“三全育人”的时代背景、理论基础、科学内涵、政策体系、实践路径、制度保障等问题进行研究探索，全员全过程全方位推进学生主体性发展。以学生成长成才为宗旨，全程规划统筹，将思想政治教育贯穿于学生学习、生活、成长的全过程，着力构建一体化成长型育人体系。协同校内外多方资源，全方位搭建育人平台，建立健全全面落实立德树人根本任务的机制体系，打造全覆盖育人环境。

通过上述培养目标的确立、培养体系及其运行和保障机制的建构和教育教学举措的创新，本成果主要解决了教育学专业在人才培养方面普遍存在的四个难点问题：第一，对教育专业人才核心素养定义不清晰，培养目标不明确。第二，对教育人才的培养相对忽视教育理想信念和专业情怀的重要作用。第三，对学生长链条全覆盖式的培养关注较少，学生在学习、生活和成长的“最后一公里”存在育人盲区。第四，教育培养过程中内外资源联动不足，培养环节固化，无法充分发挥学生理论结合实践的能力。

二、改革具体方案和措施

（一）把握根本遵循，培养可堪大用、能担重任的时代新人

通过深入学习贯彻习近平新时代中国特色社会主义思想等精神，秉承“学为人师、行为世范”的校训和“崇教爱生、求真育人”的部训精神，结合“四有”好老师培养要求和北师大教育学科特色优势，全面落实立德树人根本任务，面向国家战略需求，不断深化教育教学改革，全面提高人才培养质量，助力“双一流”建设，培养可堪大用、能担重任的时代新人和全面发展的卓越教育人才。

（二）尊重教育规律，强化理论研究指导实践

发挥教育学科优势，夯实“三全育人”理论基础。学部充分发挥自身教育学科优势，动员组织科研力量，开展“三全育人”系统理论研究。

紧紧围绕教育根本任务，确保“三全育人”实践方向。成立“三全育人”工作领导小组、思想政治教育全员育人工作小组，制定《北京师范大学教育学部全员育人工作实施方案》，构建党委统一领导、党政齐抓共管、13 个学术机构、22 个综合交叉平台各负其责、教育学部全体师生共同参与的育人格局体系，建立健全“三全育人”的长效评估追踪机制。

（三）全程统筹规划，构建成长型的育人体系

教育学部形成了党委统一领导、部门分工负责、全员协同参与的组织领导体系，坚持以“学生成长成才”为宗旨，以新思政观引领改革，健全“三全育人”统筹推进常态机制，完善党政联席会议制度，坚持党建带团建，统筹教育学部内外部资源，成功构建一体化育人体系，打通育人“最后一公里”，将理想信念教育贯穿于学生学习、生活、发展的全过程。

1. 课程育人，融入价值塑造

整合了专业课程、实践课程、通识教育课程、跨学科前置课程四大模块，教师积极学习课程思政建设思想，注重将思想政治教育元素融入课程之中，助力实现思政课程与知识课程思政教育的有机统一。开设教育基本理论研究前沿通识教育课程，厚植家国情怀和责任担当；重点打造德育教育和劳动教育的精

品课程，引领学生“五育”并举全面发展。举办“争做新时代‘四有’好老师”未来教师循证教育教学实践能力提升比赛，用竞争激发学生课程开发与教学能力，多形式、多途径发挥课程育人之力量。学工团队承担新生形势与政策课教学，通过理论研讨、案例分析等方式，引导学生学习和领会习近平新时代中国特色社会主义思想。

2. 科研育人，夯实学术基础

实施学生科研能力助长计划，打造国家级、市级、校级、学部级四位一体的科研平台；开设“学术论文写作规范”“教育科学研究方法”等课程；以每年开展的“学术文化节”为抓手，开展锵锵三人行、高层传音、名家讲坛等学术科研论坛，营造浓厚的、诚信的学术氛围，厚植“科研报国”的理想追求；办好学生自己的学术期刊《教育争鸣》，设立学生科研基金项目；利用图书馆资源，开展文献检索等指导沙龙；与中国知网合作，建设教育学部专属科研助手，打造具有汇聚资源、理解知识、实践应用、创作表达等功能的学习平台。

3. 实践育人，深化知行合一

创设教学实践、学术实践、社会实践一体化的实践体系。采纳轮转制、阶梯式、选修制的教学实践模式。连续三年开展以教育调研、教育援助、教育寻访、教育影像为主要内容的“一带一路”教育公益实践项目，每年有20余支队伍，近300名师生参与。2021年，在庆祝中国共产党成立100周年之际，教育学部以“党建+”为主题，成功立项6支队伍开展线上线下相结合的“党建+教育”公益行动。选拔优秀创意创业团队进驻教育创客空间，提高实践和创新能力，荣获多项赛事奖项，培育教育情怀，打好教师培养职前、职后支持一体的“组合拳”。

4. 文化育人，坚定中华文化自信

注重以文育人，组织学生赴中共一大会址、井冈山革命根据地参观调研，学习优秀的革命文化；参观孔庙、国子监感受传统教育精髓；曲阜游学体会夫子故里之美、传统文化之神韵；与广西师大师生同台表演，感受广西传统经典文化。依托学生社团，举办“燕归来”等传统文化活动，满足学生互动式体验传统文化。以学生参加“读懂中国”征文活动为契机，鼓励学生向老一辈党员教育工作者学习践行社会主义核心价值观。举办“治学·修身”文化论坛，实施以文养德育人计划。

5. 网络育人，拓宽思想宣传阵地

依托官方网站、“英东洞”和“学而微语”两大微信公众平台，收集、推送符合学生需求的资讯和活动信息，设置党团工作、科学研究、学生生活等板块，关注学生、学术、生活等动态，传播主旋律，弘扬正能量。积极完善信息化建设，开通企业微信工作平台与腾讯视频号，进一步缩短学生与学部间的信息时空差，提升以学生为中心的网络育人工作体系。教育学部师生积极参与学校举办的网络文化系列活动，提升学生网络安全意识与防护技能，营造清朗安全的网络生活空间。疫情未返校期间，建立学生学业与生活指导网络辅导中心，开展热线咨询，通过在线方式一对一辅导学生，停课不停学，异地不异心。

6. 心理育人，培育健康阳光心态

依托校心理健康教育与服务中心和生活指导室，定期邀请校内外专业人士举办心理健康教育专题讲座，开展师生茶叙、舞动青春、“一人一故事剧场”、箱庭辅导、观影疗心等活动，把心理健康教育纳入并细化进日常学生培养工作中。建立稳固的院系、班级、宿舍“三级”预警防控体系，关注特殊学生群体，落实“一人一案”“一人一策”制度。加强“雪绒花使者”培训，建立“育心社”学生社团，开展朋辈心理育人主题活动，参与学生近500人次。培育学生平和、乐观的阳光心态，提升学生自助、互助和求助的“三助”意识。

7. 管理育人，促进全过程自主发展

坚持党委统一领导成立全员育人工作委员会，组长由党委书记、部长担任，副组长由分管学生工作的副书记担任，工作委员会成员包括各学术机构党支部书记和各职能办公室主任。党政领导班子，“严在当严处，爱在细微间”，制定规章制度，管理到位，依法治教，引导学生自觉自律，形成“规范化、制度化、科学化、专业化、人文化和国际化”的“三全育人”环境。在辅导员队伍建设方面，辅导员工作队伍以形成专职辅导员、双肩挑辅导员、学生事务助理和兼职辅导员并存的工作队伍，促进管理育人队伍的层次化与专业化。

8. 服务育人，汇聚优质资源

聚焦学生发展成才需要，提供精准靶向服务。开展生涯辅导、求职技能培训、举办教育人才专场招聘会等活动，帮助学生搭建求职就业平台。联动公安、保卫等部门开展预防安全稳定讲座、多渠道反诈宣传等，提升学生自我保护意识与能力。创设具有教育情怀的“学而书院”，开展桌边漫谈系列活动，打造师生共享的思想空间，加强师生有效沟通。疫情期间，建立学生发展与学业指导网络辅导中心，开展热线咨询，通过在线方式一对一辅导学生。

9. 资助育人，培养成长型教育之爱

积极响应国家推动乡村振兴与脱贫攻坚战略，依托国家、学校、基金会等资助政策，根据教育学科学生特点，分层分类、精准施策，制定、细化了各类奖助学金管理办法，将奖助工作制度化、人文化，以建立物质帮助、道德浸润、思想激励有效融合的长效机制。同时，树立优秀典型，注重表彰宣传，培养学生自立自强、感恩、诚信、勇于担当、甘于奉献等优秀品质，实现奖助模式由

“保障型”向“发展型”与“引导型”转变。

10. 组织育人，构筑新时代核心价值

鼓励党、团、班、社组织结合专业特色联动开展主题活动，加强思想引领。学生党支部开展“不忘初心，牢记使命”主题教育、党史学习教育、“学理论·读经典”等学习活动，依托学生党支部开展“五微”行动；学生团支部坚持服务导向，提升基层活力，开展“重走五四路”“青年朗读者”等主题团日活动；班级层面举办系列主题班会、宿舍文化秀等活动，践行社会主义核心价值观；学生社团开展丰富多彩的文体活动，提升学生美育和体育素养。引导青年学子增强“四个意识”，坚定“四个自信”，做到“两个维护”，构筑学生党员先锋工程。

紧紧围绕立德树人根本任务，把“三全育人”纳入教育学部整体事业发展和学生培养工作体系，完善具体举措，全面落实“十大”育人工作要求，全力保障组织体系、制度建设，以及人、财、物等整体要求。人员方面，不断加强教师职业素养，提高教师业务水平，提升专兼职辅导员业务能力，加强学生干部团队培养，发挥优秀党员榜样力量。经费方面，严格按照师生规模设立育人专项经费，专款专用，确保经费保障到位。

三、建设重点与突破难点

（一）“三全育人”建设的重点

1. 明确“全员育人”的基础性作用

“全员育人”是“三全育人”理论体系的基础和前提，只有“全员”形成育人自觉，才能切实有效地将“立德树人”“以德为先”的根本任务和育人理念推进落实到 APLIC 卓越教育人才培养体系的各方面和人才培养的全链条。APLIC 卓越教育人才培养体系强化了全员育人意识和育人责任，将育人要求和育人要素落实到各群体、各岗位上去，有助于明确“全员育人”的基础性作用和实施机制。

2. 发挥“全程育人”的载体性功能

“全程育人”是“三全育人”的载体，如何落细到课堂教学、教育实践、价值引领、文化浸润等各个环节，如何集聚校外资源有效参与到 APLIC 卓越教育人才培养体系中，这都需要深入研究探索。APLIC 卓越教育人才培养体系将落实立德树人根本任务融入教育教学、学生成长成才、教师成长发展的全过程，建立大学生从入学到毕业、就业的全过程育人环节，培养具有扎实学术基础、丰富实践能力、赤诚教育之爱、宽阔国际视野、不竭创新精神的卓越教育人才，为建立长时段、可持续、贯穿式的育人链条提供了理论依据。

3. 落实“全方位育人”的保障性效用

“全方位育人”是“三全育人”的拓展和保障，只有教育学部内外多方群体形成共同育人的大氛围、大气候，才能确保 APLIC 卓越教育人才培养体系的最终实现。教育学部通过深挖教学科研活动各个环节内在的育人元素和育人功能，整合育人资源，理顺育人逻辑，打通教育学部内外、课内课外、线上线下等通道，探索学校育人活动和价值塑造的有效融通，构建全方位协同育人平台。

（二）“三全育人”突破的难点

1. 丰富“三全育人”理论基础

“三全育人”是新时代党和国家对“培养什么人、怎样培养人、为谁培养人”这一个根本性问题的深刻回答，是立德树人这一根本任务的重要实践方略。切实开展“三全育人”实践工作需要理论的指导。因而，自入选首批“试点学院”以来，教育学部就充分发挥自身教育学科优势，动员组织教育学部教育科学研究力量，专门开展“三全育人”的系统性理论研究，就“三全育人”的时代背景、理论基础、科学内涵、政策体系、实践路径、制度保障等问题进行了研究探索，多份研究成果公开发表在权威期刊并被相关部委采用，为建立健全“三全育人”工作机制和探索实践新路径提供了理论引领和基础支撑。

2. 指导“三全育人”实践方向

“三全育人”的出发点和落脚点是“培养拥护中国共产党领导和我国社会主义制度，立志为中国特色社会主义奋斗终身的有用人才”。因而，构建更加清晰的工作体系是有效整合学校育人力量、落实落细“三全育人”工作要求的前提条件。先后成立“三全育人”工作领导小组、思想政治教育全员育人工作小组，全员全过程全方位推进学生主体性发展，制定《北京师范大学教育学部全员育人工作实施方案》，构建党委统一领导，党政齐抓共管，13 个学术机构、22 个综合交叉平台各负其责，全体师生共同参与的育人格局体系，建立健全“三全育人”的长效评估追踪机制。

四、改革成效与应用推广

教育学部“三全育人”综合试点改革，完整建立了教育学科人才培养体系，是全方位系统性的改革，是思想政治教育工作的有效探索，取得了显著成效，在全国师范教育改革发展方面具有的较大的示范引领作用。

（一）助推“三全育人”工作机制更健全

全员职责明晰，育人合力更加强大。教育学部加强组织保障，构建更加清晰的工作体系，成立“三全育人”工作领导小组，形成工作方案。学校党委书记程建平同志担任本科生班主任，通过主题班会、深度辅导、节假日慰问等多种形式关心学生，极大地引领了教育学部全员育人局面。

全过程统筹有力，育人过程全面覆盖。从“融爱于教、育人之始”的新生入学教育系列活动，到青年团校暨学生干部领导力提升训练营，再至暑期社会实践队深入教育一线等活动，将思想政治教育工作作为生命线紧紧握在手中，全过程引导学生树立社会主义核心价值观。

全方位搭建平台，育人体系更加科学。强化“十大”育人体系的实践探索，多份研究成果公开发表在权威期刊并被相关部委采纳，为建立健全“三全育人”工作机制和探索实践新路径提供了理论引领和基础。支撑有效整合资源，全方位搭建平台，促进学生德智体美劳全面发展，构建 APLIC 成长型育人体系。

（二）“三全育人”价值和功能得以实现

“三全育人”氛围更加浓厚。完成近 300 名因受新冠疫情影响无法返校的毕业生 3000 余件行李打包，展现了学部温暖温情的优良底色；学部 30 余位专业教师担任兼职辅导员，为学生提供思想引领、学业辅导、心理咨询、生涯指导等，师生联系紧密，互动良好；每年度，60 余名专业教师指导学生工作课题和社会实践，形成高质量学术论文和调研报告。

学生获得感和成就感明显增强。由学生作为创始人的教育类创业项目获得第六届中国国际互联网 + 大学生创新创业大赛北京赛区一等奖、2020 挑战杯首都大学生创业计划大赛银奖；在 2019 年北京师范大学创新创业大赛上，教育创客空间 6 个进驻项目从近百个项目中脱颖而出，斩获三金三铜的佳绩，并包揽创业组和创意组的第一名。学生工作科研课题共 177 个项目立项，学生科研投入度显著提高，自主开展科学研究的能力明显增强，科研成果稳步增长。

社会认同感和雇主满意度稳步提升。公费师范生植根于贫困地区的学前教育、特殊教育等领域；选择继续深造的毕业生被哈佛大学、牛津大学等国际顶尖大学录取；85% 以上的博士毕业生在教育科研机构任职，成为全国教育科学研究的骨干力量。教育学部保持教育部教育学科评估排名第一的领先地位，并跻身世界大学学科排名第十九位，学术声誉名列全球第九位，进入世界一流教育学科前列。

自获批教育部“三全育人”首批试点改革单位以来，教育学部始终坚持

“以做促思，以思促善”，不断在改革中总结经验教训，积极寻求多途径同校内外乃至国际育人单位共商育人之路。

一是丰富了学校教育学科建设和教育人才培养的理论基础和实践育人经验。构建了教学、研究、服务三位一体实践模式，形成了“实践育人共同体”。形成了“时时为思政教学，处处是思政阵地，人人皆思政教师”的思政格局，构建了课程思政浸入式、融合式教学模式。

二是学生综合素养获得较大发展，为教育学科人才培养模式改革探索了新路径。全面落实了问题导向、人人负责的意识形态责任制，加强了意识形态阵地管理。完善了意识形态沟通、研判、风险防控等机制。同学们在各类实践中既砥砺了自身的能力素质，又增进了对国情的认知和专业的认同，成效显著。

三是规范并完善了优秀思政队伍建设。教育学部党政领导、教师、辅导员、管理人员、学生主体协同育人，形成了“领导带动、教师联动、学工推动、学生主动”的良好育人格局。打造了一支品格高洁、业务精湛、素质卓越的思政队伍，涌现出一批优秀教学团队和优秀教师。

在成果的推广应用方面，主要从共创、共思、共谋和共议等四个方面进行推广。

1. 共创——凝练经验，指导实践

学部立足学科优势，聚焦“十大”育人体系，组织开展学生工作研究课题，凝练产出《“三全育人”的理论与实践》系列成果集（共11册），《“双一流”大学建设背景下院系“三全育人”的实现路径和保障机制研究——以北京师范大学教育学部为例》荣获北京高校“三全育人”优秀成果奖论文报告类三等奖，《着力打造“三全育人”高地，构建APLIC卓越教育人才培养体系》荣获北京高校“三全育人”优秀成果奖工作案例类一等奖，《构建教育学科“三全育人”培养体系》荣获北京师范大学教学成果奖一等奖。

2. 共思——总结案例，启发实践

结合培养定位、学科优势与学生特点，围绕“三全育人”的核心内容，学部深刻反思，重点总结在科研育人、实践育人、网络育人与心理育人等方面的工作案例，启示坚持“高标定位，高质谋划，高位推进”，强调理论学习与社会实践的有机结合，注重新时代网络阵地建设，强化大学生“健康生活”新理念在“三全育人”事业中的实践意义。

3. 共谋——向兄弟高校分享经验

2019年，学部先后在北京理工大学、山东财经大学主办的全国“三全育人”工作研讨会上做主旨发言，在国家教育行政学院教育网络平台向全国高校做“三全育人”经验介绍。2020年9月，作为“三全育人”综合改革试点院系唯一代表受邀在教育部思想政治工作司主办的“三全育人”综合改革实践与探索示范培训班中分享育人改革经验。

4. 共议——同国内外单位交流经验

2021 年 11 月，以“新时代高校学生工作高质量发展与管理创新”为主题，学部成功举办高校学生事务管理国际学术研讨会暨“三全育人”理论研究与实践探索研讨会，同时开展了“三全育人”和“高校学生事务管理”两个分论坛，用中英文语言与来自国内外近五十所高校的百余位专家学者和师生互鉴优质高等教育管理经验，共议高校育人新思路和新方向。

五、试点改革的创新点

（一）创新“三全育人”组织领导体系，形成强大育人合力

教育学科“三全育人”人才培养工作充分发挥党政领导、教师、辅导员、管理人员、学生主体的“五动”育人功能，形成了良好育人氛围和强大育人合力。

一是领导带动，引领全员育人。创新组织领导方式，由学校党委书记程建平同志亲自担任教育学部本科生班主任，通过召开主题班会、深度辅导、节假日慰问等多种形式关心学生，形成了“三全育人”的良好氛围，极大地引领了全员育人局面。2020 年，因受到新冠疫情影响，毕业生无法返校，教育学部党政领导深入宿舍为毕业生打包行李、遥寄爱心，展现了温暖温情的优良底色，于生活细微处育人。

二是教师联动，提供全面指导。实施导师责任制，明确导师是学生思想政治工作的首要责任人，导师除了“导学习”还要“导思想”“导科研”“导人生”。30 余位专业教师担任学生辅导员，为学生提供思想引领、学业辅导、成长咨询、生涯指导等，全面培养学生的综合能力，助力学生成长成才。学而书院举办的桌边漫谈系列活动每期邀请老师与学生亲密交谈、畅所欲言，增进师生之间的相互了解，为同学提供生活、学业上的指导。

三是学工推动，辅助组织落实。学工团队承担新生形势与政策课教学，通过理论研讨、案例分析等方式，引导学生学习和领会习近平新时代中国特色社会主义思想。辅导员协同承担“十大”育人体系建设，定期与学生召开研讨会，确保“三全育人”工作的针对性和实效性。招募学生兼职辅导员，发挥思想引领和生活帮扶的作用。

四是学生主动，强调自我服务。启动学长计划，通过举办学生骨干训练营，

构建教育领导力社区，发挥朋辈引领作用；鼓励学生探索自身兴趣，寻找发展契机，开展行知论坛、未来教师大赛等活动，增强专业认同感，提升教师职业素养。充分激发调动学生自我管理意识，给予学生自我管理的空间与支持，发动学生服务学生。

五是多方互动，助推协同发展。借助学生工作科研课题，诚邀学生参与共创，以科研带动实践，共谋学生工作新思路，编纂形成《“三全育人”的理论与实践》系列成果集。教育学部立足北京师范大学，举办高校学生事务管理国际学术研讨会暨“三全育人”理论研究与实践探索研讨会，诚邀国内外多所高校专家学者与师生代表就“新时代高校学生工作高质量发展与管理创新”交流工作经验，拓展思路，共谋协同发展。

（二）创新“三全育人”实施体制机制，构建育人全面格局

教育学科“三全育人”人才培养工作创新性探索了育人主体的从“一”到“多”、育人过程的从“分”到“合”、育人内容的从“点”到“面”，构建了全员全过程全方位育人大格局。

一是创新育人主体的从“一”到“多”。将育人工作作为教育学部全体教职工与生俱来的“天职”“本职”，充分挖掘专业课教师、教学和管理“双肩挑辅导员”、专兼职班主任、管理服务团队等多个岗位的育人要素，将育人职能贯穿其工作始终，实现“教”与“育”、“管”与“育”、“服”与“育”的融会贯通。

二是创新育人过程的从“分”到“合”。将原来“条块分割”的教学、科研、管理工作转向“协同配合”的一体化育人工作，将 APLIC 卓越教育人才培养工作贯穿到学生从入学到毕业的各阶段，覆盖到教育学部各专业各班级，融入到学生学习生活各方面。推进教学、管理、服务等部门协同联动，挖掘育人元素、建立责任清单、强化工作举措，共唱育人“合奏曲”；推进教育学科与心理学、管理学、经济学、法学等学科的融合、交叉，推进思想政治工作与党建工作充分结合，汇聚协同育人的智慧和力量。

三是创新育人内容的从“点”到“面”。教育学部围绕育人目标，打造浸润式成长环境，形成全员全过程全方位育人的场域，思想引领更有力度、立德树人更有效度，实现育人工作由“点”到“线”、穿“线”成“面”，实现点线结合、面面俱到，推进教育学知识体系教育与思想政治教育有机结合，思想政治教育向教育学科各专业有机渗透，让思政课程和各类课程同向同行；建立线上线下正向互动的工作格局，促进两个教育场的衔接整合；大力推进学校、社会、家庭一体化育人，提升丰富家庭教育资源，充分利用社会教育资源，达到多方位合力育人的效果。

六、面临的问题和深化改革

（一）面临的问题

1. 协同育人机制有待深入整合

教育学部以成为“三全育人”改革标杆为目标，汇集学校有关部门及教育学部内现有 13 个实体性学术机构、在编在岗教师、部聘教职工、专兼职辅导员、学生事务助理、党团干部、班委等多方力量积极参与“三全育人”改革事业，成果丰硕。但全员育人的多方协同需要更加系统科学的融合机制。一是多部门协同工作的前期统筹缺乏系统性；二是不同部门人员协调和联动有待深入规划；三是“以学生为本”和“以学生需求为导向”的协同育人理念有待进一步整合。

2. 育人资源配置有待拓展优化

“三全育人”改革试点工作实际上亦是对各种育人资源的配置改革。从“组织领导”到““十大”育人体系”再到“条件保障”，始终坚持整合内外部多方资源以满足学生所需，但资源配置仍可优化。一是教育学部内外部诸如课程、活动、空间等育人资源的统筹配置有待进一步优化；二是教育学部内设各实体学术机构与各部门间的育人资源联动有待进一步提升；三是后疫情时代，网络空间成为育人又一主要阵地，线上线下育人资源的信息聚合有待进一步加强。

3. 育人成果转化有待多方检验

坚持发挥教育学科优势，以学生发展为核心要义，紧抓“十大”育人改革工作为契机，积极推进育人成果转化，但改革时间尚短。一是“三全育人”对国家和社会的育人成效和实际贡献尚未凸显；二是学部内部“三全育人”文化氛围的形成缺少历史沉淀；三是“三全育人”成果和模式的社会影响有待加强和验证。

（二）深化改革

1. 再绘协同育人同心圆

强化协同育人，需要坚持构建以学生为核心的同心圆，提升育人工作的实效和质量。教育学部始终坚持学校的统一领导部署，紧密联动学校党委学生工作部、教务部、信息网络中心、保卫处等，实现学校与学部育人资源的更优配置；教育学部内部，将继续完善协同育人工作机制，提升联动工作效力；学生方面，加大力度发挥学生主体力量，多听取学生的意见和建议，多为学生办实事、解难题；教育学部亦应主动邀请家长参与到育人工作中，进一步探索契合学部特色的高等教育阶段家校合作模式。

2. 力争资源配置更优化

教育学部作为“三全育人”首批改革试点单位，历经多年耕耘，已然积累并持续发展内外部优质资源，下一步的工作方向将集中在资源的调度和配置上。内部资源方面，教育学部将探索如何有机整合学校和学部现有的育人资源，遵照“精准”“全覆盖”等要求，达到内部资源的最优利用；外部资源方面，教育学部将继续发挥国内外教育学学科优势，在国家教育改革大背景下，鼓励“资源走进来，学生走出去”，满足学生发展多样化需求，惠及更多学生；配置渠道方面，在后疫情时代，将加大对移动互联平台的整合力度，缩短资源与学生之间的时空距离，做好、记录好全程育人始终。

3. 拓展育人成果深广度

改革不止步、育人不停歇。为进一步拓展“三全育人”试点改革工作成果转化，始终把思想价值引领贯穿育人全过程，继续推进育人团队建设，开拓育人组织、制度、资源配置的新格局，提升育人成果影响的深度与广度。一是组织学部内各机构、各部门集中学习与共同反思，进一步推进“十大”育人体系文化沉淀；二是主动协同用人单位，听取多方建议与反馈，多维度评价总结育人实效；三是扩宽渠道，积极同国内外高等院校学生事务管理的机构与专家学者交流学习，共同探讨未来育人工作新思路。

第二节 院系全员育人实施方案

为深入学习贯彻党的十八大以来党中央关于高校思想政治教育工作的决策部署和全国高校思想政治工作会议精神，落实中共中央、国务院《关于加强和改进新形势下高校思想政治工作的意见》，教育学部在总结、反思思想政治工作经验的基础上，结合学校“双一流”建设目标和教育学部“APLIC”人才培养目标，特制定本方案。

一、指导思想

全面贯彻党的十八大和十八届三中、四中、五中、六中全会精神，学习习近平总书记系列重要讲话，特别是关于高校思想政治工作的重要指示精神。

根据高等教育综合改革发展和当前高校师生的政治思想状况及特点，教育学部在推进人才培养体制机制改革过程中，坚持立德树人，将思想政治工作贯穿教育教学全过程，实现全程育人、全方位育人，培养中国特色社会主义事业的合格建设者和可靠接班人。

二、基本原则

（一）坚持党的领导

自觉将党的路线、方针、政策贯彻落实到学部人才培养过程中，提升师生政治觉悟、道德品质，培育德才兼备、全面发展的卓越人才。

（二）坚持全员全过程育人

将思想政治工作贯穿于教育教学、科学研究、社会实践、国际化、文化传承的全过程，发挥党政领导、教师（导师）、辅导员（班主任）、行政管理人员、学生主体的育人功能，建立全员育人的长效机制。

（三）坚持遵循思想政治工作规律

把握学部教师思想特点和学生发展需求，注重理论教育和实践活动相结合。坚持普遍要求和分类指导相结合，提高工作的科学化、精细化水平。

三、育人目标及素养

北京师范大学教育学部（国家试点学院）以塑造“中国未来教育家”“教育精英”为培养目标，以建设具有“世界一流、中国特色、京师风范”的教育学科为根本任务，努力将学生培养成具有“扎实的学术基础（academic）、丰富的实践经验（practical）、博大的教育之爱（love）、开阔的国际视野（international）、不竭的创新动力（creative）”即 APLIC 育人目标及素养的优秀人才。

APLIC 育人目标及素养，综合表现为五个维度，每个维度分为四个方面的内容：

A：问题意识、理论素养、学科视角、方法运用；

P：国情认知、教育感悟、理论运用、体验反思；

L：理想信念、道德情操、尊重宽容、分享奉献；

I：语言优势、本土情怀、全球眼光、多元包容；

C：乐学善学、批判质疑、勇于探索、自我实现。

四、育人举措

（一）思想政治教育育人

思想政治工作必须坚持以马克思主义为指导，坚持中国特色社会主义的共同理想，坚持以爱国主义为核心的民族精神和以改革创新为核心的时代精神，坚持贯彻社会主义荣辱观。切实抓好马克思列宁主义、毛泽东思想学习教育，广泛开展中国特色社会主义理论体系学习教育，深入学习习近平总书记系列重要讲话，引导师生深刻领会党中央治国理政新理念、新思想、新战略，坚定中国特色社会主义的道路自信、理论自信、制度自信、文化自信。引导师生准确理解和把握社会主义核心价值观的深刻内涵和实践要求，树立正确的世界观、人生观、价值观。进行国家意识、法治意识、社会责任意识教育，加强民族团结教育、国家安全教育、科学精神教育。

1. 党政领导

学部发挥领导班子成员、分党委委员、二级学术机构领导的主体责任，不仅在自身教学、科研、管理工作中注重言传身教，同时，要深入教师、学生党支部中参与活动，如讲党课、谈人生、话治学等。学部分党委委员联络 1 ~2 个学生党支部，每学期至少深入学生党支部参与、指导 1 ~2 次党建活动。学部行政领导联络 1 ~2 个学生班级，每学期至少深入学生班级参与、指导 1 ~2 次班级活动。学部二级学术机构负责人、党支部书记也应承担起师生思想政治工作的职责，党支部书记直接负责本单位师生的思想政治工作，建议师生党支部共同开展活动，促进教师育人、学生全面发展。

2. 教师（导师）

教师要提升自身的政治思想理论素质，将参加培训和自学读书相结合，努力成为先进文化思想的传播者、中国共产党执政的坚定支持者。教师尤其是研究生导师，要传递知识、释疑解惑，并以“四有”好老师标准严格要求自己，以良好师德、高尚品格在授课、读书会、科学研究辅导、日常生活中潜移默化地影响、引导学生树立高尚情操，践行“学为人师、行为世范”的校训精神。

3. 辅导员（班主任）

辅导员（班主任）是思想政治教育的重要主体，在组织党、团、班级活动中都要渗透思想政治教育的理念。辅导员（班主任）每学期至少组织三次思想政治教育活动，通过主题班会、社团活动深入学生之中，了解学生、引领学生；借助二级党校平台，深入开展党员教育培训，建立健全入党积极分子、党员教育培训体系。依托学部特色“五微”（微党课、微视频、微志愿、微论坛、微传播）活动，打造党员先锋工程。指导广大团员深入开展“四进四信”活动，培养信念坚定、品学兼优的学生骨干队伍。

4. 行政管理人员

学部行政管理人员也肩负着全员育人的责任与义务，在工作中既要展现良好的工作态度、工作能力，不断提升工作效率，对师生产生积极影响，也要在教学统筹、科研管理、国际化服务等方面发挥育人作用。

5. 学生

学生要具备积极向上、拼搏进取的精神风貌，在理想信念、道德情操、扎实学识、仁爱之心等方面不断进行自我教育、自我管理、自我提升。学生组织也要充分发挥朋辈引领的作用，积极策划，创设有意义、有价值的活动。开展爱国爱校教育、集体主义教育、创新创业教育、心理健康教育、教育专业素养提升计划等活动，调动和发挥学生自我教育的积极性，形成正确的价值观、人生观。

（二）教育教学育人

《中共中央、国务院关于进一步加强和改进大学生思想政治教育的意见》指出，“高等学校各门课程都具有育人功能，所有教师都负有育人职责”。教学是教师有目的、有计划、有组织地传授知识、方法和技能的过程，不仅承载着向学生传授科学知识和专门技能的功能，也承载着对学生进行思想政治教育的重要功能；既需要培养学生的学理意识、教育学专业思维能力，遵守学术学风道德规范，又要培养学生具备坚定的理想信念、高尚的人格品质。

1. 党政领导

学部党政领导干部要以身作则，自觉加强党性修养。一方面，党政领导每学期至少听 2 ~3 节专业课，强化教师的教学育人责任；另一方面，定期听取教师和学生对教学工作的意见和反馈，把育人工作落到实处。在实施学部“导师制”工作中，严格导师遴选制度，完善考核办法，实行“师德一票否决制”，通过制度建设引领教师立德树人、教书育人。

2. 教师（导师）

教书和育人是教师（导师）的两大基本职责。教师作为育人主体，自身以德立身、以德立学、以德施教。教师要秉承“崇教爱生，求真育人”的部训精神，树立良好师者形象，用自己的学识和人格魅力影响学生。一方面，不断提升课程质量，将课堂教学与课外实践相结合，充分调动学生学习的自主性，引导学生崇尚知识、追求真理；另一方面，在教学过程中，端正教学育人态度，明确提出思想政治教育的要求，使学生坚守学术诚信、遵守学术规范、塑造健康人格、养成高尚情操。

3. 辅导员（班主任）

辅导员（班主任）要借助思想政治教育课程、形势与政策课程、创新创业课程，引导学生思考、探讨“社会主义核心价值观”的内涵和精神实质；要及时与学部领导、导师进行沟通，提供学生学习、生活等方面的基本信息使得教师可以因材施教，帮助学生树立理想信念。

4. 行政管理人员

行政管理人员一方面要为教学育人工作提供适宜的教学安排、财务保障、后勤支持等服务；另一方面要以优质的工作成效、良好的精神面貌潜移默化地感染、影响学生。

5. 学生

学生要明确自身未来发展的目标，制订职业生涯规划与学业发展计划，脚踏实地、潜心学术研究。要培养自己具备问题意识、理论素养、学科视角、方法运用能力，在热爱、投身教育事业过程中，逐步把自己打造成未来的教育精英。

（三）科学研究育人

科学研究作为全员育人的重要要素之一，要求师生坚守学术诚信，不断扩充专业知识、提升科学研究能力、掌握科学研究方法、培养科学研究精神、批判质疑、创新创造能力。科学研究育人要引导学生关注重大理论问题和社会现实问题，将书本知识和实践相结合；鼓励学生独立思考，积极参与科学研究的项目和课题；通过科学指导和训练，使学生在参与科学研究过程中学会发现问题，运用相关理论分析问题、解决问题。

1. 党政领导

党政干部要强化科学研究育人观念，不仅在自己的科学研究工作中渗透思想政治工作育人，而且在管理工作中建立促进科学研究与教学、社会服务等密切配合的科研育人保障制度，为科学研究育人创造良好的政策环境。通过建立相应的激励机制、提供资源支持，设立考评指标、提供专项基金等方式，积极引导每一位教师（导师）投入科学研究育人工作之中，营造育人氛围，鼓励科学研究水平和育人质量的同步提升。

2. 教师（导师）

教师（导师）应将科学研究工作与思想政治教育相结合，不断提升自身的专业理论水平和科学研究能力，在此基础上利用自身科学研究经历和成果潜移默化地教育、感染学生，引导学生注意科研规范，探索科学真理。加强对学生的指导，吸收学生参与自己的项目课题，鼓励学生表达自己的观点，提升学生运用科学研究方法的能力培养其科学态度、科学精神，帮助学生树立献身科学、报效祖国的远大理想。

3. 辅导员（班主任）

充分利用校内外科研资源，引导学生组织举办报告会、座谈会、论坛等，邀请著名专家学者指导学生科学研究，丰富学生的科学研究活动；鼓励学生申请学工课题，通过设定专门模块，指导学生运用规范的科研程序和研究方法，探索当代大学生思想政治教育工作中遇到的问题，促进学部学生思想政治教育工作的科学化、合理化。鼓励辅导员（班主任）申报国家、省部级、校级思想政治工作课题，提升自身的科研能力，发表相关科研论文。

4. 行政管理人员

在行政管理工作中，鼓励、帮助学部师生积极参与、主持科学研究项目课题，为科研育人提供服务与保障。在此过程中，不断改善自己的服务意识，提升自己的管理育人能力。

5. 学生

树立远大理想，坚守科研诚信，养成科学探究精神。在求学期间，应设立自己的科研目标，积极申报或参与导师主持的科研项目，树立问题意识、提升理论素养、具备学科视角，能灵活运用科学研究方法，不断提升自己的科研能力。

（四）社会实践育人

社会实践育人要求在实习实践、社会调查、教育培训等活动中，通过提供教育教学服务、教育技术服务、教育咨询服务、教育文化产品等途径，为政府、企事业单位的科学决策提供政策指导、信息咨询服务，在此过程中，培养师生运用所学知识解决实际问题的能力，使师生养成国情认知、教育感悟、理论运用、体验反思等基本素养，为学生未来发展奠定坚实基础。中国教育政策研究院、教育学部培训学院等机构应充分发挥教育咨询、教育培训的功能，在社会实践育人中发挥重要作用。

1. 党政领导

党政领导应高度重视、统筹协调学部的社会实践育人工作。既要在自身工作中做出表率，担负起实践育人的责任，又要为师生建立实习实践基地、合作开展教育项目，提供社会实践育人的平台，并从制度、队伍、经费上做出保障。学部校长培训学院应提供必要的合作渠道：一方面，为学部师生建立中小学实习实践基地，开展相关教育课题研究、观摩培训现场、师生与校长结对子等活动，提供资源支持；另一方面，与学部师生合作进行教研，如开设培训理念创新、培训课程设计、教学方式改革等主题，由此提升学部师生的社会实践意识与能力。

2. 教师（导师）

教师（导师）应从思想上认识到自身担负的育人使命，在社会实践工作中积极参与、加强指导，不仅要求学生参与自己所负责的科研项目，带领学生深入研究现场、做好相关调查，也应该结合当前国家教育政策、教育热点问题，通过读书会、研讨会、实验室活动等，引导学生深入教育一线进行相关理念理论的培训、技术支持或咨询服务。教师也应利用工作之余积极投身社会实践和志愿服务，利用自己的专业知识更好地奉献社会、服务人民群众，并带领学生完成更具特色和效果的社会实践项目。

3. 辅导员（班主任）

辅导员（班主任）应通过多种途径挖掘社会实践育人资源，通过党、团、班等组织广泛开展社会实践、志愿服务活动，如长征路上的教育状况调研、习近平总书记教育思想梳理与探讨等，并利用寒暑假等课余时间，使学生深入城镇、农村、学校、企业，结合教育专业特点和时代要求开展实习、实践和调研活动，采用科学的研究方法、形成调研成果，服务教育文化发展。

4. 行政管理人员

在具体的管理工作中，行政管理人员应用实际行动感染和引导师生具备良好的责任意识和服务能力，鼓励师生积极参与社会实践项目并给予适当的关心和指导，使师生走进基层、服务社会。

5. 学生

学生应树立从实践中学习、勇于实践创新、敢于承担责任的发展理念，锻炼自己发现问题、解决问题、服务社会的能力。积极参与专业领域的实践，走进中小学课堂、学校管理岗位等参加见习、实习活动，学会将理论运用到实践中，为未来就业、创业打下坚实基础；应积极参与社会实践和志愿服务活动，深入基层，到党政机关、城市社区、农村乡镇、企事业单位、社会服务机构中贡献自己的力量。学生会、学生社团等组织也应发挥专业特长，在社会实践活动中进一步提升个人能力。学部每位学生每学期至少应参加一次专业领域实践或社会实践。

（五）国际化育人

中共中央办公厅、国务院办公厅印发的《关于做好新时期教育对外开放工作的若干意见》指出，教育对外开放工作要坚持“围绕中心、服务大局，以我为主、兼容并蓄，提升水平、内涵发展，平等合作、保障安全”的工作原则。结合学部实际，应鼓励师生在坚持文化自信的基础上，积极参与各项国际交流项目，包括国家留学基金委、教育部、北师大的各种师生项目，以及学生的双学位项目、交换学习项目、海外实习项目，应鼓励学生撰写和发表英文论文、参加国际会议等。利用各种资源、通过各种途径，使师生在拓宽国际视野、提高国际交往和学术能力的同时，兼容并蓄、平等合作。

1. 党政领导

学部领导在制订、实施学科发展和人才培养计划时，应关注国际化育人功能，在管理过程中注重提升学生的语言水平，使他们养成具备本土情怀、全球眼光、多元包容的国际化素养。应引导师生在国际学术舞台上发出中国声音。党政领导自身也应自觉提升外语水平，开拓国际视野。

2. 教师（导师）

教师（导师）在教育教学、科学研究、社会实践等工作中，既要注重介绍国外先进的学术成果，也要注重国内外的比较研究，强调中国气派和民族精神；在邀请国内外学者来学部分享相关领域的前沿知识、开阔师生国际视野、理解多元文化的基础上，既提升师生的国际化能力，又彰显中国文化自信、兼容并蓄的精神。

3. 辅导员（班主任）

在学生思想政治教育工作中，既要注重宣传党和国家的有关路线、方针与政策，又要注重介绍、吸纳国外优秀文化，引导学生在树立文化自信的基础上，具备全球眼光、多元包容的精神品质。

4. 行政管理人员

在具体工作中，自觉提升外语水平，熟练运用一门外语，配合学校、学部做好国际化育人工作，挖掘自身或组织的国际化资源，引导学生提升国际化素养。

5. 学生

学生应具备有效运用外语的能力，在不断通过书籍、网络等媒体学习世界历史、政治、地理、风土人情的基础上，积极自觉地与不同文化背景的人交流沟通，开阔视野，坚持中华文化自信，提升自己的国际化能力与水平。

（六）文化传承创新育人

文化传承创新育人目的在于培养学生继承优秀文化成果、推陈出新，增强民族文化自觉，提升中华优秀传统文化的创新能力。

开设相关选修课程、举行中华优秀传统文化经典诵读活动，组织开展“礼敬中华”优秀传统文化、戏曲进校活动，邀请传统文化名家、非物质文化遗产传承人等进学部、进课堂。加强社会主义先进文化教育，深化党史、新中国史、改革开放史和社会主义发展史学习教育，继承革命传统，充分利用历史纪念日、爱国主义教育基地、国家公祭仪式等组织开展主题教育，引领学生爱党爱国、坚持中国特色社会主义道路不动摇。

1. 党政领导

创设文化传承与创新的育人氛围，完善相关政策、机制，从文化环境创设、精神文化培育、行为文化提升等方面传承中华优秀传统文化，弘扬“崇教爱生、求真育人”的学部文化精神，引领学部师生创建富有特色的教育学科文化，深化学部二级学科文化内涵。

2. 教师（导师）

学部教师在继承教育学科（国家一级学科）百年历史积淀、名师先贤矢志不渝的治学精神的基础上，深化学科史研究，提升自身对中华优秀传统文化认知水平的同时，培养学生勇于创新、兼容并包的学术精神，开创教育学科历史传承和研究的新局面。

3. 辅导员（班主任）

依托学而书院教育学社、诵经典学社等国学类社团，举办传统文化创意产品制作、创新项目宣传推广等活动，开展耕读、吟唱等丰富多彩的传承活动，加强学生的文化传承意识，提升学生的文化创新能力，鼓励学生成为传统文化的实践者、宣传者和创新者。举办名家大讲堂、学术报告会、网络讲堂、书法及绘画大赛以及晨读经典、诗词吟唱、传统文化学术论坛等活动，引导大学生了解传统节日、参观纪念地、观看戏剧、欣赏音乐、体验民俗等。

4. 行政管理人员

继承“仁、义、礼、智、信”的中华优秀传统文化精神，规范服务语言，提升服务品质；精心布置办公环境，营造富有教育学科特色的文化氛围；传承教育学科文化精髓，尊重师生、服务师生、发展师生。

5. 学生

在校期间，选修一门中华优秀传统文化相关课程，欣赏一门中华优秀文化艺术，参与一次红色文化实践调研。通过自主诵读、集体群读中华优秀传统文化经典读物、参观考察红色革命根据地等方式，深刻体验中华民族文化精神，深入了解中国共产党辉煌历史成就，成为兼具中华传统文化品格和当代中国文化精神的人才。

五、机制保障

（一）建立学部统一的领导体制

成立全员育人工作委员会，学部部长（或分党委书记）担任组长，分管学生工作的副书记担任副组长，各学术机构党支部书记和各职能办公室主任为工作委员会成员。明确领导责任制，切实加强组织领导、具体指导和督促检查。依据“全员育人”整体方向和要求，制定长期目标和发展规划，并使之与学部学科建设与人才培养规划密切结合，使全员育人工作成为学部、学术机构领导干部，以及学部全体教职员工的自觉意识与有效行动。

（二）构建全员育人工作体系

逐步建立“一中心”“二维度”“五主体”的教育学部全员育人体系。“一中心”指以学生的成长成才为中心；“二维度”指横向维度和纵向维度，即学部学生工作委员会—辅导员（班主任）—班级—学生（按年级不分专业）和学生工作委员会—学术机构—教师（导师）—学生（按专业不分年级）；“五主体”指党政领导、教师（导师）、辅导员（班主任）、行政管理人员、学生。通过制定目标和规划，明确分工、相互配合，达到协同育人的效果。

（三）建立全员育人的激励机制

通过制定和建立相关激励机制，多方搭建育人平台，使党政领导、教师（导师）、辅导员（班主任）、行政管理人员、学生参与到全员育人过程之中，真正解决学生发展的现实问题。根据工作职责，在经费、人员以及信息技术手段等方面提供必要保障。表现优秀者，在学部人才培养业绩奖励中予以表彰。

六、实施办法

第一章　总则

第一条　依照《中华人民共和国教师法》、《中华人民共和国高等教育法》和高校思想政治工作的重要指示精神，结合教育学部实际，为构建教师全员育人的有效机制，营造全方位育人的工作氛围，加强育人工作的科学性、规范性和实效性，制定本办法。

第二条　教师全员育人工作要以马列主义、毛泽东思想、邓小平理论、“三个代表”重要思想和社会主义荣辱观的重要论述为指导，树立科学发展观，促进教育学部和谐发展，营造良好的育人环境。认真贯彻党和国家的教育方针，深化教育教学改革，遵循"以人为本"的办学理念，全面落实育人职责，逐步形成全员、全过程、全方位育人机制。

全员育人工作要坚持理论与实践相结合、正面教育与纪律约束相结合、集体教育与个别教育相结合、严格要求与尊重爱护相结合的原则。通过教师全员育人工作，培养学生树立科学的世界观、正确的人生观、价值观和荣辱观，成为具有坚定社会主义信念、良好道德品质，具有 APLIC 核心素养的教育精英。

第三条 教书育人、管理育人、服务育人是教师全员育人工作的具体体现，是一个有机的整体。教师重在教书育人，同时也担负着管理育人、服务育人的责任。

（一）坚持正确的政治方向。拥护党的基本路线，认真执行党和国家的各项方针政策。努力学习，忠诚人民的教育事业，熟悉本岗位工作有关的各项政策、法律法规及校纪校规。

（二）具备良好的职业道德。树立以社会主义核心价值观为主要内容的荣辱观。热爱学生，甘为人梯；忠于职守，爱岗敬业；廉洁奉公，办事公道；坚持原则，无私奉献；团结协作，淡泊名利；求真务实，开拓创新；以自己的模范言行影响和带动学生，起到榜样作用，使学生学会"做人"。

（三）努力学习专业知识。刻苦钻研业务，不断提高专业理论水平，通过严谨、高效的工作作风，努力创建文明、有序的工作环境，积极引导和教育学生学会"做事"。

第二章　教书育人

第四条 教师是履行教育、教学职责的专业人员，是教书育人的主体。教书育人是教师应尽的义务和职责。

教书育人是指教师在传授专业知识的同时，有目的、有计划地对学生进行正确的世界观、人生观、价值观教育，把培养学生创新能力、提高综合素质有机结合，自觉引导学生全面发展。

第五条 教书育人基本要求是：

（一）爱生敬业，不断创新。按照教育规律，不断创新教育教学方法。规范各个教学环节，认真备课、授课，用最新的专业理论和现代化教学手段启发、教育学生。热爱学生，以为祖国培养精英教育人才为己任，关心他们的成长，指导学生明确学习目的、端正学习态度，提高分析问题、解决问题的能力。

（二）为人师表，以身作则。教师在教学工作中做到作风正派、仪表端庄、语言文明、遵守纪律。用自己的模范行为、高尚的人格魅力和良好教风影响和感染学生，成为学生尊敬的师长和学习的楷模。

（三）潜移默化，耐心疏导。教师要坚持说服教育的方针，以诚相待、严格要求，做耐心、细致的思想工作。要关心困难学生，坚持导师制和联系学生制度，与学生谈心交流，全面掌握他们的思想脉搏，指导他们学习、生活，做他们的良师益友。

（四）严格制度，敢于管理。教师要用制度规范学生行为。强化学生的纪律观念，做到敢于批评，耐心教育。在考核、作业、评分、实践等教学环节坚持原则、严肃认真、不徇私情，通过严格考核，培养学生诚实的品质和严谨的治学态度。

第三章　管理育人

第六条　教师也是管理育人的主体。管理工作是学生德育不可分割的有机整体，是育人的有效途径。

管理育人是指教师树立以学生为主体的育人意识，使管理工作制度化、规范化。以良好的职业道德、精通的业务和科学的方法做好管理工作，逐步形成和健全以规范为保障、激励机制为动力、思想工作为后盾的管理运行机制，促进学生全面成才。

第七条　管理育人基本要求是：

（一）提高素质，敬业爱岗。教师要遵循管理规律，掌握和运用知识与技能，不断提高业务素质和职业道德素质，树立良好的形象。做到仪表端庄、语言文明、态度和蔼，使学生在接受管理过程中，受到良好形象的感染和高尚精神的熏陶。

（二）深入实际，求真务实。教师要掌握学生的思想脉搏和学习、生活情况。以制度建设和实施为重点，以社会主义核心价值观为内容，以形成高起点的教育学部文明学风为标志，强化管理力度。切实加强学生的入学教育、思想道德教育、行为规范教育、就业教育和毕业教育工作。

（三）坚持标准，办事公道。教师应关注困难学生，帮助他们解决生活、学习中的问题。在涉及学生切身利益的各项评优评奖活动中，严格标准、不徇私情，做到公平合理，寓教育于管理之中。

（四）团结协作，讲求效率。教师要顾全大局，杜绝相互推诿、提高办事效率。要经常深入学生实际调查研究，及时解决存在问题，对暂时不能解决的问题要说明原因，给予答复。要虚心接受其他教师的批评，院系所党支部定期或不定期召开座谈会，查找管理中存在的问题，自觉改进工作，提高育人品质。

第四章　服务育人

第八条　教师也是服务育人的主体。服务育人是指教师应以良好的职业道德、出色的工作业绩、良好的外在形象、周到的优质服务，努力为学生排忧解难，营造良好、有序的工作、学习和生活环境。

第九条 服务育人的基本要求是：

（一）立足本岗，优质服务。教师要熟练掌握专业理论和技能，提高工作质量，积极为师生员工提供安全、便捷、优质的服务。

（二）操作规范，杜绝事故。认真履行岗位职责，严格遵守各项规章制度和操作规程，防止各种事故的发生。

（三）作风廉洁，举止文明。真正树立“崇教爱生、求真育人”的学部理念，切实维护好学生的利益。在工作中做到语言文明、衣着得体、仪表端庄、态度热情。

（四）及时沟通，服务热情。加强与学生的交流，每周定期举行读书会、每学期定期不定期举行座谈会，及时了解和解决学生的需求，查找存在问题，不断改进服务工作，让学生感受到师长、同窗的关爱。

第五章 组织领导

第十条 学部成立“全员育人”工作领导小组，由学部部长（或分党委书记）任组长，分管学生工作的副书记任副组长，各学术机构党支部书记和各职能办公室主任为工作委员会成员。领导小组下设办公室，办公室设在学生工作办公室，学生工作办公室主任担任办公室主任。

第十一条 全员育人工作是一项长期的系统工程，要在学部分党委统一领导下，形成上下齐抓共管的格局。各学术机构党支部和各职能办公室要将本《办法》中的内容落实到各个岗位，体现在每位教师的工作中，并通过责任制的形式体现出来，将全员育人工作与考评相结合。

第六章 考核奖励

第十二条 考核奖励工作在学部“全员育人”领导小组的统一领导下由学生工作办公室具体组织实施。

第十三条 考核内容

（一）活动方式可根据各学术机构党支部和各职能办公室的特点自行确定，突出教育专业特色，凸显育人效果。可采取座谈、咨询、讲座、主题班会等方式，针对学生个人、班集体或师门开展活动，也可以与学生共同开展科研课题研究。

（二）各学术机构党支部和各职能办公室将“全员育人”工作开展情况和特色育人工作写成书面材料，并由开展活动的学生个人、班级和负责人签署意见。

（三）每学期末，各学术机构党支部和各职能办公室写出反映全员育人特色、过程的总结材料，上交学部学生工作办公室。

第十四条 考核办法

学部通过问卷、访谈、实地检查等多种形式，通过机构自评、实地考察、综合评议、先进单位和特色工作评选等工作环节，评选出学部“全员育人工作先进单位”前五名、“全员育人工作先进个人”前10名，评选结果纳入到各学术机构党支部和各职能办公室学年考核之中。

第十五条 建立表彰奖励制度，表彰奖励在全员育人工作中涌现出来的先进集体和先进个人。

第十六条 把全员育人工作的业绩作为教师年度考核、提职晋级、职称评聘、岗位津贴及选派进修或出国交流等的重要依据之一。

第十七条 本办法自公布之日起实施，由学部学生工作办公室负责解释。

第三节 “三全育人”视角下提升学生职业素养

大学生就业指导工作是高校人才培养的重要组成部分，直接关系到人才培养的质量，影响着学科的建设方向和长远发展。在“双一流”大学建设背景下，更要重视就业与创业人才输出的路径。北京师范大学教育学部作为国家试点学院、教育部首批“三全育人”综合改革试点单位，经过长期的实践、创新与反思，逐渐形成了以“辅助学生选择适合的个性化职业发展路径”为目标，以“全员、全过程、全方位提升学生职业素养”为理念的就业指导服务工作模式。

一、调动内部资源，激发全员参与主体性

（一）顶层统筹设计，聚焦质量目标

大学生的就业指导工作应该从人才培养目标着手，从顶层统筹设计，有针对性地提升学生的职业素养。作为教育学科的龙头，学部以塑造“未来教育家”和“教育精英”为人才培养目标，培养高素质教师、高水平教育研究人员、教育行政管理者、教育技术工程师、国际教育事务专门人才以及教育服务高端人才等，建构起了培养具有扎实学术基础（academic）、丰富实践能力（practical）、赤诚教育之爱（love）、宽阔国际视野（international）、不竭创新精

神（creative）的APLIC育人体系。为形成提升学生职业素养的长效联动机制，学部制定并实施了"1+1+1+1+1"毕业生就业促进制度，学部领导、学术机构负责人、班主任、辅导员和班委共同对接就业薄弱学生群体，定期开展就业辅导、提供就业实习实践岗位，推送就业相关信息等。学部以就业数据月报、周报制度督促院系所开展就业推进工作，从学部领导层、各行政部门、院系领导层，乃至全体教职员工，高度重视学生职业素养的提升，打造"聚焦质量目标"的发展合力，为提升毕业生就业质量提供有力支撑。

（二）凝聚师资力量，畅通信息资源

人才培养是高等学校的根本任务，高校教师的责任不仅停留在课堂教学，而应贯穿于育人的各个环节。教师是人才培养的中坚力量，是影响大学生发展的重要"他人"，"全员育人""全程育人"目标的实现都离不开教师的大力支持。从事不同专业领域研究的教师是最了解学生特点和专业发展特点的人，他们根据各自的专业特长和专业规划，为学生提供了较为精准的就业方向建议和信息咨询（王焰新，2015）。教师是促进学生职业素养提升和发展的主力军，经过院系走访、班主任大会以及多角度、多渠道与专业课教师交流沟通，从根本上改变了以往专业教师"只管学术，不管就业"的学生培养观。专业教师积极参与到学生职业素养提升工作中，为学生提供职业生涯规划辅导，并无保留地提供课题项目实习实践，为优秀的学生推荐就业。

（三）提升指导实效，推动学生参与

大学生职业生涯规划教育越来越受到高校的重视，其作用也愈发明显。阻碍学生职业生涯规划教育发挥实效的一个重要因素在于学生个人发展的内驱力。就业形势的日益严峻，一方面使许多学生感到"慌乱""慌张"，另一方面，职业素养和职业规划能力的缺乏使学生丧失了就业自信。指导工作实效的提升，要求被指导者在思想上高度重视自身职业素养提升，在战略上主动提升自身职业素养，为每一个学生打造核心的职业胜任力（孙玮、邱化民，2017）。生涯规划课程和生涯规划指导的适切性是促进学生职业素养提升的重要抓手，指导教师必须把每一个学生作为独特的个体来看待，在指导学生提升职业素养、帮助学生规划职业发展的过程中，充分考虑学生已有的技能和兴趣，为学生提供个性化的发展指导。就业问题不仅是毕业年级学生需要关注的，低年级同学更加需要生涯规划的精细化指导（邱化民，2018）。在当前新高考背景下需要将生涯规划不断前置，定位于职业素养发展提升。学部在大一、研一和博一等各个年级开展职业生涯规划工作，在学生入学之初，通过往年的就业数据、学长交流会、辅导员工作会等方式勉励学生早做规划，从根本上激发学生的内在动力，促使学生主动实现自我发展，以专业素养为核心，努力提升自己的综合职业素养。

（四）打造专业团队，创新多元模式

为满足学生的职业发展需求，激发学生自我管理、自我服务的意识，要成立专业化的就业服务团队，设立研究、市场、培训和信息等多个小组，有针对性地开展工作。基于调查数据，有针对性地开展职业技能等多方面的培训和实践，针对多样化的需求，要在实践中创新培训模式，坚持以学生发展需求为导向，为学生提供多元的就业指导模式以供学生自由选择。例如，为毕业生开展教师求职培训、高校管理应聘培训、公务员考试培训等，并收集相关领域的就业信息、为毕业生建立就业信息库。

为学生提供专业化服务的同时，就业服务团队加强与高校、用人单位等多家机构交流合作，不断提升团队的专业化水平。学部已经形成了“领导带动、教师互动、学工推动、学生主动”的就业内部资源促进模式。

二、融合校内资源，辅助全过程提升素养

（一）各方支持，开展职业生涯辅导

生涯辅导是职业素养提升的第一步。每位学生都是独一无二的，生涯辅导也应该是根据学生自身情况进行个性化的辅导以解决不同的困惑和问题，这一过程需要动员全体教职工对学生开展一对一服务。一方面，充分发挥班主任和辅导员的作用，建立生活指导室，开展一对一的职业生涯咨询，学生主动报名与班主任、辅导员交流自身关切的问题，切实发挥咨询实效；另一方面，充分利用咨询与心理健康教育研究所专业资源，基于院系所心理咨询专业化的辅导开展生涯辅导，为学生提供专业化的指导和咨询。学部根据多数学生选择教师岗位的现实需求，与教育部校长培训中心合作，开展“职业引航：与名家校长面对面”等活动，帮助学生了解就业单位人才招聘的具体要求，在明确职业素养提升方向的基础上实现“早规划、厚发展”的辅导目标。

（二）分层分类，实现求职能力提升

求职择业是一个长期的过程，毕业生的就业去向和选择不一，需要的能力和条件不一，对应的指导和培训则更加不同。鉴于此，学部采取分层分类的方法，为学生提供个性化、多样化、符合学生实际需要的求职能力培训。基于毕业生的求职需要，学部与校内职能部门建立了合作关系。例如，与辅导员基地

合作，邀请优秀辅导员代表，开展高校辅导员专业能力提升系列培训；与校长培训学院合作，邀请名校校长，开展师范生求职竞争力提升系列培训；与校内其他合作单位协商，开展多样化系列培训，并择优颁发培训证书，提供实习岗位。分层分类的专业化培训，极大地提升了毕业生的求职技能，最大化地提升了学生的就业胜任力。

（三）牵线搭桥，打通就业市场渠道

就业市场渠道需要从多个方面去开拓。在打通就业渠道的过程中，充分、高效地利用了学校的内部资源。例如，学部与教育集团合作，引进众多附属学校参加教育人才双选会，并有针对性地一对一推荐优秀毕业生到各个附属学校实习、就业；与校友会合作，引进校友单位来举办专场招聘，形成了可持续的人才输送平台；与学校教育基金会合作，吸引捐赠单位前来招聘，最大程度地推荐优秀毕业生到单位实习实践和求职应聘。

（四）多措并举，组织入职适应讲座

入职适应培训，是学生职业素养提升的必要环节。从学校到社会，从学生到职场新人，环境与角色的变化会给学生带来一定的压力和迷茫。为帮助毕业生更快地适应新的职场环境和身份，更好地了解即将从事的职业，精心设计入职适应系列讲座，结合学生的就业意向和最终就业去向，开展入职适应讲座。入职适应讲座是为毕业生提供的离校前最后一环就业服务，入职适应讲座的开展意味着学部的职业素养提升工作已经落实到了学生职业发展的各个环节之中。

为此，学部积极联络政府部门、学前机构、中小学、高校、企事业单位、出版行业等，力求将讲座对象覆盖到全体学生。同时，聘请知名教授、主管领导、一线教师等知名人士开展专题讲座和沙龙，搭建学生与同行之间的交流平台，帮助学生减轻对未来职业的陌生感和距离感，做好充分的入职准备，扣好大学生职业生涯的第一颗扣子。

三、汇聚校外资源，满足个性化发展需求

（一）邀请权威资源，解读行业政策

毕业生在择业前需要充分了解各行业的用人政策及相应条件才能更加顺利地选择符合心意的岗位。对具体政策和岗位要求、职业素养要求的不清会导致时间、资源的浪费。因此，相关政策、制度和信息对毕业生求职十分重要。为帮助毕业生了解各个行业的就业政策，根据往届毕业生去向，学部在就业动员大会上着重强调各行业的招聘政策和要求。例如，邀请北京市海淀区教委人才

服务中心负责人解读中小学教师招聘政策、招聘各个环节的注意事项和时间节点；邀请某高校人事科负责人解读高校人才选留政策；邀请北京某知名培训企业讲解教育企业录用人才的相关制度以及晋升空间；邀请某公务员培训单位负责人解读公务员招录政策，具体到国考、京考和各省市公考等，最大化覆盖了毕业生的就业行业。

（二）引进教委资源，开拓就业市场

广阔的就业市场和通畅的就业渠道可以有效帮助毕业生获得相应资源。作为师范院校的教育学科毕业生，毕业生的就业方向具有较强的偏向性，有较大比例的毕业生选择到中小学就业。对此，学部经过多年的努力引入了北京市各区县的教委资源，通过教委带动大批学校主动前来组织专场招聘。与北京市多个教委建立了人才流动联合机制，邀请百余家单位参与教育人才专场招聘会，实现就业—招聘双向需求高度匹配，在提升学部毕业生就业质量的同时，为北京市中小学输送了大量优秀人才。同时，制作教育人才推介手册，向所有合作单位和招聘过学部毕业生的单位邮寄和发放。通过人才推介手册，一方面，就业单位对学部毕业生有了基本的了解，就业—招聘的匹配过程更加高效；另一方面，学部培养的优秀人才获得了招聘单位的一致好评，形成了良好的就业促进效应。

（三）发动校友资源，开展朋辈交流

校友间的学缘关系带有天然的吸引力、认同性和传承性，校友资源是就业工作的重要资源之一（高波，2014）。利用优质的校友资源，使应届毕业生在求职过程中获得更多机会、更多指导，达成更加稳定的人才供求关系，甚至建立实习实践基地都十分有益。除了邀请校友来校招聘，还鼓励校友来校开展朋辈交流，现身说法在各个院系所、班级开展“求职面对面”活动。此外，分行业邀请优秀毕业生来校交流，并在就业动员大会上拍摄校友对毕业生的求职寄语，充分发挥榜样作用，激励学生积极、主动就业。

（四）巧用社会资源，组织专题沙龙

在学生即将毕业走向社会之际，学部为学生搭建了接触社会的重要平台，利用多种资源邀请职业人士与毕业生交流职业发展。考虑到师范大学女生比例大的现实特点，设计了特别的主题活动，如借用团中央的青年资源开展女大学生“职场·幸福”沙龙，借用某创客空间资源开展“创新·创意·创业”沙龙，借用街道社区资源开展公务员上岗培训等活动。

四、深挖合作资源，开拓全方位共建模式

（一）借用培训企业优势，加大学生求职培训

毕业生在求职过程中体现的综合素养直接影响用人单位对求职者乃至整个学校所培养的学生的第一印象（刘莹，2016）。学部的就业合作单位中有较多以培训为主业的企业，借助培训企业搭建培训平台提升学生的职业素养。例如，借助某教育培训企业的资源，加大对低年级学生职业素养系列培训；借用某公务员考试培训的资源，开展公务员考试系列培训；借用某知名教育企业的网校资源，举办教师能力提升系列培训等。培训企业的专业化培训极大提升了学生的求职竞争力。

（二）发挥科技单位优势，形成参访交流模式

就业市场随着经济形势不断变化，就业岗位已经不再局限求职者的专业和学历背景，更加看重的是综合素养。作为推荐毕业生的就业指导单位，应该与时俱进，同时具备“引进来”和“走出去”的工作思路，要求学生开阔视野，了解就业市场需要。学部与众多科技单位形成了参访交流互动模式，比如，带领学生走进科技企业，到天津和上海等科技企业参访交流；带领学生走进宋庆龄国际体验馆、青少年创客空间、北京创客空间、全国教育创新博览会、科技馆等，聆听讲座，交流互动，开展实习实践。

（三）利用各区教委优势，开展实习实践选聘

北京是毕业生就业的首选区域，加之中小学教师有较大缺口，专业学习和从业选择角度匹配度较高。学部充分利用各区教委的优势，努力将专业实习、就业实践与职业发展结合起来。通过专业实习、课题下校、本科见习等多种方式，推动各区教委与学部进行深入合作，形成了自上而下的影响力，从而推动毕业生就业工作。

（四）共享教育集团优势，共建人才发展储备

随着民办教育市场份额逐渐扩大，毕业生到民办教育单位就业的比例也在不断提高。鉴于此，学部不断开拓民办教育资源，建立多方位合作机制。例如，与某民办教育集团合作，协同资源建设就业指导平台；与某知名教育集团推进合作，设立奖学金、建立人才储备库和实习实践基地，冠名赞助学生活动等。

学生职业素养的提升，要求人才培养单位秉持“共建、共赢、共享”理念，与社会各界通力合作，整合资源，再寻找供求结合点，开展深入合作。合

作的内容也不仅仅停留在招聘层面，而是多维度、多渠道、多方共同参与，为学生成长成才搭建平台，真正为学生职业素养提升提供助力（李辉，2013）。

第四节　“三全育人”理念下师生党支部共建模式

“三全育人”既是一种教育理念，也是一个全面、系统的育人指导思想和原则，通常包含三个方面，即全员育人、全程育人、全方位育人。“全员育人”要求高校的全体人员都必须承担起育人的责任，将育人的人员主体由传统的教师、思想政治德育教师拓展到高校所有人员，拓展与壮大了高校育人队伍的力量。“全程育人”要求育人应该贯穿于大学生学习、成长的全过程，延长育人的期限，同时还要求根据学生的不同发展阶段制定相应的育人策略。“全方位育人”要求育人要以学生的全面发展为核心，促进大学生的全面发展，避免再犯重“智育”轻“德育”的倾向等。

“支部共建”活动也可称为“支部结对共建”活动，主要是指两个党支部按照事先共同的约定，结为互帮互建对象，并相互间联合开展有关教育管理活动，从而形成两者的工作互动和资源共享，不断促进两者建设水平共同提高的一项党建工作举措。高校师生支部共建则指教工党支部和学生党支部按照一定的约定与流程，结为互帮互助的对象，通过联合开展各类党员教育管理活动，形成优势互补、资源共享、合作共进的、新的有机互联的组织模式，这也是在加强服务型党组织建设的要求下对基层党建工作创新的途径。师生党支部在“三全育人”理念指导下，在育人理念、育人过程和育人效果上会有意识地渗透全员、全程和全方位的理念，能够使师生党支部共建的意义和效果更加凸显。

一、师生党支部共建的模式

2017 年 8 月，中共教育部党组发布《关于加强新形势下高校教师党支部建设的意见》，就高校教师党支部充分发挥主体作用予以明确，教师党支部要着力发挥团结凝聚师生方面的主体作用。加强师生党支部共建，要建立健全教师党支部与学生党支部（本科生、研究生）协调联动机制，以师带生、师生互补，充分发挥高校党支部战斗堡垒作用。以北京师范大学教育学部为例，研究组以“三全育人”理念为视角，总结出以下四种特色共建模式。

（一）理论导师进驻支部

由大学生党员组成的党支部有着较高的工作热情，但工作方法缺乏理论性的指导。因此，教育学部给每个学生党支部委派了一名理论导师，负责学生党支部的指导工作。理论导师作为思想教育的引航者、专业教育的传播者，有利于补充学生党员的先进性教育，进而促进基层党组织的整体先进性。理论导师对新生党员进行入学教育，规划学生时期的专业发展，帮助学生党员明确未来发展方向，同时进行思想上的引领和教育，指导党支部建设。学生党支部在党建工作中遇到难题，除了向其他学生党支部学习，还可以寻求理论导师的帮助，促进党支部的有效、可持续发展。同时，理论导师作为教师党员，有更敏锐的政治感、理论素养，既熟悉教师党支部的优势和资源，也了解学生党支部的情况，可以更好地连接教师党支部与学生党支部的共建与交流，为师生共建提供许多指导性的建议，提升师生共建的效果。

（二）实验室朋辈互助共建

在高校中，年龄相差无几的学生彼此都属于朋辈的范畴。正因为相似的年纪、相同的学习环境，学生之间容易快速形成认同感。北京师范大学教育学部下设有 13 个院系所，进一步又可细分为若干专业。根据学科方向和学生所学的专业，建立以学科梯队为基础的纵向共建党支部，实现实验室朋辈互助是教育学部党建的一大特色。第一，鼓励跨年级的同专业学生党支部形成互助，共同举办党建活动等。如教育技术学专业的 2016 级、2017 级和 2018 级党支部曾共同举办微党课大赛，将《习近平新时代中国特色社会主义思想三十讲》制作成了多节微课，并进行评比分享。这一活动充分发挥了教育技术学专业的技术特长，也促进了各支部党员的跨年级交流，形成了优良的学习氛围。第二，同实验室的党员大多属于相同专业、不同导师，通过党支部活动的共建交流，促进了专业内的知识多元交流和分享，形成了有效稳固的学习共同体，使得党员之间共同进步和成长。第三，同样的学科背景常常会遇到同样的困难和挑战，高年级党支部可以帮助低年级党支部进行答疑解惑，通过经验分享交流会为低年级党员传递经验，帮助专业新手分析和解决问题。此外，低年级党支部可邀请毕业年级党支部进行就业面试的经验分享，了解专业的就业方向，尽早确定职业目标。需要注意的是，当鼓励学生党支部进行自主共建时，同专业的党支部总会是其优先考虑的选项。因此，高校党建工作者应当充分发挥实验室这一背景环境的特色优势，调动学生党支部的共同参与，帮助其形成学习共同体，促进互助共进。

（三）专业内部师生共建

高校中师生党支部建设模式可以更好地达到“学习型”党组织建设的创评标准，他们的最大优势是依据自身的专业科学的学习，达到“学习内容的科学性”。高校教工党支部和学生党支部一般以专业为单位组建，学生党员特别是研究生党员面临繁重的课业压力、科研压力，会更加注重专业研究学习，将大部分时间和精力投入到学习、科研中，参加党支部活动的积极性不高，忽视了自身政治素质的提高，导致政治信仰弱化。而在专业内部进行师生共建，既可以满足教师与学生的专业交流，也可以促进政治理论的学习。研究生党支部可以与本专业导师支部以学术为主线开展共建活动，努力做到以党建带学术、以学术促党建。研究生思想政治教育不能单纯进行理论灌输，他们在思想上比本科生更成熟。以学术为载体，在长期的研究和探讨下，在与导师交流和活动的过程中，通过导师的言传身教接受思想教育比空洞的说教更有成效。这种方式也避免了基层党建与学术研究相脱离的现象出现。例如，2018 级硕士研究生第十党支部主要是特殊教育学和特殊教育专业的学生，该党支部与特殊教育教师党支部进行共建活动——“深入学习习近平新时代中国特色社会主义重要讲话和全国教育大会讲话”，在教师党员和学生党员的不同视角下对讲话进行了深入的学习和探讨，结合本专业特点对全国教育大会讲话进行了深刻的学习，学生党员对自己的专业有了不同的理解，同时也对自身素养提出更高的要求。活动现场讨论热烈，不同思想的碰撞激起智慧的火花，提高了各位研究生党员的理论水平，达到了以党建带学术、以学术促党建的目的。

（四）教辅支部师生共建

建设服务型党组织是新形势背景下的一大趋势，高校是人才培养教育的重要基地，立德树人是根本，“三全育人”为路径。高校必须进一步强化服务意识，健全支部共建工作机制，把提高服务水平、满足师生需求作为共建的出发点和落脚点。把师生的政治追求、发展成长、情感交流、生活帮助等需求纳入工作范畴，让师生能够切实感受到学校的关心。要充分发挥教辅部门的教师党员与学生党员干部的沟通桥梁作用，在直接联系服务群众上下功夫、起作用，向师生主动服务。在全面深入了解师生群众需求的基础上，着力发挥教辅人才、资源等集中的优势，组织志愿服务、走出校园、红色参观、暑期实践等多类型活动，提供多样化的实习平台，不断提升服务师生群众水平。其次，要在提升服务效能上想办法。征集学生意见、统计工作常见问题、召开师生意见交流会，教辅支部的教师党员与学生党员共同完善简化工作流程、推进首问负责制、开展党员先锋模范岗等，践行群众路线，让师生感受到不一样的办事风格和效率，切实提升群众满意度。

二、师生党支部共建存在的问题

师生党支部共建原本是育人的重要途径之一，同样是“三全育人”的有效抓手之一。但是，基于过往师生党支部共建多年的经验总结，研究组发现师生党支部构建依然存在较多问题亟待解决。

第一，共建基于经验总结，缺乏理论指导。共建支部的运行效果与理论目标还存在着一定差距，主要原因在于共建党支部对共建工作的认识不到位，没有深刻体会到它的重要意义，认为共建只是将教师和学生简单的联合起来，象征性地开展一些活动。同时，共建活动的开展多是基于日常经验，缺乏一定的理论指导，这些问题的存在直接影响到共建工作的建设成效。

第二，组织管理和活动形式单一，缺乏创新。师生党支部共建过程过于注重制度及层级管理，活动开展的形式与内容比较单一和枯燥，缺乏创新性与吸引力。许多支部长期以来习惯仅仅以共同学习党内文件、开展刻板的师生党员座谈会、组织各类主题党日活动等传统形式开展活动。这些导致师生党员参与的积极性普遍不高，支部组织生活的质量也不太理想。

第三，评价机制不健全，缺乏持续性。由于缺乏长期有效的推进措施，很多支部出现了一两年后共建失去活力、师生群体出现懈怠的情况，共建模式也流于形式，持续时间不长。从效果来看，没有相对完善有效的评价机制，不对支部联动共建的成效进行评估，就无法找出好的方面与不足之处，从而缺少推陈出新的动力，不能对其进行改进，进而降低了师生党支部联动共建的规范性和长效性。

第四，支部共建没有发挥师生支部各自专业优势。目前，师生党员未有畅通的联系渠道，无法进行有效的沟通交流，师生党支部微信群没及时建立起来。同时，支部负责人缺乏整合意识，忽视了支部联动共建的目标与意义，支部的二元结构形成体制性障碍，分离的二元结构使支部共建被人为肢解为两大似乎不搭界的党建系统（徐辉，官媚，2017），使教师党支部与学生党支部融合度低，在共建活动中未能进行有意义的交流，共建过程中无法有效地实现优势互补、资源共享，最终没能形成合作共进的、有机互联的组织模式。在“双一流”大学建设背景下，支部建设也应当朝向更高标准，而忽视各自专业优势进行的支部共建，势必不能为建设优秀教师队伍和培养创新人才提供有力支持。

当前，师生党支部共建存在的这些问题急需从理论和理念上给予指导，否则会停留于形式层面，没有实质的共建意义。而“三全育人”在这种形势下，可以而且应该成为师生党支部共建的指导理念，目标具有一致性，都是育人；

路径和方向一致，具有教师带学生的全员性。

三、“三全育人”理念对师生党支部共建的指导作用

“三全育人”包含全员育人、全程育人、全方位育人三个方面，分别从育人主体、育人过程和育人环境三个角度来指导育人策略。师生党支部共建，以“三全育人”理念为指导，分别从以上三个角度进行分析论述。

（一）“全员育人”理念对师生党支部共建的指导

全员育人主要是针对育人主体而言。师生党支部一般处于同一学校环境中，拥有共同开展理论学习的便利条件，促进师生共同开展理论学习，既能够完成日常的理论学习任务，也能够促进师生的思想交流，提高理论学习的效果，同时调动教师和学生参与理论学习的积极性。教育部党组 2017 年 12 月发布的《高校思想政治工作质量提升工程实施纲要》提出了构建“全员全过程全方位”一体化育人格局的要求，其中包括课程育人、科研育人、实践育人、文化育人、网络育人、心理育人、管理育人、服务育人、资助育人、组织育人“十大”育人体系。根据“十大”育人体系，教师、党团组织、校报广播站、网络平台、校学生心理咨询室、辅导员等都应作为育人主体涵盖在内（朱平，2019）。在这其中，要发挥“全员育人”理念对师生党支部共建的指导作用，就要发挥以下几类人员的育人主体作用：

第一，在教辅支部师生共建中，鼓励学生党支部与从事不同职业的教辅支部教师党员共建合作。根据学生所学专业与教师从事职业特点，找出结合点，从而提高教辅人员的育人参与度与育人责任感。

第二，将学校管理人员、后勤服务人员以及学生同伴群体等纳入共建群体（冯建军，2019）。不止学校教职工对学生起着育人作用，学校管理、服务人员以及学生组织的育人作用也需要得到重视。首先，组织学生支部与政工党支部的共建，可以发挥政工队伍管理育人的关键作用。因为政工队伍是思想政治教育的专门组织者，他们承担着学生思想政治教育的专门职责。其次，组织学生党支部与后勤党支部共同进行帮扶、对接志愿服务，发挥后勤人员在服务育人方面的支持作用。最后，组织学生党支部与学生会、研究生会等学生组织进行共建合作，发挥学生自主育人和同伴互助的影响，通过榜样感染和相互激励带动同伴的共同进步。

（二）“全程育人”理念对师生党支部共建的指导

全过程育人重点在于在不知不觉中使育人发挥持久的作用，“注重文化浸

润、感染、熏陶，既要重视显性教育，也要重视潜移默化的隐形教育，实现人芝兰之室久而自芳的效果”（袁新文，2022）。全程育人的理念在北京师范大学教育学部师生党支部共建的实践探索中发挥着重要作用。例如，在理论导师进驻学生党支部模式中，理论导师对新生党员进行入学教育，规划学生时期的专业发展，帮助学生党员明确未来发展方向，同时在学生的整个学习过程中对其进行思想上的引领和教育，并指导党支部建设。

师生党支部共建，要将思想引导贯穿育人的全过程。习近平总书记在全国高校思想政治工作会议上指出，做好高校思想政治工作，要因事而化、因时而进、因势而新。要遵循思想政治工作规律，遵循教书育人规律，遵循学生成长规律，不断提高工作能力和水平。高校师生党支部共建要将思想引导贯穿育人全过程，加强各学科教师对思想政治工作的重视与行动，要求高校教师党员关注思想政治教育，并尽力将思想政治教育与自身学科或课程相融合，在学业指导、学术指导和生涯指导等过程中实现育人。思想政治工作范畴较广，不仅包含党的历史、国家大事、时政热闻等具体教育内容，还包括思想信念、家国情怀、文化认同等各方面内容。教师党员可轮流在结对支部内开设相关微课堂，结合研究领域与思想政治教育的内容，对学生进行思想引领，学生党员则可在教师党员的指导下对感兴趣的议题进行展示。

（三）“全方位育人”理念对师生党支部共建的指导

全方位育人是一项系统性的工作，也是一项立体化的长期性任务，需要高校各部门整体发挥作用并合力推进（徐振剑，2018）。参与育人的同志必须把工作渗透到教学、管理和服务的各个方面。在教学活动中，不仅要通过思政课进行思想教育，还要深入挖掘各专业课程的思想政治教育内涵，在教学活动中将教书育人的作用最大化发挥出来。正如习近平总书记指出的那样，“要用好课堂教学这个主渠道，思想政治理论课要坚持在改进中加强，提升思想政治教育亲和力和针对性，满足学生成长发展需求和期待，其他各门课都要守好一段渠、种好责任田，使各类课程与思想政治理论课同向同行，形成协同效应”。在管理活动中，管理人员要意识到自身管理行为对学生情绪、发展等起着重要影响作用，并且自觉树立“育人”责任意识，发挥管理者的育人作用。

结合北京师范大学教育学部师生党支部共建的实践经验，专业内部师生党支部共建和实验室朋辈互助党支部共建两种模式，党支部的师生或者朋辈之间的思想、学习和生活甚至是工作和学术都能起到相互影响的作用，起到以党建带学术，以学术促党建的作用。另外，网络育人作为“三全育人”体系中的重要部分，在师生党支部共建中发挥着重要作用。习近平总书记曾多次在讲话中提出要重视新媒体宣传手段及网络信息平台，“两学一做”政策也在组织领导中强调发挥媒体作用，师生党支部共建更应该抓住新时代的新契机，以网络新媒体为载体，充分开拓共建活动的新平台，健全完善网上党建体系。通过以学校数字化校园建设为基础，进一步完善微信群、QQ 群、微信公众号、官方微博等网络平台的建设，实现共建信息的有效推送和网络舆论的引导，为师生党员之间的交流与各支部之间的信息传递、互相学习提供了一个更为方便有效的平台。以教师党支部与学生党员骨干为主体，建立上下互动、各级联动的网络新阵地，为广大师生提供政治理论知识学习和交流讨论心得体会的新平台，开发图片、文字、视频等相结合的创新资源共享新形式（王丹，李典赛和金珉丞，2015）。这将打破时空的局限和角色定位的制约，让教师能够及时了解学生的思想动态、所需所求，学生也能够与教师平等交流，畅所欲言。

总的来说，通过开展纵向的师生支部、生生支部共建，能够促进专业知识与思政党建的深入融合，也提升了全方位育人的深度。另外，通过跨专业的横向共建，也能够促进跨专业知识的交流与学习，拓宽全方位育人的广度。

参考文献

[1] ALLEN D, NEWCOMB E. University management and administration: A profession for the 21st century [J/OL]. Perspectives: Policy and Practice in Higher Education, 1999, 3 (2): 38 - 42. https: //doi. org/10. 1080/13603109981838.

[2] ALIPOUR A. The relationship of social support with immune parameters in healthy individuals: assessment of the main effect model [J/OL]. Iranian Journal of Psychiatry and Clinical Psychology, 2006, 12 (2) : 134 - 139. http: //ijpcp. iums. ac. ir/article - 1 - 22 - en. html.

[3] ASTIN A W. What matters in college? Four critical years revisited [M]. San Francisco, CA: Jossey - Bass, 1993.

[4] BANNING J H, BARTELS S. A taxonomy: Campus physcial artifacts as communicatiors of campus multiculturalism [J]. NASPA Journal, 1997, 35 (1): 29 - 37.

[5] BECKER G S. Nobellecture: The economic way of looking at behavior [J/OL]. The Journal of Political Economy, 1993, 101 (3): 385 - 409. https: //doi. org/10. 1086/261880.

[6] BOLGER N, ZUCKERMAN A, KESSLER R. Invisible support and adjustment tostress [J/OL]. Journal of Personality and Social Psychology, 2000, 79 (6): 953 - 961. https: //doi. org/10. 1037//0022 - 3514. 79. 6. 953.

[7] BURTSCHER C, PASQUALONI P P, SCOTT A. Universities and the regulatory frame work: The Austrian university system in transition [J]. Social Epistemology: A Journal of Knowledge, Culture and Policy, 2006, 20 (3 - 4): 241 - 258.

[8] CHERNY J. The governance and management of risk anduncertainty [J/OL]. International Journal of Disclosure and Governance, 2014, 11 (4): 299 - 325. https: //doi. org/10. 1057/jdg. 2013. 21.

[9] CHODKIEWICZ A R, BOYLE C. Positive psychology school - based interventions: A reflection on current success and future directions [J/OL]. Review of Education: An International Journal of Major Studies in Education, 2017, 5 (1): 60 - 86. https: //doi. org/10. 1002/rev3. 3080.

[10] COHEN S, WILLS T A. Stress, Social Support, and the Buffering Hypothesis [J/OL]. Psychological Bulletin, 1985, 98 (2): 310 - 357. https: //doi. org/10. 1037/0033 - 2909. 98. 2. 310.

[11] CORNWELL B. The dynamic properties of social support: Decay, growth, and staticity, and their effects on adolescent depression [J/OL]. Social Forces, 2003, 81 (3): 953 - 978.

[12] DAVIS B H. Finding new forms: Student autonomy in a patriarchal university [J]. Women' s Studies Newsletter, 1979, 7 (2): 22 – 24.

[13] DEFLEUR M L. Theories of Mass Communication [M]. Peiking: Xinhua Publishing House, 1990.

[14] FLITNER A. Humboldt – Schriften zur Anthropologie und Bildung [M]. Frankfurt am Main: Beck Press, 1984: 77.

[15] FREDRICKSON B L. The Role of Positive Emotions in Positive Psychology: The Broaden – and – Build Theory of Positive Emotions [J/OL]. American Psychologist, 2001, 56 (3): 218 – 226. https://doi.org/10.1037/0003 – 066X.56.3.218.

[16] HABER M G, COHEN J L, LUCAS T, et al. The relationship between self - reported received and perceived social support: A meta - analytic review [J/OL]. American Journal of Community Psychology, 2007, 39 (1 – 2): 133 – 144. https://doi.org/10.1007/s10464 – 007 – 9100 – 9.

[17] HOHENDORF G. Wilhelm von Humboldt [J/OL]. Prospects, 1993, 23: 665 – 676. https://doi.org/10.1007/BF02195142.

[18] JACOBS H H. Interdisciplinary Curriculum: Design and Implementation [J]. Association for Supervision and Curriculum Development, 1989, 99: 99 – 101.

[19] JAHODA M. Current concepts of positive mental health [M/OL]. New York: Basic Books, 1958. https://doi.org/10.1037/11258 – 000.

[20] KAWACHI I, BERKMAN L F. Social ties and mental health [J/OL]. Journal of Urban Health, 2001, 78 (3): 458 – 467. https://doi.org/10.1093/jurban/78.3.458.

[21] KENDLER K S, MYERS J, PRESCOTT C A. Sex Differences in the Relationship Between Social Support and Risk for Major Depression: A Longitudinal Study of Opposite – Sex Twin Pairs [J/OL]. The American Journal of Psychiatry, 2005, 162 (2): 250 – 256. https://doi.org/10.1176/appi.ajp.162.2.250.

[22] KERINS F J. Student Autonomy and Administrative Control: The Fallacy of Absolute Co – operation between Student and Administrator [J/OL]. The Journal of Higher Education (Columbus), 1959, 30 (2): 61 – 66. https://doi.org/10.2307/1979022.

[23] KIM H S, SHERMAN D K, TAYLOR S E. Culture and Social Support [J/OL]. The American Psychologist, 2008, 63 (6): 518 – 526. https://doi.org/10.1037/0003 – 066X.

[24] KING R B, CALEON I S, TAN J P L, et al. Positive education in Asia [J/OL]. Asia – Pacific Education Researcher, 2016, 25 (3): 361 – 365. https://doi.org/10.1007/s40299 – 016 – 0292 – 3.

[25] KUH G D, SCHUH J H, WHITT E J. Involving colleges: Successful approaches to fostering student learning and personal development outside the classroom [M]. San Francisco, CA: Jossey – Bass, 1991.

[26] LOPEZ S J, MAGYAR – MOE J L, PETERSEN S E, et al. Counseling Psychology's Focus on

Positive Aspects of Human Functioning [J/OL]. The Counseling Psychologist, 2006, 34 (2): 205 – 227. https://doi.org/10.1177/0011000005283393.

[27] MARTIN A J. Positive education in Asia and beyond [J/OL]. The Asia – Pacific Education Researcher, 2016, 25 (3): 493 – 498. https://doi.org/10.1007/s40299 – 016 – 0291 – 4.

[28] MONROE S M, STEINER S C. Social support and psychopathology: interrelations with preexisting disorder, stress, and personality [J/OL]. Journal of Abnormal Psychology, 1986, 95 (1): 29 – 39. https://doi.org/10.1037//0021 – 843x.95.1.29.

[29] MORRISH L, RICKARD N, CHIN T C, et al. Emotion regulation in adolescent well – being and positive education [J/OL]. Journal of Happiness Studies, 2018, 19: 1543 – 1564. https://doi.org/10.1007/s10902 – 017 – 9881 – y.

[30] PAULSEN F. Die Deutschen Universitkten Und Das Universitatsstudium [M]. Berlin: Nabu Press, 1902: 46 – 50.

[31] PRITCHETT L. Where has all the education gone [J/OL]? World Bank Economic Review, 2001, 15 (3): 367 – 391. https://doi.org/10.1093/wber/15.3.367.

[32] SCHIAVON C C, TEIXEIRA L P, GURGEL L G, et al. Positive education: innovation in educational interventions based on positive psychology [J/OL]. Psicologia: Teoria e Pesquisa, 2020, 36 (1). https://doi.org/10.1590/0102.3772e3632.

[33] SELIGMAN M E P. Positive psychology: a personal history [J/OL]. Annual Review of Clinical Psychology, 2019, 15: 1 – 23. https://doi.org/10.1146/annurev – clinpsy – 050718 – 095653.

[34] SEN A, KABAK K E, TUYSUZ F, et al. Democratization of University Management for Quality Higher Education [J/OL]. Procedia – Social and Behavioral Sciences, 2012, 58: 1491 – 1504. https://doi.org/10.1016/j.sbspro.2012.09.1136.

[35] SNYDER C R. Hope Theory: Rainbows in the Mind [J/OL]. Psychological Inquiry, 2002, 13 (4): 249 – 275. https://doi.org/10.1207/S15327965PLI1304_01.

[36] SNYDER C R, FELDMAN D B, TAYLOR J D, et al. The roles of hopeful thinking in preventing problems and enhancing strengths [J/OL]. Applied & Preventive Psychology, 2000, 9 (4): 249 – 269. https://doi.org/10.1016/S0962 – 1849 (00) 80003 – 7.

[37] SNYDER C R, HARRIS C, ANDERSON J R, et al. The Will and the Ways: Development and Validation of an Individual – Differences Measure of Hope [J/OL]. Journal of Personality and Social Psychology, 1991, 60 (4): 570 – 585. https://doi.org/10.1037/0022 – 3514.60.4.570.

[38] STALLARD P, SKRYABINA E, TAYLOR G, et al. Classroom – based cognitive behaviour therapy (FRIENDS): a cluster randomised controlled trial to Prevent Anxiety in Children through Education in Schools (PACES) [J/OL]. The Lancet Psychiatry, 2014, 1: 185 – 192. https://doi.org/10.1016/S2215 – 0366 (14) 70244 – 5.

[39] STRANGE C C, BANNING J H. Educating by design: Creating campus learning environments

that work [M]. San Francisco, CA: Jossey - Bass, 2001.
[40] TEDDLIE C, REYNOLDS D. The international handbook of school effectiveness research [M/OL]. London: Falmer Press, 2000. https://doi.org/10.4324/9780203454404.
[41] TURNER R J, GRINDSTAFF C F, PHILLIPS N. Social support and outcome in teenage pregnancy [J/OL]. Journal of Health and Social Behavior, 1990, 31 (1): 43 - 57. https://doi.org/10.2307/2137044.
[42] VEKIRI I, CHRONAKI A. Gender issues in technology use: Perceived social support, computer self - efficacy and value beliefs, and computer use beyond school [J/OL]. Computers and Education, 2008, 51 (3): 1392 - 1404. https://doi.org/10.1016/j.compedu.2008.01.003.
[43] WHITE M A, WATERS L E. A case study of 'The Good School:' Examples of the use of Peterson's strengths - based approach withstudents [J/OL]. Journal of Positive Psychology, 2015, 10 (1): 69 - 76. https://doi.org/10.1080/17439760.2014.920408.
[44] WHITE M A, MURRAY A S. Building a positive institution [M/OL] // Evidence - Based Approaches in Positive Education: Implementing a Strategic Framework for Well - being in Schools. Dordrecht: Springer Netherlands, 2015: 1 - 26. https://doi.org/10.1007/978 - 94 - 017 - 9667 - 5.
[45] WYATT J. Karl Jaspers' The Idea of the University: An existentialist argument for an institution concerned with freedom [J/OL]. Studies in Higher Education, 1982, 7 (1): 21 - 34. https://doi.org/10.1080/03075078212331379281.
[46] 爱德华·泰勒. 原始文化：神话、哲学、宗教、语言、艺术和习俗发展之研究 [M]. 连树声，译. 上海：上海文艺出版社，1992.
[47] 白永生. 新时代高校文化育人研究 [D]. 桂林：广西师范大学，2020.
[48] 白玉. 海南省高校资助育人实现路径研究 [J]. 海南广播电视大学学报，2020，21 (3)：154 - 158.
[49] 北京大学新闻网. 诲人不倦亲传道 桃李无言自成蹊：社会主义核心价值观与全员育人访谈录 [EB/OL]. (2014 - 10 - 14). https://news.pku.edu.cn/xwzh/129 - 285227.htm.
[50] 邴浩，朱小亮. 基于价值引导的科研育人内涵解读与实践探索 [J]. 高校辅导员，2019 (5)：49 - 52.
[51] 布鲁贝克. 高等教育哲学 [M]. 3 版. 王承绪，郑继伟，张维平，译. 杭州：浙江教育出版社，2001：18.
[52] 蔡国春. 美国高校学生事务管理的观点、实务及其启示 [J]. 黑龙江高教研究，2002 (1)：103 - 106.
[53] 蔡禾，叶保强，邝子文等. 城市居民和郊区农村居民寻求社会支援的社会关系意向比较 [J]. 社会学研究，1997 (6)：10 - 17.
[54] 蔡惠福，顾黎. 中国共产党新闻思想的"读者观"与西方"受众观"之比较 [J]. 新

闻大学，2014（4）：19－24.
［55］曹锡康. 高校组织育人：现状考察与机制构建［J］. 思想理论教育，2018，（11）：91－95.
［56］曹瑛，李萍. 新资助政策背景下资助育人实践的路径探析［J］. 黑龙江高教研究，2010（10）：124－125.
［57］岑逾豪. 大学生成长的金字塔模型：基于实证研究的本土学生发展理论［J］. 高等教育研究，2016，37（10）：74－80.
［58］陈彬，陈何芳. 浅论大学基层学术组织的四大职能［J］. 现代教育科学，2003（9）：26－28.
［59］陈超. 立德树人视域下管理育人的内涵厘定与实践路径［J］. 思想理论教育导刊，2016（3）：140－142.
［60］陈虹，潘玉腾. 立德树人视域下高校心理育人价值及其实现路径［J］. 思想理论教育，2019（5）：86－89.
［61］陈洪捷. 德国古典大学观及其对中国的影响［M］. 北京：北京大学出版社，2015.
［62］陈晶. 父母教养方式对大学生社交焦虑的影响研究：以心理控制源为中介［D］. 太原：山西财经大学，2019.
［63］陈良. 大科研背景下跨学科学术组织发展建议［J］. 中国高校科技，2018（12）：4－6.
［64］陈荣桂. 高校学生发展型资助内涵特征、动因及构建路径［J］. 山东农业工程学院学报，2020，（10）：160－165.
［65］陈荣武. 高校组织育人协同体系建构及其功能实现［J］. 思想理论教育，2018（3）：95－99.
［66］陈亦辰，肖璐艺. 关于大学生勤工助学对当今三全育人的创新思考：以上海应用技术大学为例［J］. 大众标准化，2020（19）：86－88.
［67］陈奕诺. 马克思人学思想及当代价值刍议［J］. 学术交流，2019（8）：22－28.
［68］陈章顺. “大学”和“高等教育”概念差异的辨析［J］. 教育与职业，2010（35）：16－18.
［69］程虹娟，张春和，龚永辉. 大学生社会支持的研究综述［J］. 成都理工大学学报（社会科学版），2004（1）：88－91.
［70］程斯辉，刘宇佳. 论管理育人在学校育人体系中的主导地位［J］. 学校党建与思想教育，2020（24）：66－68.
［71］褚洪启. 关于教育现代化研究的几个问题［J］. 教育科学，1997，（3）：10－11.
［72］褚红素. 高校院（系）党组织政治核心作用的内涵和外延［J］. 理论观察，2017，（1）：57－59.
［73］储祖旺，蒋洪池. 高校学生事务管理概念的演变与本土化［J］. 高等教育研究，2009（2）：86－90.
［74］达夫特. 组织理论与设计［M］. 9版. 王凤彬，张秀萍，刘松博，译. 北京：清华大

学出版社，2008：6.
[75] 戴军，娄小平. 传承与超越：中国大学文化建设 [M]. 北京：新华出版社，2015.
[76] 戴锐. “管理育人”的内涵辨正与路径探寻 [J]. 当代教育论坛，2003 (5)：20-22.
[77] 邓军. 高校思想政治工作质量提升理论与实践：组织育人卷 [M]. 桂林：广西师范大学出版社，2019.
[78] 邓小平. 邓小平文集：一九四九——九七四年 [M]. 北京：人民出版社，2014.
[79] 邓小平. 邓小平文选（第一卷）[M]. 北京：人民出版社，1994.
[80] 邓小平. 邓小平文选（第三卷）[M]. 北京：人民出版社，1993.
[81] 邓小泉，杜成宪. 教育生态学研究二十年 [J]. 教育理论与实践，2009 (13)：12-16.
[82] 东南大学新闻网. 东南大学举办第十九届校史校情知识竞赛 [EB/OL]. (2022-11-25). https://news.seu.edu.cn/2022/1125/c5495a429493/page.htm.
[83] 董鹏，刘涛. 论新形势下加强高校管理育人工作的有效途径 [J]. 今日印刷，2014，(7)：1-3.
[84] 樊富珉. 大学生心理健康教育与心理咨询研究 [M]. 北京：北京航空航天大学出版社，2001.
[85] 樊富珉. 我国高校心理咨询活动的回顾与展望 [J]. 青年研究，1993，(4)：29-34.
[86] 方方. 梅庵琴派在东南大学的历史传承与当代活态传承体系构建 [J]. 艺术教育，2022 (10)：55-58.
[87] 冯刚，张芳. 新时代高校文化育人的理论与实践探析 [J]. 湖北社会科学，2019 (5)：176-183.
[88] 冯建军. 构建立德树人的系统化落实机制 [J]. 国家教育行政学院学报，2019，(4)：8-18，46.
[89] 符娟明. 国外研究生教育研究 [M]. 北京：人民教育出版社，1992.
[90] 符娟明. 比较高等教育 [M]. 北京：北京师范大学出版社，1987.
[91] 盖庆武. 基于教育服务理念下高职院校后勤保障机制的创新与实践 [J]. 中国职业技术教育，2012 (33)：86-88.
[92] 高斌，类延旭，方仲奇. 新时期高校服务育人路径的思考 [J]. 学校党建与思想教育，2009 (28)：16-18.
[93] 高波. 基于“三全育人”理念的高校校友文化建设 [J]. 中国校外教育（下旬刊），2014 (1)：33-33.
[94] 高峰. 美国公民教育的基本内涵 [J]. 比较教育研究，2005，26 (5)：55-60.
[95] 高峰. 对美国品格教育的深层透视：兼论中西方德育的理路分野 [J]. 思想理论教育，2014 (8)：14-19.
[96] 高雪梅. 高校资助育人的路径和机制探讨 [J]. 教育现代化，2020，7 (49)：149-151.
[97] 龚克. 大学文化应是“育人为本”的文化 [J]. 中国高等教育，2010，(1)：4-7.
[98] 共青团中央，中共中央文献研究室. 毛泽东 邓小平 江泽民论青少年和青少年工作 [M]. 北京：中央文献出版社中国青年出版社，2000.

[99] 顾建民，王爱国. 我国高校科研体制改革 30 年：成就与经验、问题与展望［J］. 中国高教研究，2008（9）：12－15.
［100］郭望远. 新时代高校文化育人理论与实践研究［D］. 哈尔滨：黑龙江大学，2020.
［101］郭欣. "差序格局"视域下的高校管理育人：行为特征、结构要素与实施路径［J］. 黑龙江高教研究，2021，39（3）：47－51.
［102］韩松. 三全育人视域下高职院校课程思政建设现状调查与对策分析［J］. 常州信息职业技术学院学报，2022，21（03）：43－47.
［103］郝桂荣. 高校文化育人研究［D］. 沈阳：辽宁大学，2017.
［104］何汝玉，樊英. 服务育人在高校"三育人"工作中的地位和作用［J］. 华北煤炭医学院学报，2002（2）：258－259.
［105］侯幸，王佳政. 高校网络思想政治育人的挑战与对策研究［J］. 教育教学论坛，2021（39）：1－4.
［106］胡广鹏. 网络时代高校管理育人工作探析［J］. 科技资讯，2008（30）：167.
［107］胡和平. 深化实践育人 培养全面发展的拔尖创新人才［J］. 中国高等教育，2010（Z2）：13－15.
［108］胡锦涛. 胡锦涛文选（第二卷）［M］. 北京：人民出版社，2016.
［109］胡文龙. 重绘大学文化研究的全景地图：基于沙因的组织文化理论［J］. 江苏高教，2013（6）：30－33.
［110］胡新华. 邓小平人才思想与大学生思想道德教育［J］. 山西高等学校社会科学学报，2003（8）：17－21.
［111］胡燕，李祖超. 中美研究型大学创新型人才培养途径的比较分析［J］. 沈阳农业大学学报（社会科学版），2008（6）：679－682.
［112］胡颖蔓，欧彦麟. 基于"三全育人"理念下的高校二级院系网络育人探索与实践［J］. 智库时代，2020（14）：60－61.
［113］黄坚厚. 青年的心理健康［M］. 台北：心理出版社有限公司，1992：11－12.
［114］黄雷晶. 社会支持理论研究初探［J］. 心理月刊，2020，（16）：238－239.
［115］黄蓉生，孙楚杭. 构建高校实践育人长效机制的思考［J］. 中国高等教育，2012（3）：36－38.
［116］黄希庭. 人格心理学［M］. 杭州：浙江教育出版社，2002.
［117］黄希庭. 压力、应对与幸福进取者［J］. 西南大学学报（人文社会科学版），2006（3）：1－6.
［118］黄晓龙，傅磊，黄凡. 论"三全育人"理念下的高校资助育人工作［J］. 太原城市职业技术学院学报，2020（10）：79－81.
［119］黄新悦. 精准扶贫视角下高校资助工作问题及其对策研究［J］. 经济研究导刊，2020（23）：24－25.
［120］黄燕. 高校网络文化的育人功能及其实现路径探析［J］. 思想理论教育，2018（9）：82－86.

[121] 苏霍姆林斯基. 帕夫雷什中学 [M]. 吕玢，译. 武汉：长江文艺出版社，2021.
[122] 江洪明. 构建高校服务育人新体系的思考 [J]. 经济与社会发展，2006 (10)：204 - 207.
[123] 江泽民. 关于加强党的建设的通知 [M] //中共中央文献研究室. 十三大以来重要文献选编（中）. 北京：人民出版社，1991：596.
[124] 江泽民. 江泽民文选（第二卷）[M]. 北京：人民出版社，2006.
[125] 江泽民. 在中央思想政治工作会议上的讲话 [M] //江泽民文选（第三卷）. 北京：人民出版社，2006.
[126] 蒋广学，徐鹏. "全环境育人"视野下的网络思想政治教育创新 [J]. 北京教育（德育），2014 (10)：10 - 12.
[127] 蒋瑾，丁贞权，危远荣. "三全育人"视域下高校资助工作运行路径研究 [J]. 锦州医科大学学报（社会科学版），2020 (5)：78 - 82.
[128] 焦莹莹. 高校大学生资助工作的育人功能研究 [D]. 西安：西安科技大学，2020.
[129] 教育部思想政治工作司. 加强和改进大学生思想政治教育重要文献选编 [M]. 北京：中国人民大学出版社，2008：376.
[130] 教育部思想政治工作司. 加强和改进大学生思想政治教育重要文献选编（1978 - 2014）[M]. 北京：知识产权出版社，2015.
[131] 金东日. 现代组织理论与管理 [M]. 天津：天津大学出版社，2003：12.
[132] 卡尔. 积极心理学 有关幸福和人类优势的科学 [M]. 丁丹，译. 北京：中国轻工业出版社，2013.
[133] 康宇. 大德育理念下高校"三全育人"路径探索 [J]. 湖北经济学院学报（人文社会科学版），2019 (10)：124 - 126.
[134] 克里斯汀·仁，李康. 学生发展理论在学生事务管理中的应用：美国学生发展理论简介 [J]. 高等教育研究，2008 (3)：19 - 27.
[135] 黎靖德. 朱子语类（第九卷）[M]. 北京：中华书局，1986：148.
[136] 黎龙辉，刘良华. 我国中小学心理健康教育发展的历史与现状：基于文献研究的思考 [J]. 中小学心理健康教育，2006 (5)：4 - 7.
[137] 李峰，王元彬. 高校文化育人工作的机制与载体研究 [J]. 当代教育与文化，2014 (3)：73 - 77.
[138] 李福华. 利益相关者理论与大学管理体制创新 [J]. 教育研究，2007 (7)：36 - 39.
[139] 李桂霞. 论实施高校后勤育人的有效途径 [J]. 中国成人教育，2014 (9)：84 - 86.
[140] 李辉. 大学生创新能力培养中的创新实践教育平台建设 [J]. 中国大学教学，2013 (9)：83 - 85.
[141] 李建农. 试论"服务育人"在民族高校的地位与作用 [J]. 中南民族学院学报（哲学社会科学版），1999 (2)：118 - 120.
[142] 李进付. 依法治教背景下高校学生管理体制改革与创新 [J]. 思想理论教育，2018 (3)：105 - 110.

[143] 李林伟. 民办高校资助育人工作的科学内涵和价值诉求 [J]. 学校党建与思想教育, 2015 (12): 45 - 46.
[144] 李凌. 新时代高职院校管理育人的实践价值 [J]. 学校党建与思想教育, 2019 (24): 13 - 14.
[145] 李曼. 马克思主义文化观和中国共产党的文化使命 [J]. 人民论坛, 2018 (22): 140 - 141.
[146] 李曼丽. “文化分层”理论在大学文化研究中的应用 [J]. 江苏高教, 2006 (5): 1 - 3.
[147] 李奇. 美国高校学生事务管理的纲领文件研究 [J]. 国家教育行政学院学报, 2009 (2): 78 - 83.
[148] 李奇. 从符号到信念: 大学文化建设的概念框架 [J]. 高等教育研究, 2017 (6): 18 - 23.
[149] 李宛蔚. 高校三育人工作机制探索: 基于八所高校及教育主管部门三育人工作相关条例的比较 [J]. 文教资料, 2016 (14): 106 - 107.
[150] 李葳. 新中国成立初期党对工人干部的培养与提拔 [J]. 当代中国史研究, 2013 (3): 119.
[151] 李炜光. 中国: 长达一百五十年的缓慢转身: 读韦森新著《大转型》[J]. 读书, 2012 (12): 8 - 16.
[152] 李雪超. 网络思想政治教育协同育人机制探索 [J]. 中学政治教学参考, 2019 (25): 83.
[153] 李亚杰. 高校服务育人的实践与探索 [J]. 河南师范大学学报 (哲学社会科学版), 2012 (5): 234 - 236.
[154] 李颖辉. 论育人为本的教育理念 [D]. 长春: 东北师范大学, 2012.
[155] 李友梅. 组织社会学与决策分析 [M]. 上海: 上海大学出版社, 2009: 77 - 78.
[156] 李羽佳. 教育信息化时代高校网络育人队伍建设研究 [J]. 中国高等教育, 2020 (24): 31 - 32.
[157] 梁伟, 马俊, 梅旭成. 高校“三全育人”理念的内涵与实践 [J]. 学校党建与思想教育, 2020 (4): 36 - 38.
[158] 林飞, 刘栋. 打开高校课程思政实践“三全育人”新视界 [J]. 中学政治教学参考, 2022 (40): 110.
[159] 林华开. 新时代高校组织育人“共同体”: 概念内涵、功能定位、实践逻辑 [J]. 工程技术研究, 2019 (11): 202 - 204.
[160] 林杰. 美国院校组织理论中的文化模型 [J]. 清华大学教育研究, 2008 (2): 20 - 30.
[161] 林金桐. 大学想办好　教授要负责: 高校基层学术组织运行机制的探讨 [J]. 国家高级教育行政学院学报, 2001 (2): 33 - 35.
[162] 林樟杰. 论“四育人” [J]. 上海高教研究, 1997 (7): 53 - 56.
[163] 刘宝存. 雅斯贝尔斯的大学教育理念述评 [J]. 外国教育研究, 2003 (8): 60 - 64.

[164] 刘畅. 决胜脱贫攻坚背景下高校资助育人工作路径探究：基于天津师范大学文学院资助育人工作实践 [J]. 教书育人（高教论坛），2020（30）：48－49.
[165] 刘红波. 精准扶贫视角下构建高校资助育人长效机制探究 [J]. 时代经贸，2020（25）：47－48.
[166] 刘华军. “‘辅导员＋’五位一体”协同育人新模式的构建与实践 [J]. 高校后勤研究，2021（1）：44－46＋52.
[167] 刘华山. 学校心理辅导 [M]. 合肥：安徽人民出版社，1998：25.
[168] 刘华山. 心理健康概念与标准的再认识 [J]. 心理科学，2001（4）：481－480.
[169] 刘建军. 进一步重视科研在高校育人中的地位和作用 [J]. 中国高等教育，2015（6）：34－37.
[170] 刘建军. 论高校思想政治工作的育人格局 [J]. 思想理论教育，2017（3）：15－20.
[171] 刘洁. 高校管理育人的途径探析 [J]. 思想理论教育导刊，2012（8）：118－120.
[172] 刘峻杉，王旎娜，代雅新. 从先秦“文”的观念史中挖掘“文－化”的教育意涵 [J]. 教育学报，2022（4）：167－181.
[173] 刘昆. 高校管理育人实现路径研究 [J]. 科教文汇（中旬刊），2020（32）：15－16.
[174] 刘伟东. 立德树人理念下高校精准资助育人机制构建研究 [J]. 发明与创新：职业教育，2020（10）：152－151.
[175] 刘献君. 论文化育人 [J]. 高等教育研究，2013（2）：1－8.
[176] 刘晓，黄希庭. 社会支持及其对心理健康的作用机制 [J]. 心理研究，2010（1）：3－8，15.
[177] 刘亚玲. 论毛泽东思想政治教育观的当代价值 [J]. 学校党建与思想教育，2007（1）：35－36.
[178] 刘艳. 关于“心理健康”的概念辨析 [J]. 教育研究与实验，1996（3）：46－48.
[179] 刘莹. 家庭庇护连带下的高职生就业逆向选择生成机理实证分析：基于IAD延伸参与者智力决策模型 [J]. 职业技术教育，2016（23）：45－49.
[180] 刘运玺，崔益虎. 高校综合改革视角下党政共同负责制实现路径 [J]. 高校教育管理，2016，（4）：19－24.
[181] 刘在洲. 高校科研育人的内涵、特征与实践方略 [J]. 思想理论教育，2021（3）：106－111.
[182] 卢凯，梅运彬. 高校服务育人的内涵与实践路径研究 [J]. 黑龙江教育（理论与实践），2020（4）：40－42.
[183] 陆锦冲. 高校科研育人：内涵·方向·途径 [J]. 高等农业教育，2012（9）：3－5.
[184] 罗佳. 积极教育的发生、发展与展望 [J]. 教育导刊，2017（11）：23－26.
[185] 吕宁，陈峥，莫丽丽. 中国共产党四代领导人的高校基层党组织建设理论体系探析 [J]. 柳州师专学报，2013（3）：44－47.
[186] 吕治国，李辉. 英国高校学生观及对学生事务管理的影响 [J]. 中国高等教育，2012（Z3）：78－79.

[187] 马建青. 中国高校心理咨询的现状与未来走向 [J]. 中国青年研究，1992 (5)：25 - 27.
[188] 马建青，杨肖. 心理育人的内涵、功能与实施 [J]. 思想理论教育，2018，(09)：87 - 90.
[189] 马健生，滕珺. 美国高校学生事务管理的历史流变 [J]. 比较教育研究，2006 (10)：63 - 69.
[190] 马丽萍. 受众理论视阈下提高大学生思想政治教育实效的创新路径 [J]. 学校党建与思想教育，2015 (23)：19 - 22.
[191] 马晓燕. 理解高校资助育人科学内涵的三个维度 [J]. 思想政治工作研究，2020，(03)：152 - 155. DOI：10. 15938/j. cnki. iper. 2020. 03. 031.
[192] 米华全. 高校组织育人的基本功能和实现路径 [J]. 社科纵横，2019 (3)：134 - 137.
[193] 纽曼. 大学的理想 [M]. 徐辉，顾建新，何曙荣，译. 杭州：浙江教育出版社，2001.
[194] 牛晓晰，蒋雅文，李君. 习近平新时代中国特色社会主义思想在高校大学生中学习机制研究：基于网络育人模式 [J]. 天津市社会主义学院学报，2020 (1)：57 - 60.
[195] 帕森斯. 社会行动的结构 [M]. 张明德，夏遇南，彭刚，译. 南京：译林出版社，2008.
[196] 庞世伟. 论"完整的人"：马克思人学生成论研究 [M]. 北京：中央编译出版社，2009.
[197] 裴学进，王雄杰，周瑶瑶. 改革开放以来大学生心理健康教育的发展脉络与启迪 [M]. 中国高教研究，2009 (9)：75 - 78.
[198] 裴英竹. 以"核心素养"为中心的《教育学》教学改革探讨 [J]. 广西教育学院学报，2017 (3)：4.
[199] 邱化民，葛玉良，王丹. 教育类创新型人才培养的实践探索 [J]. 中国大学生就业，2018 (1)：44 - 49.
[200] 邱化民，赵爽. 资源整合视阈下全员、全过程、全方位提升学生职业素养研究：以北京师范大学教育学部为例 [J]. 北京教育 (高教)，2020 (6)：55 - 58.
[201] 邱惠妍，周文静，张军平. "三全育人"视角下高校管理育人建设途径探析 [J]. 科教导刊 (上旬刊)，2002 (28)：8 - 9，17.
[202] 邱烨. 高校学生社团建设探究 [J]. 黑龙江教育 (高教研究与评估)，2013 (9)：83 - 84.
[203] 曲绍燕，于学梅，李克周. "三育人"是高校实施素质教育的基本措施 [J]. 教育探索，2002 (5)：26 - 27.
[204] 全国学联秘书处，全国学校共青团研究中心. 高校学生会研究生会宝典 [M]. 北京：人民日报出版社，2016：161.
[205] 人民网. 重庆大学深化"三全育人"综合改革 积极构建新时代高质量人才培养体系 [EB/OL]. (2021 - 12 - 08). http：//cq. people. com. cn/n2/2021/1208/c401616 -

35040807. html.
[206] 任凯，白燕. 教育生态学 [M]. 沈阳：辽宁教育出版社，1992：20-21.
[207] 任媛媛，张昶，王少宾，等. 新形势下高校管理育人内涵探析 [J]. 文教资料，2018 (32)：116-117.
[208] 荣鑫. 土地革命战争前期毛泽东的青年工作思想初探 [J]. 中国青年社会科学，2021 (1)：27-33.
[209] 阮一帆，徐欢. 高校科研育人探析 [J]. 思想理论教育导刊，2019 (8)：152-155.
[210] 单惠. 高校经济困难学生资助工作问题研究 [D]. 天津：天津工业大学，2016.
[211] 沈贵鹏. 关于心育的几点思考 [J]. 教育研究，2022 (5)：52-57.
[212] 盛春，汪力. 提升新时代高校基层党组织组织育人质量的路径研究 [J]. 思想理论教育，2019 (12)：74-79.
[213] 施良方. 课程理论：课程的基础、原理与问题 [M]. 北京：教育科学出版社，1996：96-97.
[214] 帅斌. 管理育人的价值取向：对新版《普通高等学校学生管理规定》的价值解读 [J]. 思想教育研究，2018 (5)：111-114.
[215] 宋珺. 论实践育人理念在高等教育中的实施 [J]. 思想教育研究，2012 (7)：84-87.
[216] 眭依凡. 大学的使命及其守护 [J]. 教育研究，2011 (1)：68-72.
[217] 孙绵涛，康翠萍. 教育体制改革与教育机制创新关系探析 [J]. 教育研究，2010 (7)：69-72.
[218] 孙玮，邱化民. 大学新生创新创业素养调查研究：以北京师范大学为例 [J]. 北京教育（德育），2017 (1)：45-47.
[219] 孙旭，金鑫，王旭东. 三全育人研究综述 [J]. 高教论坛，2020 (2)：18-21+65.
[220] 谭枫. 对高校共青团组织育人职能的思考 [J]. 吉林教育科学，1999 (7)：61-62.
[221] 谭亚男. 高校资助育人精准化研究 [D]. 南宁：广西师范学院，2017.
[222] 唐德，先栾宇. 西方隐性德育理念对我国研究生思想政治教育的借鉴意义 [J]. 研究生教育研究，2012 (2)：75-79.
[223] 田玉芬. 学习邓小平理论加强高校党的组织建设 [J]. 辽宁高等教育研究，1999 (2)：120-12.
[224] 童科，兰剑. "打造基层战斗堡垒"：中国共产党支部建设历程概述 [J]. 上海党史与党建，2020 (1)：33-40.
[225] 汪霞. 世界一流大学学生事务管理研究 [M]. 江苏：南京大学出版社，2019：3-7.
[226] 王丹，李典赛，金珉丞. 师生党支部共建模式调查研究与分析 [J]. 佳木斯职业学院学报，2015 (4)：112-113.
[227] 王发起. 思想政治工作要做到"四个结合" [J]. 高校理论战线，2001 (1)：47.
[228] 王凤双，沈丽巍. 以马克思主义文化观引领的大学文化建设探析 [J]. 黑龙江高教研究，2019 (11)：70-73.
[229] 王国华，戴雨露. 网络传播中的"反沉默螺旋"现象研究 [J]. 北京理工大学学报

（社会科学版），2010（6）：116－120.
[230] 王海丰. 高校学生社团发展对策研究［J］. 中国成人教育，2013（6）：77－78.
[231] 王华敏. 江泽民青年教育思想探析［J］. 学校党建与思想教育（上半月），2008（9）：45－47.
[232] 王华敏. 江泽民青年思想形成发展时段探析［J］. 学校党建与思想教育（上半月），2008（4）：45－47.
[233] 王建华. 重温“教学与科研相统一”［J］. 教育学报，2015（3）：77－86.
[234] 王立，郭越，阎光耀. “三全育人”理念下高校组织育人模式创新探析［J］. 教育教学论坛，2020（17）：84－85.
[235] 王俐，周景萍. 初探高校学生奖助社团及其育人作用：以清华大学学生奖助社团为例［J］. 科教导刊（上旬刊），2012（13）：213－215.
[236] 王律. 受众理论视域中大学生思政教育传播策略分析［J］. 现代交际，2020（23）：49－51.
[237] 王萍，刘佳丽，周晶楠. 澳大利亚学生事务“一站式服务”鉴析：对创新构建我国高校学生管理体系的实践思考［J］. 黑龙江史志，2014（9）：373.
[238] 王蓉. 国家与公共教育：新人力资本理论的分析框架［J］. 北京大学教育评论，2009（3）：84－98，190.
[239] 王森浩，李月红. 基于“三全育人”的应用型高校思政教育工作研究［J］. 长春师范大学学报，2020（1）：22－24.
[240] 王珊. 积极心理学视角下自媒体时代高职院校心理育人探析［J］. 教育与职业，2020（17）：97－102.
[241] 王胜本，李鹤飞，刘旭东. 试论服务育人的新时代内涵［J］. 中国高等教育，2020（11）：47－49.
[242] 王守仁. 王阳明全集卷一［M］. 上海：上海古籍出版社，2012.
[243] 王书龙. 聚焦立德树人的政治监督［J］. 唯实，2020（8）：14－16.
[244] 王维懿. 高校科研发展战略规划研究［D］. 南京：南京理工大学，2008.
[245] 王伟，张黎. 创建育人型学生成长社区的思考与探索：以清华大学学生社区管理新模式为例［J］. 高校后勤研究，2017（2）：14－17.
[246] 王文学. 对素质教育中加强“三育人”工作的思考［J］. 中国冶金教育，2000（3）：14－16，40.
[247] 王文燕. 我国高校心理健康教育发展史研究初探［J］. 科教文汇（下旬刊），2009（30）：111.
[248] 王晓慧. 论网络时代下的“沉默的螺旋”［J］. 今传媒，2010（11）：139－141.
[249] 王焰新. 高校创新创业教育的反思与模式构建［J］. 中国大学教学，2015（4）：4－7，24.
[250] 王杨. 加强高校管理育人面临的挑战与对策［J］. 思想理论教育，2019（12）：107－111.

[251] 王云瑞. 习近平文化育人论述的研究 [D]. 贵阳：贵州师范大学，2021.
[252] 王朝晖，方从严. "三全育人"理念下课程思政教学的思考 [J]. 滁州职业技术学院学报，2019 (1)：74 – 77.
[253] 王振. 改革开放以来高校文化育人的回顾与思考 [J]. 思想理论教育，2018 (12)：90 – 95.
[254] 威廉 · 冯 · 洪堡. 论柏林高等学术机构的内部和外部组织 [J]. 高等教育论坛，1987 (1)：93.
[255] 韦伯斯特. 韦氏大辞典 [M]. 上海：世界图书出版公司，1994.
[256] 魏传光. 马克思人学的逻辑链条 [J]. 山西师大学报（社会科学版），2008 (3)：6 – 9.
[257] 魏晟. 马克思主义文化观的理论之源 [J]. 人民论坛 · 学术前沿，2017 (12)：92 – 95.
[258] 温伟力. "博耶报告"影响下的美国研究型大学本科教育改革 [EB/OL]. (2011 – 07 – 26). http：//news. sciencenet. cn/sbhtmlnews/2011/7/246930. html.
[259] 吴鼎福. 教育生态学刍议 [J]. 南京师大学报（社会科学版），1988 (3)：33 – 36，7.
[260] 吴家国. 教育硕士专业学位的性质、特点和意义 [J]. 学位与研究生教育，2001 (11)：7 – 10.
[261] 吴立保. 中国大学的文化困境与文化创新 [J]. 中国高教研究，2013 (6)：43 – 47.
[262] 吴满意，高盛楠. 网络育人意蕴的三重向度 [J]. 中国高等教育，2022 (17)：33 – 35.
[263] 吴巧慧. 提升高校学生党支部组织生活育人功能的四个维度 [J]. 思想理论教育导刊，2019 (7)：132 – 134.
[264] 吴学兵，陈燕玲. 新育人格局下高校组织育人论略 [J]. 教育评论，2018 (6)：72 – 75.
[265] 吴亚玲. 实践育人理念的哲学分析 [J]. 现代大学教育，2010 (1)：13 – 17.
[266] 吴玉程. 新时代高校落实"三全育人"的理论与实践探究 [J]. 中国高等教育，2018 (Z2)：35 – 37.
[267] 伍处文. 在深入贯彻《中国共产党普通高等学校基层组织工作条例》中创先争优 [J]. 学校党建与思想教育，2010 (28)：1.
[268] 伍廉松. 论习近平学习实践观对高校实践育人的现实启示 [J]. 教育评论，2017 (9)：80 – 83.
[269] 西安交通大学党委宣传部. 三全育人之科研育人：在科研中更好地关注学生成长 [EB/OL]. (2021 – 05 – 18). http：//dwxcb. xjtu. edu. cn/info/1002/14509. htm.
[270] 习近平. 在联合国教科文组织总部的演讲 [N]. 人民日报，2014 – 03 – 28 (003).
[271] 习近平. 把思想政治工作贯穿教育教学全过程开创我国高等教育事业发展新局面 [N]. 人民日报，2016 – 02 – 09.
[272] 习近平. 习近平在全国高校思想政治工作会议上强调：把思想政治工作贯穿教育教学全过程开创我国高等教育事业发展新局面 [N]. 人民日报，2016 – 12 – 09.
[273] 习近平. 决胜全面建成小康社会 夺取新时代中国特色社会主义伟大胜利：在中国共产党第十九次全国代表大会上的报告 [M]. 北京：人民出版社，2017.
[274] 习近平. 习近平关于社会主义文化建设论述摘编 [M]. 北京：中央文献出版

社，2017.
[275] 习近平. 习近平谈治国理政（第二卷）[M]. 北京：外文出版社，2017.
[276] 习近平. 在北京大学师生座谈会上的讲话 [M]. 北京：人民出版社，2018.
[277] 习近平. 习近平主持召开教育文化卫生体育领域专家代表座谈会强调：全面推进教育文化卫生体育事业发展，不断增强人民群众获得感幸福感安全感 [N]. 人民日报，2020-09-23.
[278] 习近平. 高举中国特色社会主义伟大旗帜 为全面建设社会主义现代化国家而团结奋斗：在中国共产党第二十次全国代表大会上的报告 [N]. 人民日报，2022-10-26.
[279] 席居哲，叶杨，左志宏，等. 积极心理学在我国学校教育中的实践 [J]. 华东师范大学学报（教育科学版），2019（6）：149-159.
[280] 夏颐. 美国高校学生事务管理的发展及启示 [J]. 现代教育科学，2010（3）：132-135.
[281] 向辉，曲莎莎. 挖掘育人内涵 促进高校资助体系成熟化：以清华大学学生资助工作为例 [J]. 思想教育研究，2011（12）：46-49.
[282] 项久雨，王依依. 高校组织育人：价值、目标与路径 [J]. 思想教育研究，2019（5）：115-119.
[283] 萧关根. 校园文化在上海高校兴起 [N]. 人民日报，1983-11-10.
[284] 肖越曦. 发展型资助视角下资助育人工作体系构建：以中北大学本科生资助工作为例 [J]. 理论观察，2020（8）：152-154.
[285] 谢守成，文凡. 新时代高校组织育人的逻辑定位、现实境遇与实施策略 [J]. 思想理论教育，2019（5）：95-100.
[286] 徐辉，官媚. "互联网+"背景下高校学生党支部与教工党支部共建的研究与实践 [J]. 人才资源开发，2017（8）：64-66.
[287] 徐延宇. 高校教师发展：基于美国高等教育的经验 [M]. 北京：教育科学出版社，2009：21-22.
[288] 徐振剑. 高校开展全过程全方位育人工作的几点思考 [J]. 思想理论教育导刊，2018（12）：113-117.
[289] 许科红. 大学生个性因素的聚类分析与教育管理 [J]. 中国心理卫生杂志，1998（3）：50-51.
[290] 许启彬. 东南大学历史文化源流：百年梅庵的艺术传承与革命记忆 [J]. 东南大学学报（哲学社会科学版），2019（6）：132-139，148.
[291] 薛声. 大力推进精准资助和资助育人 [N/OL]. 人民日报，2019-03-01. http://www.moe.gov.cn/jyb_xwfb/s5148/201903/t20190301_371761.html.
[292] 雅斯贝尔斯. 什么是教育 [M]. 邹进，译. 北京：生活·读书·新知三联书店，1991：149.
[293] 严帅，任雅才. 新时代高校学生组织育人的功能内涵与实施路径 [J]. 学校党建与思想教育，2019（9）：32-35.
[294] 央广网. 中共中央、国务院印发《关于加强和改进新形势下高校思想政治工作的意

见》[EB/OL].(2017-02-28). https://news.cnr.cn/native/gd/20170228/t20170228_523624921.shtml.
[295] 杨爱民.“资助”与“育人”结合构建新型助学体系 [J]. 中国高等教育，2005 (17)：39-40.
[296] 杨斌. 导学思政凝聚三全育人合力 [EB/OL].(2020-06-08). https://m.gmw.cn/baijia/2020-06/08/33894390.html.
[297] 杨德广. 中国高等教育改革的实践与发展趋势 [M]. 上海：同济大学出版社，1990.
[298] 杨虎. 高校现代远程教育中管理育人理念及其践行：以北京大学继续教育学院的实践探索为例 [J]. 继续教育研究，2020 (4)：18-23.
[299] 杨杰. 新媒体语境下“沉默螺旋理论”的适用性探究 [D]. 长春：吉林大学，2015.
[300] 杨俊超. 浅议学生会建设在大学生思想政治教育工作中的重要性 [J]. 临沧师范高等专科学校学报，2012，22 (3)：106-108.
[301] 杨玲，刘宇婧，刘春红. 高校图书馆管理育人模式的探索与实践：以清华大学人文社科图书馆助管管理工作为例 [J]. 图书馆学刊，2021 (1)：33-39.
[302] 杨茜茜，顾天翼，钱小龙. 墨尔本大学学生事务管理的特征分析 [J]. 扬州大学学报(高教研究版)，2019 (1)：36-44.
[303] 杨贤金. 高校实践育人的探索与创新 [M]. 北京：中国书籍出版社，2015：56.
[304] 杨晓成，杨东云. 邓小平青年团工作思想新探 [J]. 毛泽东思想研究，2016 (3)：40-43.
[305] 杨燕，李艳会."三全育人"理念下高职院校资助育人功能实现路径研究 [J]. 职业技术，2020 (10)：42-46.
[306] 姚本先. 学校心理健康教育：现状、问题、展望 [C] //安徽师范大学心理学系. 首届“健康杯”全国中小学心理健康教育研讨暨颁奖大会论文集，2002：20-23.
[307] 姚立迎. 论构建高校全员育人的组织体系与实践格局 [J]. 中国青年研究，2008 (11)：44-47.
[308] 叶一舵. 我国大陆学校心理健康教育二十年 [J]. 福建师范大学学报(哲学社会科学版)，2008 (6)：148-155.
[309] 尹晓娟，郭珍磊. 高校学生党支部育人功能实现的路径研究 [J]. 成都中医药大学学报(教育科学版)，2019 (2)：92-94.
[310] 于立军，宋雪峰，梁春早. 积极发挥优质学生社团组织的育人功能 [J]. 中国高等教育，2005 (22)：27-28.
[311] 俞念胜.“课程育人”视域下高校思想政治理论课实效性研究 [M]. 芜湖：安徽师范大学出版社，2021：2-3.
[312] 袁新文. 从文化宝库里寻找源头活水，在时代脉搏中把握艺术脉动：创新文艺宣传的实践与思考 [J]. 新闻战线，2022 (14)：11-14.
[313] 纽曼. 大学的理想 [M]. 徐辉，顾建新，何曙荣，等. 杭州：浙江教育出版社，2001：8.

[314] 布鲁贝克．高等教育哲学［M］．3 版．王承绪，郑继伟，张维平，译．杭州：浙江教育出版社，2001：18.
[315] 岳修峰．普通高等学校“三全育人”研究［M］．北京：社会科学文献出版社，2018.
[316] 曾守锤．流动儿童的压力和社会支持状况及社会支持保护作用的研究［J］．心理科学，2011（3）：631－635.
[317] 张波．习近平网络育人思想及其对高校思想政治工作的启示［J］．北方工业大学学报，2018，(06)：127－132.
[318] 张波，杨爱萍．社会主义文化制度的历史底蕴和实践基础［J］．社会科学战线，2022，(10)：258－265.
[319] 张传东．现代治理体系视域下高职院校构建管理育人路径研究［J］．广东交通职业技术学院学报，2020（3）：117－120.
[320] 张冠鹏．新中国成立以来高校学生管理制度的历史沿革与基本经验［J］．黑龙江高教研究，2013（12）：36－39.
[321] 张会勇．国防生入学动机调查及教育对策［J］．国防，2010（5）：57－58.
[322] 张建国．陈桂生马克思主义教育研究平议［J］．全球教育展望，2019，48（9）：54－67.
[323] 张魁，肖太陶，苏卫平．高校网上校史馆建设研究［J］．兰台世界，2011（21）：31－32.
[324] 张立学．以文化人：大学文化育人研究［D］．北京：北京交通大学，2019.
[325] 张茂坤．基于组织化、活动化、生活化、网络化的新时代高校融入式思政育人体系的实践路径［J］．江苏教育研究，2018（36）：55－57.
[326] 张明楚．中国共产党基层组织建设史 1921－2016（修订本）［M］．2 版．福州：福建人民出版社，2017：91.
[327] 张宁，王伟强．改革开放以来高校“三全育人”研究综述［J］．中国校外教育，2018（24）：56＋79.
[328] 张烁．把思想政治工作贯穿教育教学全过程，开创我国高等教育事业发展新局面［N］．人民日报，2016－12－09（001）.
[329] 张炜，王雪，王宇．供给侧结构性改革视阈下高校发展型资助育人质量提升研究［J］．高教学刊，2020（32）：141－144.
[330] 张文显．弘扬实践育人理念 构建实践育人格局［J］．中国高等教育，2005（Z1）：7－9.
[331] 张小平，蔡惠福．新传播格局下受众理论的重思与重建［J］．传媒观察，2020（2）：12－21.
[332] 张晓京．美国高校学生事务管理：基于八所大学的个案研究［M］．北京：中国传媒大学出版社，2010：5.
[333] 张秀琴．马克思意识形态理论的当代阐释［M］．北京：中国社会科学出版社，2005：67.
[334] 张岩．强化高校精准资助育人功能研究［D］．郑州：河南农业大学，2018.
[335] 张烨．课程能力：一种构建教师“教育眼光”的专业整合能力［J］．当代教育科学，2009（13）：28－30，49.

[336] 张译. 邓小平新时期思想政治教育工作的主要方法 [J]. 汉字文化, 2020 (22): 182-183.
[337] 张煜. 学校效能评价: 一种对学校进行综合评价与质量监控的理论与方法 [J]. 中小学管理, 1997 (Z1): 62-63.
[338] 张玉杰. 心理健康教育在大学生思想政治教育中的功能及实现 [D]. 石家庄: 河北师范大学, 2018.
[339] 张远航. 高校资助育人的价值意蕴与实现路径 [J]. 思想理论教育, 2018 (6): 106-109.
[340] 张愿. 高校科研育人的现实困惑与实现对策 [D]. 荆州: 长江大学, 2017.
[341] 章剑锋. 高校青年志愿者工作的现状及其创新路径 [J]. 中国青年政治学院学报, 2010 (5): 54-58.
[342] 章兢, 何祖健. 从"知识育人"到"文化育人": 整体论视野中的大学素质教育 [J]. 高等教育研究, 2008 (11): 9-13.
[343] 赵红, 李桂萍. 我国学校心理健康教育研究、实践的发展趋势 [J]. 通化师范学院学报, 2004 (3): 76-78.
[344] 赵建华. 关于加强高校管理育人工作的几点思考 [J]. 思想理论教育导刊, 2011 (2): 103-105.
[345] 赵庆典. 美国高校学生事务管理概况及启示 [J]. 国家教育行政学院学报, 2004 (1): 1-6.
[346] 赵深艳, 张婧, 唐帆, 等. 始终赓续红色血脉, 弘扬伟大建党精神: 重庆大学用红岩精神打好中国学习人生底色 [N]. 中国教育报, 2021-12-06.
[347] 赵曙明. 美国高等教育管理研究 [M]. 武汉: 湖北教育出版社, 1996: 61.
[348] 赵文静. 马克思主义的文化理论 [M]. 长春: 吉林出版集团有限责任公司, 2014.
[349] 赵雨. 高校资助育人的质量提升研究 [D]. 焦作: 河南理工大学, 2019.
[350] 郑杭生, 郭星华. 当代中国犯罪现象的一种社会学探讨: "犯罪成本"与"犯罪获利" [J]. 社会科学战线, 1996 (4): 120-125.
[351] 郑可春, 王文帅. 改革开放以来我国落实高校办学自主权的回顾与反思 [J]. 高校教育管理, 2010 (4): 88-92.
[352] 郑立, 严欣平. 组织文化理论视角下高校组织文化建设的意义和途径 [J]. 教育与职业, 2008 (30): 40-41.
[353] 郑艳阳, 邹德勋, 宋来新. 把握新时代高校思想政治工作内涵 强化凝聚管理育人和服务育人合力 [J]. 北京教育 (高教), 2020 (11): 82-85.
[354] 郑永廷. 论当代西方国家思想道德教育方法 [J]. 学术研究, 2000 (3): 82-87.
[355] 中共四大史料编纂委员会. 中国共产党第四次全国代表大会 [M]. 北京: 中共党史出版社, 2004: 75-76.
[356] 中共中央马克思恩格斯列宁斯大林著作编译局. 马克思恩格斯全集 (第一卷) [M]. 北京: 人民出版社, 1956.

[357] 中共中央马克思恩格斯列宁斯大林著作编译局. 马克思恩格斯全集（第三卷）[M]. 北京：人民出版社，1960.

[358] 中共中央马克思恩格斯列宁斯大林著作编译局. 马克思恩格斯全集 [M]. 北京：人民出版社，1979.

[359] 中共中央马克思恩格斯列宁斯大林著作编译局. 马克思恩格斯全集（第四十二卷）[M]. 北京：人民出版社，1979.

[360] 中共中央马克思恩格斯列宁斯大林著作编译局. 马克思恩格斯全集（49）[M]. 北京：人民出版社，1982.

[361] 中共中央马克思恩格斯列宁斯大林著作编译局. 马克思恩格斯选集（第一卷）[M]. 北京：人民出版社，1995.

[362] 中共中央马克思恩格斯列宁斯大林著作编译局. 马克思恩格斯全集（第十六卷）[M]. 2 版. 北京：人民出版社，1998.

[363] 中共中央马克思恩格斯列宁斯大林著作编译局. 1844 年经济学哲学手稿 [M]. 北京：人民出版社，2000.

[364] 中共中央马克思恩格斯列宁斯大林著作编译局. 马克思恩格斯文集（第一卷）[M]. 北京：人民出版社，2009：501.

[365] 中共中央马克思恩格斯列宁斯大林著作编译局. 列宁选集（第一卷）[M]. 北京：人民出版社，2012：326.

[366] 中共中央文献研究室. 毛泽东文集（第三卷）[M]. 北京：人民出版社，1996.

[367] 中共中央文献研究室. 毛泽东 邓小平 江泽民论世界观人生观价值观 [M]. 北京：人民出版社，1997.

[368] 中共中央文献研究室. 毛泽东文集（第六卷）[M]. 北京：人民出版社，1999.

[369] 中共中央文献研究室. 毛泽东文集（第七卷）. [M] 北京：人民出版社，1999.

[370] 中共中央文献研究室. 毛泽东 邓小平 江泽民论教育 [M]. 北京：人民教育出版社，2002：66.

[371] 中国共青团网. 习近平在全国高校思想政治工作会议上强调：把思想政治工作贯穿教育教学全过程 开创我国高等教育事业发展新局面 [EB/OL]. (2016-12-09). https：//qnzz. youth. cn/zhuanti/shzyll/tbhdp/201612/t20161221_8971401. htm.

[372] 中国教育在线. 重庆大学扎实推进文化育人：润物无声 凝心铸魂 [EB/OL]. (2019-05-15). https：//news. eol. cn/t9/201905/t20190515_1658858. shtml.

[373] 中华人民共和国教育部. 重庆大学扎实推进文化育人工作 [EB/OL]. (2018-05-09). http：//www. moe. gov. cn/jyb_xwfb/s6192/s133/s212/201805/t20180509_335422. html.

[374] 中华人民共和国教育部. 东南大学扎实推进文化育人工作 [EB/OL]. (2019-09-05). http：//www. moe. gov. cn/jyb_xwfb/s6192/s133/s173/201909/t20190905_397770. html.

[375] 中华人民共和国教育部. 教育部办公厅关于进一步加强和规范高校家庭经济困难学生认定工作的通知 [EB/OL]. (2017-01-22). http：//www. moe. gov. cn/srcsite/A05/

s7505/201701/t20170122_295524. html.

［376］中华人民共和国教育部. 努力培养德智体美全面发展的社会主义事业建设者和接班人——习近平总书记在全国高校思想政治工作会议上的讲话引起热烈反响［EB/OL］.（2016 - 12 - 09）. http：//www. moe. gov. cn/jyb _ xwfb/s5147/201612/t20161209 _ 291324. html.

［377］中华人民共和国教育部. 清华大学“三抓三促”深入推进“三全育人”综合改革［EB/OL］.（2021 - 07 - 22）. http：//www. moe. gov. cn/jyb _ xwfb/s6192/s133/s136/202107/t20210723_546284. html.

［378］中华人民共和国教育部. 西南交通大学构建组织育人质量提升体系［EB/OL］.（2018 - 06 - 06）. http：//www. moe. gov. cn/jyb _ xwfb/s6192/s133/s210/201807/t20180712_342841. html.

［379］中华人民共和国教育部. 西南交通大学探索开展“科研 +”行动积极推进科研育人［EB/OL］.（2022 - 01 - 11）. http：//www. moe. gov. cn/jyb _ xwfb/s6192/s133/s210/202201/t20220111_593690. html.

［380］中华人民共和国教育部. 中共教育部党组关于印发《高校思想政治工作质量提升工程实施纲要》的通知［EB/OL］.（2017 - 12 - 05）. http：//www. moe. gov. cn/srcsite/A12/s7060/201712/t20171206_320698. html.

［381］中华人民共和国教育部. 浙江大学以“三服务”为抓手深化管理服务育人［EB/OL］.（2021 - 05 - 28）. http：//www. moe. gov. cn/jyb_xwfb/s6192/s133/s192/202105/t20210528_533994. html.

［382］中华人民共和国中央人民政府. 关于进一步落实高等教育学生资助政策的通知［EB/OL］.（2017 - 04 - 12）. https：//www. gov. cn/xinwen/2017 - 04/12/content_5185270. htm? eqid = d444d52b002cb895000000036485f5c2.

［383］中华人民共和国中央人民政府. 中共中央办公厅、国务院办公厅印发《关于进一步加强和改进新形势下高校宣传思想工作的意见》［EB/OL］.（2015 - 01 - 19）. https：//www. gov. cn/xinwen/2015 - 01/19/content_2806397. htm.

［384］中南大学ǀ学生工作部（处）、武装部. 中南大学：构建高质量的高校校园思政实践资源体系［EB/OL］.（2022 - 05 - 04）. https：//xgw. csu. edu. cn/info/1208/9473. htm.

［385］中央档案馆. 中共中央文件选集：第一册［M］. 北京：中共中央党校出版社，1982.

［386］中央档案馆. 中共中央文件选集：第二册［M］. 北京：中共中央党校出版社，1982.

［387］周川. 从洪堡到博耶：高校科研观的转变［J］. 教育研究，2005，（06）：26 - 30 + 61.

［388］周宏刚. 沉默不再扩散：沉默的螺旋理论在网络时代的变迁［J］. 东南传播，2006（5）：45 - 46.

［389］周丽华. 德国大学与国家的关系［M］. 北京：北京师范大学出版社，2008.

［390］周三多. 管理学原理与方法［M］. 7 版. 上海：复旦大学出版社，2018.

［391］朱平. 高校“三全育人”体系协同与长效机制的建构：以全员育人为中心的考察

[J]. 思想理论教育，2019（2）：96－101.

[392] 诸葛福民，石南. “六位一体”的高校班级建设工作体系框架建构［J］. 中国成人教育，2015（19）：72－73.

[393] 祝国群. 依托青年志愿者工作创新大学生思想政治教育载体［J］. 黑龙江高教研究，2006，（12）：100－102.

[394] 左岫仙. 马克思主义文化观视野下的中华文化认同建设［J］. 贵州民族研究，2021（2）：9－15.

[395] 博伊德，金. 西方教育史［M］. 伍宝祥，刘元训，主译. 北京：人民教育出版社，1985.